**내향인이지만
성공은 하고 싶어**

나의 코코와 루이에게 이 책을 바칩니다. 가장 소중하고 사랑하는 벗 두 냥이들에게. 평안히 쉬기를.

내향인이지만
성공은 하고 싶어

정민지 지음

이담북스

• 목차 •

PART 1

내향인도 잘 살 수 있는 이유

PART 2

내향인의 특징

PART 3

내향인을 위한 성공법

나는 내향인입니다

최근 MBTI의 유행으로 내향성에 대한 인식이 한 발짝 나아간 분위기를 느낀다. 내향인 자신도 알 듯 말 듯한 그 무엇. 뭔가 다른데 말로는 표현하기 힘든 어떤 것. 이제는 16가지 유형 중 하나로 대답하면 그래도 설명이 되는 분위기다. 그렇다면 내향인이라는 단어를 들었을 때 어떤 느낌이 드는가? 내향인? 여전히 소심하고 위축된 모습이 떠오르는가?

나는 대학 시절 혼자 유럽으로 배낭여행을 다녀온 적이 있다. 프레젠테이션 발표도 수없이 도맡아 팀에 좋은 결과를 가져다주었다. 〈우리말 겨루기〉에 참가하여 우승도 했다. 이 때문에 주변에선 나를 외향인이라고 생각하는 경우도 적지 않다. 그러나 나는 내향인이다. 아침 출근길 수많은 인파를 헤치고 지하철을 탈 때면 나는 벌써 녹초가 된다. 아니, 이미 집에서 출발함과 동시에 진이 빠졌다고 해도 과언이 아니다. 퇴근 후면 사람과의 약속이 아니라 나만의 시간과 공간이 절실하다. 우리 내향인이라면 한 번쯤 들어봤을 것이다.

'집에 있는데도 집에 가고 싶다.'

타고난 사람들

내향성은 모든 생물종에서 나타난다. 일단 해 보는 외향적 개체와 달리 기다리는 내향적 개체가 존재한다. 내향인은 유전자에서도, 뇌가 작용하는 방식에서도 다르게 설계되어 있다. 타고난 특성은 다양한 다른 신체적 특성과 연결된다. 이는 다시 성격적 특징과 연결된다. 또한 파트 3에 소개된 학습, 집중력 등 여러 강점과 성공의 바탕이 된다. 이미 수많은 내향인 리더가 이를 몸소 보여 주고 있다. 그러므로 이에 초점을 맞춰 자신의 목표로 한 걸음씩 나아가길 바란다.

책 소개

　이 책은 내향인의 성공요소를 중점적으로 다룬다. 총 3개 파트로 구성되어 있다. 파트 1에서는 외향성에 대한 통념과 그 이면에 담긴 핵심을 분석했다. 사회와 사람들이 어떻게 외향인을 이상적인 인간상으로 보게 되었는지 분석한다. 이러한 현상을 깊이 들여다봄으로써 내향인이어도 괜찮은 이유를 알아본다. 파트 2에서는 내향인만의 특징을 깊이 있게 살펴본다. 내향성에 대한 정의와 내향인이 받는 오해, 신체적 · 성격적 특징 등을 자세하게 다룬다. 이를 통해 내향인 스스로가 자신을 잘 이해할 수 있도록 돕는다. 파트 3에서는 내향인의 성공법을 중점적으로 이야기한다. 내향인 특유의 강점이 어떻게 성공적인 삶으로 연결될 수 있는지 분석한다.

PART 1

/

내향인도
잘 살 수 있는 이유

우리 사회는 외향인을
찬양한다

'오늘 저녁 회식 어때?', '이번 주 모임에는 참석할 거지?', '매일 집에서 혼자 뭐해?', '혼자 할 것도 없는데 와서 사람도 만나고 해야지' 우리 내향인은 듣는 순간부터 한숨과 동시에 머리가 아파지기 시작한다. 다양성을 외치는 사회? 자세히 들여다보면 '삶이 언제나 시끌벅적해야 제대로 행복하게 살고 있다'는 생각이 만연해 있다. 흔히 외향적이라고 생각하는 모습들이 기준점이 되고 있는 것이다. 언제부터 외향적인 성격이 이상적인 성격이 된 것일까? 사회에서 어떤 방식으로 나타나고 있을까?

문화역사가 워런 서스먼은 사회가 '인격의 문화'에서 '성격의 문화'로 변했다고 한다.[1] '인격의 문화'란 의무, 명예, 예절, 도덕 등이 강조

---

1 Susman, W., (2003), *Culture as History: The Transformation of Amercan Society in the Twentieth Century*, Smithsonian Institution Press, pp.271-85 참고.

되는 문화다. 누가 보지 않아도 인간으로서의 품격을 지키는 그런 것이었다. 처음 농경 사회에서 사람들은 집성촌(같은 성씨의 친족이 모여 있는 마을) 같은 마을을 형성하며 살았다. 농사를 짓고 품앗이를 통해 일하는 그런 환경이었다. '어느 집의 밥숟가락이 몇 개인지도 안다'는 말처럼 서로를 잘 아는 사회였던 것이다. 자신이 어떠한 사람인지 증명할 필요가 없었고, 타인 또한 나를 검증할 필요가 없었다.

근대 산업 혁명을 지나 산업 사회로 접어들면서 사람들은 도시로 이동했다. 동시에 '성격의 문화'로 변해 갔다. '성격의 문화'란 매력적으로 보이는지, 활기가 넘치는지 등 겉모습이 중요한 문화다. 타인에게 어떤 인상을 줄 수 있느냐가 중요한 것이다. 산업 사회에서는 기계화가 진행되며 대량 생산의 시기로 접어들었다. 당연히 많은 일자리가 생겨났고 많은 노동자들이 몰렸다. 이웃이 아니라 모르는 사람들이 모여 일하는 사회가 되었다. 자연히 옆의 사람이 어떤 사람인지 아는 게 필요해졌다. 함께 일하는 동안 잘 지낼 수 있는지 빠르게 판단하는 것이 중요하게 된 것이다. 동시에 테일러 시스템(작업의 표준화와 과업 달성 여부에 따라 차등 성과급 지급), 포드 시스템(컨베이어 벨트의 도입) 등 시스템의 도입화로 업무 과정도 점차 표준화가 진행되었다. 찰리 채플린의 〈모던 타임즈〉라는 영화를 떠올려 보라. 끝없이 돌아가는 컨베이어 벨트와 일정한 작업. 일하는 사람은 이제 언제든 다른 사람들로 대체될 수 있는 그런 시대가 온 것이다. 타인에게 자신이 어떤 사람인지를 알릴 수 있어야 했다. 타인의 호감을 사는 것은 물론 더 매력적으로 보이는 것이 중요했다. 밖으로 나가서 더 많이 팔아 실적을 올릴 저돌적인 성격이 필요한 사회가 되었다.

18세기 전까지 '성격'이라는 단어는 영어에 존재하지 않았다. '좋은 성격'이라는 표현은 20세기 되어서야 유행했다.[2] 데일 카네기의 《카네기 인간관계론》이 출판되면서 성격의 문화에 불을 지폈다.[3] 지금까지 이어지는 성격의 문화는 지금껏 알던 인간상을 깨뜨리고 새로운 인간상을 제시했다. 탐구하고 숙고하기보다 먼저 나서서 행동하기를 촉구한다. 이제는 목소리가 크면 누구보다 자기주장이 뚜렷하다고 여겨진다. 우리가 흔히 외향적이라 칭하는 그런 행동들이 하나의 롤 모델이 된 것이다.

외향성을 떠올려 보자. 뭔가 눈에 크게 띄고, 많은 사람을 알고, 거침없이 모두 드러내고, 큰 소리로 이야기하고……. 우리가 흔히 생각하는 외향적인 행동들이다. 외향성에 대한 계속된 이상화는 이제 삶의 공간 깊숙이 침범해 있다. 사무실의 칸막이가 사라지고 열린 공간에서 소통하라고 강요한다. 목적이 없는 모임을 위한 모임에도 빠지는 것을 용납하지 않는다. 인간성의 척도는 인스타그램의 팔로워 수로 평가된다. 슬픔마저도 겉으로 드러내고 같이 공유해야 한다. 보통 생각을

---

2 Susman, W., (2003), *Culture as History: The Transformation of Amercan Society in the Twentieth Century*, Smithsonian Institution Press, p.277 참고.

3 안현진, (2020), *월요일이 무섭지 않은 내향인의 기술*, 소울하우스, p.27 참고

정리하거나 슬퍼해야 할 때는 시간이 필요하다. 그러나 사람들은 대개 모든 걸 함께 고민해야 한다고 말한다. 개인적인 시공간은 용납되지 않는다. 우리는 개인의 질병마저도 경쟁하고 공유한다. 간혹 연병가를 사용할 때 '그 정도는 나도 아파 봤어'라며 아픈 정도를 비교하는 사람들이 있다. 대개는 누군가 아프다고 했을 때 '어떡해… 푹 쉬어요'라고 반응한다. 그러나 때로는 '어디가 어떻게 아파서요?', '병원 가면 뭐 하세요?', '다음 검사 예약은 언제로 잡았나요?' 등과 같은 자신의 궁금증 해결을 위한 질문만을 하는 사람들이 있다. 세부적인 질문을 받을 때면 어디까지 말을 해야 하는지 고민에 빠진다. 드라마 속 '환자의 개인 정보는 말할 수 없습니다'와 같은 건 정말 드라마일 뿐. 외향성에 대한 이상화는 모든 걸 투명하게 다른 사람과 연결되어 있으라고 개인에게 강요한다.

현대 사회는 포모 증후군(FOMO, fear of missing out)에 빠져 있는지도 모른다. '포모증후군'이란 자신만 몰라서 무언가를 놓치고 있는 건 아닌지 하는 불안감이다. 타인이 무엇을 하고 있는지에 대한 정보를 모조리 알아야 안심하는 것이다. 외향적인 사회는 자신을 알리고 드러내고 타인의 호감을 사는 것이 중요하다. 반대로 타인들도 자신에게 정보를 주는 것이 중요하다. 타인과 관련해 자신이 놓친 정보가 없도록 상시 연결되어 있기를 바란다. 정보를 주지 않는 타인은 자신을 배제한다고 생각한다. 자신과 다르게 행동하기 때문에 경계하게 된다. 외향성이라는 이상향에 과하게 몰두한 결과가 이것이다.

지금까지 인격을 중시하던 인류가 어떻게 성격 중심으로 사고하게 되었는지 알아보았다. 농경 사회를 지나 현재에 이르러 우리는 모르는 사람들과 생활권을 공유하게 되었다. 자신을 증명해야 하고 타인의 검증을 받아야 한다. 호의적인 모습으로 먼저 다가가고 재미있는 이야기를 하면서 말이다. 흔히 우리가 생각하는 '쾌활한 외향인'의 모습으로 결국 우리는 외향성을 이상화하며 표준으로 행동하기 시작했다. 그 결과는 일상에서 다양한 형태로 표출되고 있다. 열린 공간에 대한 환상, 팔로워 수를 향한 갈망, 언제나 같이해야 된다는 강박으로 말이다.

내향인이 외향적인 사회에서 산다는 것

'안녕히 가세요. 내일 봬요!' 어제의 바닥난 에너지를 뒤로한 채 다음 날 아침도 분주하다. 지하철역 열차가 들어오는 소리에 사람들은 하나둘 뛰기 시작한다. 그와 동시에 주변 사람들도 따라서 뛰기 시작한다. 외향적인 사회에 살고 있는 우리 내향인의 모습이 이와 같지 않을까? 어떤 이는 외향성 사회의 '~해야 한다'는 명제를 따라 외향인의 가면을 쓰고 열심히 쫓아간다. 모임에 빠지지 않고 참석하여 매일 녹초가 된다. 누군가는 침묵 속에서 외향인들의 오해를 견디며 일상을 보낸다. 또 다른 이들은 무심하게 독립적으로 자신의 길을 걸어간다.

메신저가 반짝일 때 얼핏 뜨는 메시지를 흘끔 본다. '오늘 끝나고 저녁 어때?' 나는 고민에 빠진다. 오늘은 쉬고 싶은데……. 잠시 후 '어차피 집에 가도 할 것 없잖아.' 내향인을 바라보는 시각에 잠깐의 허탈감이 든다. 업무가 끝나면 나는 휴식이 필요하다. 홀가분한 마음으로 있을 수 있는 유일한 시간이다. 그래도 매번 거절할 수는 없으니 '한 번은 가야겠지'라는 마음에 오케이를 하곤 한다. 약속 외에도 꼭 참석해야만 하는 모임과 이벤트가 내향인을 기다리고 있다. 외향성 가면을 장착한다. 이상적이라고 생각하는 외향인의 모습을 입는 것이다. 타인과의 잡담을 즐거워하고 항상 잘 웃으며 언제나 쾌활한 그런 모습을 말이다.

본연의 모습을 지키고 싶어도 그렇게 했을 때의 결과들이 내향인에게는 보인다. 결과가 가져올 에너지 소모와 마찰도 쉽게 예상된다. 그렇게 하느니 몇 시간 참고 견디는 것을 택한다. 그래서 가면을 쓴다. 더불어 '모임은 언제나 즐거운 것', '참여하지 않으면 자신(외향인)을 싫어하는 것' 내향인들이 끊임없이 강요받는 생각들이다. 은근한 압박에 못 이겨 여러 행사나 모임에 의무감으로 참여한다. 오기로 자신을 밀어붙이며 에너지를 한계까지 소모해 버린다. 에너지가 없어도 연기를 하며 보조를 맞춘다. 외향성을 장착하고 이쪽저쪽 참여하다 보면 어느덧 접근이 쉬운 내향인이 되었을지도 모른다. 무의식중에 자기 감시(self-monitoring)가 작동을 하는 것이다. 자기 감시란 타인과 상황을 파악하여 자신의 행동을 조절하는 것을 말한다. 접근이 쉬운 내향인은 모두에게 친절하려고 노력한다. 이 때문에 가면(외향적 행동)에 이끌려온 사람을 곁에 두게 된다. 우리가 바라는 사람은 가면 때문에 우리의 본모습을 보지 못한다. 그 결과 가면에 끌려온 사람과 피상적인 관계만 지속한다. 이러한 환경 속에서 우리는 우리에게 맞는 인생을 살기란 쉽지 않다.

침묵 속에 있는 것을 택하는 내향인들도 많다. 내향인에게는 충분한 휴식이 필요한데 외향성을 연기하다 보면 그렇지 못하기 때문이다. 자연히 화를 내는 일이 많아지고 짜증이 늘어나게 된다. 차라리 본연의 침묵으로 돌아가기를 선택한다. 수많은 오해를 감내하고서라도. 외향인은 우리의 침묵에 많은 의미 부여를 한다. 나의 경우 혼자 조용히 생각에 잠기거나 책을 읽는 것을 좋아한다. 으레 돌아오는 반응은 '고상한 척한다'거나 '재미없게 산다'는 것이었다. 때로는 고요히 있는 그 모습이 외향인의 눈에는 아프거나 우울하게 보인다. 못마땅하다. 자신을 무시하는 것 같기도 하다.

직장에서의 침묵은 특히 더 많은 오해를 산다. 우리의 침묵은 집중할 때 나온다. 내향인은 일을 할 때 몰입하는데 외향인이 지나가며 던지는 말을 듣지 못한다. 대답할 수가 없다. 이 경우 사태는 더 악화된다. 자신을 상대하기 싫어한다거나 혹은 혼자 승진 욕심이 과하다며 경계 당한다. 수많은 오해와 해석들로 채워지는 일상을 내향인은 매일같이 경험한다. 그럴 때면 돌아서서 자책하기도 한다. 내향성에 대해 미안해하기도 한다. 그럼에도 수많은 자극 때문에 에너지 여력이 없는 우리는 다시 침묵을 택한다.

침묵은 내향인을 나약한 존재로 보이게 하고 주장이 없는 사람처럼 보이게도 한다. 우리의 아이디어는 큰 목소리에 묻혀 버린다. 그룹 역학 연구에서 보면 사람들은 시끄러운 사람을 더 똑똑하다고 보는 경향이 있다.[4] 말이 많을수록 주목받고 권한이 커지는 것이다.[5] 하버드 경영대학원에서는 매년 가을 신입생을 대상으로 진행되는 게임이 있다. '아북극 생존 상황'이라는 롤플레잉 게임이다. 생존이라는 특수한 상황에서도 학생들은 실질적인 도움이 아니라 큰 목소리를 가진 학생이 보여 주는 확신을 택하는 경우를 종종 볼 수 있다.[6]

우리를 이해하지 못해도 괜찮다. 내향인은 이미 그 사실을 받아들이고 있다. 익숙하기도 하지만 내향인은 외부의 인정이 굳이 필요하지 않다. 있어도 그만 없어도 그만인 것이다. 타인의 의견에 혹하기보다 스스로가 관심 있고 가치 판단을 내린 것에 따라 움직인다. 내향인워런 버핏과 빌 게이츠처럼. 바로 우리 내향인이 외향적인 사회에서도

---

4 Paulhus, D. L. & Morgan, K. L., (1997), Perception of Intelligence in Leaderless Groups: The Dynamic Effects of Shyness and Acquaintance, *Journal of Personality and Social psychology* 72(3), 581-91 참고.

Anderson, C. & Kilduff, G., (2009), Why Do Dominant Personalities Attain Influence in Face-to Face Groups? the Competence Signaling Effects of Trait Dominance, *Journal of Personlity and Social Psychology 96*(2), 491-503 참고.

5 Taggar, S. et al., (1999), Leadership Emergence in Autonomous Work Teams: Antecedents and Outcomes, *Personnel Psychology 52*(4), 899-926 참고.

Surowiecki, J., (2005), *The Wisdom of Crowds*, Anchor, p.187 참고.

6 수전 케인, (2013), *콰이어트: 시끄러운 세상에서 조용히 세상을 움직이는 힘*[Quiet: The Power of Introverts in a World That Can't Stop Talking], (김우열, 역), 알에이치코리아, pp.88-91 인터뷰 내용 참고.

꿋꿋이 살아갈 수 있는 이유다. 자신만의 기준을 따라 냉철해질 수 있고 무심해질 수 있다. 누구보다 독립적으로. 외향성을 외치는 사회에서 길을 잃지 않는 것. 계속해서 나아가는 것이 우리 내향인이 진짜 사는 모습일지도 모른다.

외향적이고 시끄러운 사회에서 내향인이 살아가기란 만만치 않은 것이 사실이다. 외향성 가면을 쓰고 모임에서 버티기 등 외향인의 기준을 따라가려 노력하는 내향인이 있다. 반대로 본연의 침묵에서 숱한 오해를 견디며 살아가기도 한다. 한편으로는 자신만의 내면과 신념으로 굳건히 나아가는 내향인도 있다. 이렇듯 우리 내향인은 다양한 모습으로 외향적인 사회에서 살아가고 있다.

외향적인 사회가 말하는
외향인에 대하여

'창의적이고 소통하고 협력하며, 자유롭게 내면의 개성과 능력을 펼치고…' TV, 인터넷 등 어디선가 많이 보고 들어본 좋은 내용이지 않은가? 현실적인 사회를 보면 이야기는 조금 다르다. 회사, 학교 등 우리와 직접적으로 관계된 조직은 팀워크와 집단 사고를 강조한다. 이러한 방식은 창의성, 독창성이 발휘되기 어렵다. 오히려 말을 잘 구사하여 이목을 끄는 사람이 존중받기 쉽다. 그렇다면 왜 이런 현상이 발생하는 것일까? 바로 사람들이 가지고 있는 외향성 만능에 대한 환상 때문이다. 이번 주제에서는 외향인의 특징과 외향성에 대한 오해를 살펴보자.

외향인이라고 하면 어떤 특징이 떠오르는가? 항상 주위에 사람들이 끊이지 않는 사람, 말주변이 좋은 사람, 재미있고 에너지가 넘치는 사람. 외향인은 많은 사람을 만나고 함께 있는 것을 좋아한다. 외향인은 자극을 필요로 한다. 대부분 사람들과 함께 있으면서 재미와 에너지를 얻는다. 사람들은 외향적인 사람의 이런 모습을 보고 사회성이 있다고 말한다. 주의할 점은 외향성은 사회성과 다르다는 것이다. 외향성은 얼마나 많은 사람을 알고 있는지, 파티를 얼마나 좋아하는지를 보여줄 뿐이다.

사회성은 원만함과 관계있다. 심리학자 옌스 아스펜도르프와 수잔 월퍼스가 베를린 훔볼트 대학교에서 진행한 학생들에 관한 연구를 보자. 인간관계를 원만하게 유지하는 것은 사회성이다. 모임에 참석해 시끌벅적하게 놀다가도 사람들과 싸우고 오는 사람들. 외향성은 높으나 사회성은 낮은 사람들이다. 사회성이 높은 사람은 타인의 감정에 귀를 기울인다. 타인과의 관계를 잘 유지하는 학생은 원만성에서 높은 점수를 기록했다.[7] 외향성과 원만함은 관계가 없다.

외향성이 사회성과 다르다는 것은 대화 방식에서도 알 수 있다. 타인이 자신의 말을 재미있어하는지 고려하지 않고 떠오르는 대로 말을 하는 경우다. 미주알고주알 다 털어놓는 것이다.[8] 말을 잘하는 것과 말

---

7 Aspendorf, J. B. & Wilpers, S., (1998), Personality effects on soceal relationships, *Journal of Personality and Social Psychology* 74(6), 1531–44, https://www.researchgate.net/profile/Jens-Asendorpf/publication/232486422_Personality_effects_on_social_relationships/links/02e7e51adf9ff66c3e000000/Personality-effects-on-social-relationships.pdf 참고.

8 미카엘라 청, (2018), 이젠 내 시간표대로 살겠습니다: 나만의 리듬으로 주인공이 되는 삶의 기술[The Irresistible Introvert: Harness the Power of Quiet Charisma in a Loud World], (김

이 많은 것, 잡담하는 것은 분명 다르다. 누군가와 대화하며 '결국에 요점이 뭐지?', '말하고 싶은 게 뭘까?'라는 생각이 들 때가 있다. 말을 길게 한다고 해서, 극적인 단어를 많이 쓴다고 해서 잘한다고 하지 않는다. 특히 말 많은 것은 좋은 일이 아닐 수 있다. 직장에서 좋게 생각하지 않을 확률이 높다. 겉으로는 잘 지내는 것 같아도 실제로 사람들은 깊이 교제하려 하지 않는다. 관계에서 정도를 지키지 않을 것이라는 인상을 주기 때문이다.[9]

다른 사람 말을 끊고 끼어들어 자연스럽게 자기 말을 하기도 한다.[10] 외향인은 타인의 접근에 부담감을 느끼지 않는다. 그래서 간섭으로 느끼는 선을 인지하지 못하는 경우가 많다. 경험으로 경계를 습득해야 한다. 그렇지 못하면 무례한 사람이라는 인상을 주기도 한다.[11] 자신이 좋아하는 것을 다른 사람도 좋아할 것이라고 생각하는 경향도 있다. 모여 있는 사람에게 자신의 선호를 전달하면서 본의 아니게 부담을 주기도 한다.[12] 사람들 대부분은 특별한 반대 없이 따라가는 모습

정혜, 역), 한빛비즈, pp.111-112 참고

9 탄원페이, (2020), 당신이 절대 버리지 말아야 할 것: 남다른 성공을 만드는 '내성적인 사람들'의 경쟁력, (하은지, 역), 국일미디어, p.204 참고

10 미카엘라 청, (2018), 이젠 내 시간표대로 살겠습니다: 나만의 리듬으로 주인공이 되는 삶의 기술[The Irresistible Introvert: Harness the Power of Quiet Charisma in a Loud World], (김정혜, 역), 한빛비즈, p.116 참고

11 남인숙, (2019), 사실, 내성적인 사람입니다: 오늘도 사회성 버튼을 누르는 당신에게, 21세기북스, pp.40-41 참고

12 로리 헬고, (2009), 은근한 매력: 내성적인 사람이 성공하는 자기관리법[Introvert Power:

을 보인다. 이러한 상황이 리더십 있고 주도적인 모습으로 여겨지는 것이다.

　조금만 생각해 보면 리더십과 외향성은 다르다는 것을 알 수 있다. 애빌린의 역설이라 불리는 '애빌린을 가는 버스' 일화를 보면 알 수 있다. 한 가족이 애빌린에 여행을 가는 이야기이다. 가족 중 한 명이 제안해서 모두 따라갔지만 실제로는 아무도 오고 싶지 않았다고 말한다.[13] 사람들은 무조건 어떠한 행동을 따라가려는 성향이 있다는 것을 보여 준다. 외향인의 또 다른 특징으로 생각되는 카리스마와 리더십. 흔히 외향인과 연결되곤 하지만 꼭 그렇지만은 않다는 것에 유의해야 한다.

　행복이라고 하면 역시 외향인의 모습을 떠올리기 마련이다. 행복이란 단어를 들었을 때 어떤 이미지가 떠오르는가? 사람들은 대개 파티에 참석해서 많은 사람들과 함께 있는 모습을 상상한다. 언제나 즐거운 이벤트의 연속이다. 텔레비전의 광고가 보여 주는 행복의 모습도 한결같다. 눈에 보이는 행복이다. 지극히 외향적인 행복이다. 그러나 행복이 외향인의 전유물이 아니다. 나의 경우 연말연시와 관련하여 행복을 떠올린다면 조금 다르다. 포근한 담요와 따뜻한 아메리카노 눈

　　Why Your Inner Life is Your Hidden Strength], (임소연, 역), 흐름출판, p.189-190 참고

13　제리 B. 하비, (2012), *생각대로 일하지 않는 사람들 : 애빌린 패러독스*[The Abilene Paradox And Other Meditations On Management], (황상민, 역), 엘도라도, pp.22-53 참고

내리는 풍경이 더해진다면 어떨까 생각해 본다.

외향인은 성공과 연결되기도 한다. 성공한 사업가, 바쁜 기업의 리더. 역시 생각해 보면 외향적인 단어는 아니다. 2022년 '이 사람'과의 점심 식사가 경매에 올랐다. 1,900달러(한화 약 246억)에 낙찰되었다. 바로 워런 버핏이다. 워런 버핏은 외향적인 사람이 아니다. 흔히 생각하는 성공, 눈에 보이는 성공이 척도라면 더더욱 내향인 워런 버핏이 적합할 것이다. 즉, 외향적인 사람이어야만 성공하는 것이 아니다. 외향적인 사람이 '더' 성공하는 것도 아니다. 위험이 예상될 때조차 오히려 빠른 판단을 하려는 사람이 외향인이다. 외향적이면 성공한다? 다시 생각해 봐야 하지 않을까?

지금까지 외향적인 사회가 말하는 외향인의 특징에 대해서 돌아보았다. 외향성에 대한 통념도 철저히 분석해 보았다. 외향성이 사회성은 아니다. 외향인이라서 말을 더 잘한다는 것도 아니다. 외향인은 카리스마와 리더십이 있다? 이 역시 확신할 수 없다. 외향인이 더 행복하고 성공한다는 보장도 없다. 워런 버핏의 사례에서 보듯 성공과 외향성의 관계는 확신할 수 없다. 물론 외향인의 성격도 분명 장점이 되고 사회에 필요한 부분이다. 외향성이 필요한 순간도 존재한다. 그러나 분명히 할 점은 외향성이 만능은 아니라는 점이다.

사회가 원하는 인재는
외향적인 사람이 아니다

'사람을 많이 알아 두는 게 좋죠', '정보를 얻어야 해요' 사람들과 교류하며 종종 듣는 말이다. 인간관계 혹은 사내 관계, 외향성을 외치는 사회에서 모든 사람의 고민이 되어버린 단어일 것이다. 산업 사회로 접어들며 도시에서 우리는 모르는 사람들과 일하게 되었다. 자연히 화려한 말솜씨로 먼저 나서서 동료의 호감을 사는 사람이 선호되었다. 회사는 나가서 상품을 판매해 올 저돌적인 성격이 필요했다. 1장의 내용에서 우리는 다시 한번 생각해 보자. 외향성 추구의 이면에 있는 궁극적인 목표는 무엇일까? 결론은 모두 성공하고 싶어서, 행복하게 살고 싶어서 아닐까? 외향성을 외치는 사회의 본질은 능력을 요구하는 사회일지도 모른다.

종종 '이 협상은 성공적으로 끝났다', '저 사람은 성공했다'라고 한다. 짐작하는 바와 같이 성공은 성격을 보는 게 아니다. 그 사람이 가져온 결과물을 근거로 한다. '외향적 성격=성공, 행복'의 공식은 단지 시대적 산물이 사람들을 교육한 결과일 뿐이다. 시대의 흐름에 따라 회사에서는 밖으로 나가 매출을 올려 줄 외향적 인간을 더 선호했다. 자연히 사람들에게 외향성은 부를 획득하고 안락한 삶으로 가는 길로 인식되었을 것이다.

오래 회사 생활을 해 본 사람들은 안다. 성격이 성공을 좌우하지 않고 문제가 되지 않는다는 것을. 가치를 증명하고 인정을 받으려면 일을 마스터하고 전문가가 되는 것이 중요하다. 생각해 보자. 직원이 아무리 커뮤니케이션을 잘해도 실적이 없다면 관리자는 책임에서 자유로울 수 없다. 회사 관리자의 역할은 직원들의 친구 만들기를 장려하는 것이 아니다. 엠노박디자인(mNovakDesign)의 이사 게리 오슬란드는 직원을 채용할 때 일의 수행 능력 여부를 최우선으로 본다.[14]

《좋은 기업을 넘어 위대한 기업으로》저자 짐 콜린스는 훌륭한 기업의 CEO를 분석해 보고 놀라운 사실을 발견했다. 보통 사람들이 생각하는 활력 넘치고 매력적인 인물이 아니라는 점이었다. 겸손과 전문성, 굳은 의지가 성공의 밑바탕이라는 점이다.[15] 《Career Match》의 저

---

14 낸시 앤코위츠, (2010), *내성적인 당신의 강점에 주목하라: 내성적인 당신에게 잘 맞는 자기 PR 시크릿*[Self-Promotion for Introverts: The Quiet Guide to Getting Ahead], (신현정, 역), 갈매나무, p.119 참고.

15 짐 콜린스, (2021), *좋은 기업을 넘어 위대한 기업으로*[Good to Great: Why Some Companies Make the Leap...and Others Don't], (이무열, 역), 김영사, pp.35-74 참고

자 쇼야 지치의 제안도 비슷하다. 성공적인 삶을 위해서 모임에서 꼭 재미있는 사람일 필요는 없다. 필요한 정보를 가지고 있는 사람, 잠깐씩 이야기를 나눌 수 사람이면 충분하다. 무엇보다 중요한 것은 전문성을 갖춘 사람이 되는 것이다.[16] 직장에서 중요한 것은 일이다.

최근 등장한 '인싸'도 이러한 맥락에서 볼 수 있다. 능력을 요구하는 사회에서 나타난 현상이다. '인싸'란 인사이더(insider)의 줄임말로 무리에 영향력을 발휘하는 사람을 의미한다. 영향력은 패션 센스, 재미, 친근함, 정보력, 업무 능력 혹은 재력 등 다양한 형태를 띤다. 무엇이 되었든 혜택을 줄 수 있는 사람 주변에는 사람들이 몰리는 것이다. 한 사람에게서 발견할 수 있는 어떠한 능력에 기초한 것이다. 외향성과 특별히 관계있는 것이 아니다. 외향성만으로 인싸가 되기도 어려운 구조이다. 많은 사람을 알고 모임에 자주 참석한다고 해서 '인싸'의 요건을 갖췄다고 할 수 없다.

어떠한가? 외향성을 외치는 사회는 결국 '당신의 능력을 보여 주세요' 사회인 것이다. 외향성 만능에서 벗어나 각자의 자리에서 어떻게 결과를 낼지 고민해야 할 시점이다. 와튼스쿨 교수 애덤 그랜트와 학

장징런, (2020), *내성적이지만 인싸 직장인입니다*, (우디, 역), 스타리치북스, pp.287-288 참고

16 낸시 앤코위츠, (2010), *내성적인 당신의 강점에 주목하라: 내성적인 당신에게 잘 맞는 자기 PR 시크릿*[Self-Promotion for Introverts: The Quiet Guide to Getting Ahead], (신현정, 역), 갈매나무, p.267 참고

자들의 티셔츠 접기 실험을 보자. 티셔츠를 10분 동안 최대한 많이 접는 실험이다. 다양한 팀을 비교했을 때 외향적인 리더+내향인 집단과 내향적인 리더+외향적인 집단이 우수한 결과를 기록했다. 둘 중에는 내향적인 리더+외향적인 집단이 과제를 28% 더 많이 수행했다.[17]

능력을 보여 줘야 하는 사회. 외향인이라도 실질적인 성과를 내려면 차분하게 연구하고 보고서를 작성하는 일을 해야 한다. 결과 없는 지나친 수다는 커리어에 좋지 못할 수 있다. 내향인의 경우를 보자. 연구실에서 홀로 열심인 내향인 연구자라도 다른 사람들 앞에서 자신의 연구 결과를 발표하고 알려야 한다. 즉, 성과는 성격과 관계가 없는 결과물을 지칭한다. 워런 버핏의 투자 노하우를 배우려는 이유는 무엇인가? 그의 뛰어난 말솜씨에 혹해서? 아니다. 버핏이 보여 주는 투자의 성과 때문이다.

성과를 요구하는 사회에서 아직 외향성의 길을 두고 우왕좌왕하고 있는지도 모른다. 사람들은 종종 말의 양과 업무 능력을 혼동한다. 카네기 멜런 대학교 사라 키슬러의 연구를 보자. 3인 1조 그룹으로 채팅, 메일, 대면 회의의 효과를 측정했다. 주목할 점은 대면 회의에서는 한 사람만 말을 하고 나머지는 듣는 역할에 머물렀다는 점이다.[18] 이 상

---

17 피터 홀린스, (2018), *혼자 있고 싶은데 외로운 건 싫어: 남들보다 내성적인 사람들을 위한 심리수업*[The Science of Introverts], (공민희, 역), 포레스트북스, p.150 참고

18 나이토 요시히토, (2019), *소심해도 잘나가는 사람들의 비밀: 인생이 술술 풀리는 긴장 제로*

황에서 말을 많이 하는 사람이 똑똑하고 권한이 큰 것처럼 착각하게 된다.[19] 이는 외향인에 대한 환상으로 연결된다. 즉, 사람들은 실질적인 성과보다 회의에서 말을 많이 해야 한다(=능력이 있다)는 생각에 사로잡힌다.

지금까지 외향성을 외치는 사회의 본질에 대해 살펴보았다. 시대적 요구에 따라 외향성 선호 문화가 생겨났다. 외향성은 곧 성공으로 가는 지름길이라는 막연한 인식이 퍼졌기 때문이다. 그러나 성공에 대해 다시 한번 되짚어 봤을 때 성격에 좌우되는 것이 아님을 확인했다. 성공은 우리 개개인이 만드는 결과물이다. 사회가 요구한 개인의 능력이다. 여전히 외향성에 대한 이상화가 우리를 갈등하게 만드는지도 모른다. 그러나 이제는 사회가 요구하는 본질을 볼 때가 되었다. 외향성을 외치는 사회가 궁극적으로 말하는 것은 능력과 성과를 보여 주어야 한다는 것이다.

의 심리학, (강수연, 역), 알에이치코리아, p.161 참고

19 앞선 10페이지 '내향인이 외향적인 사회에 산다는 것' 그룹역학 내용 참조

Paulhus, D. L. & Morgan, K. L., (1997), Perception of Intelligence in Leaderless Groups: The Dynamic Effects of Shyness and Acquaintance, *Journal of Personality and Social psychology 72*(3), 581-91 참고

Anderson, C. & Kilduff, G., (2009), Why Do Dominant Personalities Attain Influence in Face-to Face Groups? the Competence Signaling Effects of Trait Dominance, *Journal of Personlity and Social Psychology 96*(2), 491-503 참고

Taggar, S. et al., (1999), Leadership Emergence in Autonomous Work Teams: Antecedents and Outcomes, *Personnel Psychology 52*(4), 899-926 참고

Surowiecki, J., (2005), *The Wisdom of Crowds*, Anchor, p.187 참고

행복의 조건은 내향인과 외향인을 가리지 않는다

여기 100만 원이 있다고 가정해 보자. 쓸 수 있는 카테고리는 여가, 문화, 도서, 의료, 교통비, 식비, 의류, 반려동물 등 다양하다. 한 달 후 소비한 금액을 분류해 본다면 어느 곳에 많이 썼을까? 어디에 가치를 두느냐에 따라 답은 다 다를 것이다. A는 다른 소비는 다 줄여도 교통비는 줄일 수 없다고 생각한다. 체력이 좋은 편은 아니어서 편하게 이동하는 것이 최우선이기 때문이다. B는 다른 소비를 줄일 수 있어도 식비는 줄일 수 없다고 생각한다. 먹는 것만큼은 비싸더라도 몸에 좋은 것, 맛있는 것이 좋기 때문이다. 행복의 기준도 사람마다 다 다르다.

사람은 누구나 행복하기를 원한다. 그러나 사람마다 사고방식이 다르다. 중요하다고 여기는 부분이 다르다. 무엇에 어느 순간에 어떤 환경에서 행복을 느끼는지도 제각각일 수밖에 없다. 이는 휴식을 취하는 방식, 모임이나 어떤 활동을 선택하는 기준 등에 영향을 미친다. 예를 들어 누군가는 휴식하기 위해 모르는 곳으로 여행을 간다. 어떤 이는 사람이 많은 파티에 참석해 수다 떨기를 좋아한다. 또 다른 이는 혼자 생각을 정리하며 고요함이 주는 안정감을 즐긴다.

모임에 가더라도 밥을 먹고 이야기하며 함께 있는 것 자체를 좋아하는 사람이 있다. 반면에 외국어를 배우는 등 무언가를 습득하는 활동을 선호하는 사람이 있다. 자극을 찾아 액션 영화를 선택하는 사람이 있는 반면 번지 점프의 스릴을 찾는 사람이 있다. 편안함을 위해 미술관으로 갈 수도 카페로 갈 수도 있다. 빌 게이츠처럼 '생각의 주간 (외부와 차단된 채 독서를 하며 휴식)'을 가질 수도 있다. 여전히 떠들썩한 재미가 필요하다고 생각하는가?

그리스인이 정의하는 행복을 보자. 그리스인들이 말하는 행복은 자유롭게 자신의 능력을 발휘할 수 있는 상태이다. 뛰어남을 추구하는 것 그 자체이다. 그리스어에서 여가라는 단어를 살펴보자. 여가는 그리스어로 'schole'이다. schole는 영어의 'school(학교, 공부 생활, 훈련시키다, 교육하다)'이다. 그리스인에게는 지식을 습득하는 것이 휴식하는 것과 같다는 말이다.[20] 이처럼 다양한 사람이 있다. 각자 자신의 선호가 다른 것이다. 타인이 자신과 같지 않다고 해서 인생을 재미없

---

20 리처드 니스벳, (2004), 생각의 지도: 동양과 서양, 세상을 바라보는 서로 다른 시선[The Geography of Thought: How Asians and Westerners Think Differently...and Why], (최인철, 역), 김영사, p.28 참고.

이 낭비한다고 생각하면 안 된다.

시끌벅적한 행복을 누구나 다 원하는 것은 아니다. 일주일간 계속되는 모임이 누군가에게는 즐거움일 수도 또 다른 누군가에게는 불편함일 수도 있다. 심지어는 불쾌감을 줄 수도 있다. 행복 연구자들은 '세 다리 의자' 방식을 사용한다. 이 방식에 따르면 행복은 세 가지로 구성된다. 첫 번째는 눈에 보이는 행복이다. 두 번째는 삶의 만족이다. 순간순간은 대단하지 않을지라도 인생 전체를 볼 때 만족스럽게 느낀다는 것이다. 세 번째는 두려움, 불안함을 느끼지 않고 평화롭다고 느끼는 것이다.[21]

외향적인 행복만이 행복이 아니라는 점에 주목하자. 하버드 의학대학 정신건강의학과의 교수, 조지 베일런트의 연구를 보면 더 명확해진다. 814명의 전 생애를 연구하여 《행복의 조건》을 집필했다. 행복으로 가는 7가지는 다음과 같다. 첫 번째는 인생에서 마주하는 힘든 일에 대한 성숙한 방어 기제다. 방어 기제란 어떠한 문제를 마주했을 때 대처하는 자세를 말한다. 다음으로 교육과 안정된 결혼 생활이 있다. 금연, 금주, 운동, 적정 체중을 유지하는 것도 포함한다. 106명의 하버드 졸업생 중 80세에도 행복한 사람이 절반이었다. 이들은 50대에 7가지 중 5~6가지를 만족하고 있었다. 반대로 3가지 미만을 충족한 사람은

---

21 소피아 뎀블링, (2013), 나는 내성적인 사람입니다: 관계 중독 세상에서 나만의 생활방식을 지키며 조용하게 사는 법[The Introvert's Way], (이순영, 역), 책읽는수요일, pp.51-52 참고

80세에 행복한 이가 없었다.[22]

행복의 조건 중 외향성에만 해당된다거나 외향인만 가능한 조건은 없다. 이제는 외향성 편향적인 행복을 다시 생각해 봐야 하지 않을까? 반복되는 일상은 지루할 수도 있지만 편안함을 주는 것도 사실이다. 편안함에서 오는 여유를 한껏 누리는 것 또한 행복일 수 있다. 이는 일에 대한 태도로도 이어진다. 어떤 사람은 사무실에 머무는 시간을 최소한으로 하고 싶어 한다. 출장 다니는 것을 선호한다. 다른 이는 일을 몰입해서 하는 것을 선호한다. 한자리에 머물고 싶어 한다.

눈여겨볼 것은 외향인조차도 각자가 좋아하는 것이 다르다는 점이다. MBTI에 총 16가지 성격 유형이 존재한다. MBTI는 마이어스-브릭스 성격 유형 지표(The Myers-Briggs-Type Indicator)의 줄임말이다. 외향-내향, 감각-직관, 사고-감정, 판단-인식 4가지 기준으로 나눈다. 그중 외향적인 성격 유형(E: extrovert, 외향적인)만 해도 8가지 다른 성격 유형이 존재한다. 어떤가? 실제 개인은 더 다양한 재미와 행복을 추구하는 것이 맞지 않을까? 전 세계 80억 가까이 되는 인구가 모두 동일할 수는 없지 않은가.

---

22 조지 베일런트, (2010), *행복의 조건: 하버드대학교 인간성장보고서, 그들은 어떻게 오래도록 행복했을까?*[Aging Well: Surprising Guideposts to a Happpier Life from the Landmark Harvard Study of Adult Development], (이덕남, 역), 프런티어 참고

흔히 우리는 행복하려면 '~해야 한다'를 무의식중에 강요받고 있다. 혼자 있으면 안 된다, 모임에 항상 참석해야 한다, 가만히 있는 것은 재미있지 않다, 일단 행동해야 한다 등등. 그러나 이 주제에서 살펴본 결과, 행복은 그렇지 않다는 것을 알 수 있다. 사람마다 생각이 다르고 가치 부여를 하는 대상이 다르다. 요란한 행복만이 행복이 아니다. 진짜 행복의 조건은 따로 있다는 것도 보았다. 다양한 성격 유형이 있다. 외향인조차 다르다. 이제 우리는 천편일률적인 행복의 기준을 벗어날 때가 되었다.

혼자서도 괜찮은
내향성 사회에 대한 관심

    손바닥만 한 휴대폰 화면을 통해 우리는 원하는 곳 어디든지 가 볼 수 있는 세상이 되었다. 넷플릭스, 유튜브 등에서 세계 각지의 다양한 삶의 모습과 가치관을 매 순간 경험한다. 다양한 경로를 통해 들려오는 정보들은 지금껏 당연하게 생각해 오던 것에 의문을 품게 했다. 사람들의 생각을 흔들기 시작했다. 시대가 변하고 있는 것이다. 사회는 외향성 환상에서 벗어나기 시작했다. 하버드 대학 심리학 교수 브라이언 리틀에 따르면 사회는 가려져 있던 내향성에 주목하고 있다.[23] 그리고 수잔 케인의 《콰이어트》 열풍 이후 내향성과 외향성의 차이가 큰 화제로 떠올랐다. 그렇다면 내향성이 이슈가 되고 있는 이유는 무엇일까?

---

23 정교영, (2021), 혼자 있어도 외롭지 않게: 내성적이고 예민한 사람들을 위한 심리 수업, 샘터, 혼자 있어도 외롭지 않게, p.169 참고

외향인도 지친 사회가 되었다. 자신을 알리고 타인의 호감을 얻고, 반대로 자신도 타인을 알아야 하는 사회. 놓치는 정보가 없도록 항상 연결되어 있어야 하는 초연결 사회. 끝없는 외향성의 추구는 사람들에게 뭐든지 참여해야만 할 것 같은 압박감을 주었다. 뭐가 되었든 참여하지 않으면 경쟁에서 도태된다는 생각이 들게 했다. 결국 사회에는 번아웃(burn-out) 증후군이 넘쳐나게 되었다. 번아웃 증후군은 의욕적이던 사람이 극도의 피로감을 느끼며 무기력해지는 현상을 말한다. 외향인마저 지친 사회가 된 것이다. 이제 외향인들의 생각도 달라졌다. 고요하고 평화로운 상태, 깊이가 있는 삶의 가치가 중요하다고 생각하기 시작했다.

최근 자기 관리의 주요 트렌드로 떠오른 것들을 살펴보면 더 명확해진다. 생각을 정리하고, 마음을 가다듬는 명상만 보아도 그렇다. 정적이고 편안한 환경에서 차분함을 얻고 한 템포 쉬어 가는 것이다. 비슷한 사례로 휴가철마다 인기를 끌고 있는 호캉스가 있다. 호캉스란 호텔+바캉스의 합성어다. 이전에는 기분 전환이 되는 어떠한 활동을 하지 않는 것은 쉬는 게 아니었다. 높은 비용을 지불하면서도 실내에서 시간을 보내고 '활동하지 않는 것'을 낭비로 생각했다. 그러나 이제는 휴식의 한 방법으로 각광받고 있는 것이다. 호텔들은 앞다투어 차별화된 패키지 상품을 내놓는다. 그리고 그 상품들은 언제나 성공적이다.

지금 사회는 혼자서도 괜찮은 사회가 되었다. 사회적 변화가 한몫한다. 현대 사회는 개인의 자유와 가치가 존중받는 개인주의 사회로 접어들었다. 초점이 개인으로 옮겨 간 것이다. 인맥을 통한 타인의 인정보다 자신의 역량을 키우는 것이 중요해졌다. 워라밸(work and life balance, 일과 삶의 균형)을 통해 의미 있는 삶, 내적인 행복을 찾는 것이 더 중요해졌다. 이를 잘 보여 주는 것이 '살코기 세대'라는 표현일 것이다. '살코기 세대'란 기름기 없는 살코기처럼 불필요한 관계는 맺지 않는 세대이다. 개인 시간을 중시하는 20~30대 층을 말한다. 개인 시간에 독서 및 외국어 공부, 운동 등을 통해 자기 계발을 하며 자신에게 집중한다.

더 나아가 1인 가구의 급증으로 일코노미(1인+economy 경제)로 접어들었다. 혼밥(혼자 밥 먹기)과 혼술(혼자 술 마시기) 등도 트렌드가 된지 오래다. 혼영(혼자 영화 보기), 혼행(혼자 여행하기) 같은 신조어도 존재한다. 배달 앱에서도 1인 코너가 따로 생겼다. 대형 마트에서도 소량 포장 상품이 등장했고,[24] 편의점 소비가 급증했다.[25] 소비 패턴의 변화에서도 개인 중심의 사회로 가고 있는 것을 볼 수 있다.

24 남주현, (2020년 06월 09일), 유통가 영역파괴...1인가구 노리는 대형마트 VS 대용량 판매하는 편의점, 이투데이, https://www.etoday.co.kr/news/view/1903886 참고

25 변진선, (2022년 02월 03일), '1인 가구' 특화 통했다…작년 편의점 매출 대형마트 첫 추월, 매일신문, https://news.imaeil.com/page/view/2022020310222721901 참고

직장 내에서도 혼밥 문화가 심심찮게 보인다. 이전에 일하던 곳은 개인 업무 스케줄과 일정에 따라 혼밥이 당연한 곳이었다. 대학가를 한번 보자. 부모님 세대에는 수강 신청은 '함께'였다. 전공 필수를 다 같이 듣고 졸업도 함께였다. 지금은 어떤가? 나는 영어영문학과 경제학을 복수전공하면서 시간표를 나의 졸업 요건에 맞춰 짜야 했다. 필수는 없고 전공 선택만이 존재했다. 무엇을 들을지는 개인의 선택이다. 같은 연도에 입학했어도 졸업은 제각각인 시대이다. '함께해야 했던' 외향성 사회를 지나 '혼자 있어도 괜찮은' 사회가 된 것이다. 이제 혼자서도 강한 우리 내향인의 강점이 발휘되는 사회가 되었다.

내향성이 주목받게 된 또 다른 이유는 조직 문화의 변화다. 산업화 시대에는 기계화가 진행되고 대규모 생산이 주를 이루었다. 필요한 것은 시스템을 잘 관리하고 통제하며 조직을 이끄는 리더십이었다. 정보 사회가 된 지금은 개인의 창의성이 중요하다. 앞으로는 기업 문화가 더 민주적으로 변화할 것이라고 이야기된다. 이제는 지시하고 이끄는 리더가 아니라 팀원을 격려하는 리더가 필요한 것이다. 수평적 조직 문화로의 변화에서 리더는 참견하지 않아야 한다. 즉, 팀원의 아이디어를 방해하지 않아야 한다.[26] 오히려 여러 의견을 잘 경청하여 최선의 결과를 낼 수 있어야 한다. 내향적인 리더십이 필요해진 것이다.

---

26 나이토 요시히토, (2019), 소심해도 잘나가는 사람들의 비밀: 인생이 술술 풀리는 긴장 제로의 심리학, (강수연, 역), 알에이치코리아, p.158 참고.

더불어 업무 방식도 변화하고 있다. 재택근무의 확산은 내향인의 역량을 드러나게 해 주었다. 재택은 인간관계에서 오는 스트레스를 줄여 주었다. 이렇게 줄어든 에너지 소모는 몰입할 수 있는 환경을 제공한다. 코로나 이전부터 사람들은 이제 스마트폰을 보고 있느라 말이 없어지고 손은 바삐 움직이는 세상이었다. 코로나 이후 사람 간 대면 소통을 통한 정보 공유가 어려워졌다. 텍스트에 의한 소통은 더 늘어났다. 내향인의 깊이 사고하는 특징은 즉흥적인 말보다 글과 문자와 연관된다. 비대면에 의해 더욱 활성화된 텍스트 업무 방식이 내향인의 강점을 강화하고 있다.

21C 기업의 경제 환경 및 트렌드 역시 변화하고 있다. 변화하는 사회에서 내향인들이 보여 주는 성과에 주목하기 시작했다. 회사는 내향인 직원이 이성적이며 창의적이라는 점에 관심을 보인다.[27] 가치 중심의 기업 경영으로 들어서면서 더더욱 내향인들의 능력이 필요하게 된 것이다. 가치 중심 경영은 경영의 목표가 단순한 이윤 창출을 넘어서는 것을 말한다. 고객의 브랜드 충성도를 확보하고 사회적 가치를 창출할 수 있는 것에 목표를 둔다.

이전의 소비자들은 가성비를 따졌다. 이제는 가심비(가격 대비 마음에 흡족한 소비)를 추구한다. 더 나아가 자신의 소비가 사회에 끼

---

27 도리스 메르틴, (2016), 혼자가 편한 사람들: 내성적인 당신의 잠재력을 높여 주는 책[Leise gewinnt], (강희진, 역), 비전코리아, p.13 참고

치는 영향도 고려하는 소비자가 늘고 있다. 나의 경우 귀걸이 하나를 사더라도 기왕이면 길고양이를 후원하는 사이트를 고른다. 가능하면 동물 실험을 하지 않는 제품, 비건 제품을 고른다. 무조건 나가서 많이 팔아 오는 시대는 끝났다. 화려한 언변으로 밀어붙이는 판매는 끝났다. 소비자의 소리를 듣고, 공감하고, 분석해야 하는 시대다. SNS 등 통신 기술의 발달은 이를 촉진한다. 전 세계적으로 퍼진 미투(MeToo) 사례와 같이 서로 비슷한 생각과 가치관, 경험을 공유하고 사람들은 하나로 모일 수 있게 되었다.

가치 중심으로 변화하는 지금, 기업은 이러한 목소리에 집중할 수밖에 없다. 더군다나 요즘 소비자는 다양한 채널을 통해 정보력에서도 뛰어나다. 비교·분석하고 최상의 상품을 얻기를 원한다. 자연히 전문적이고 신뢰를 주는 사람, 자신의 요구 사항을 파악하는 사람을 원할 것이다. 가치와 의미를 중시하는 소비 트렌드의 등장과 똑똑한 소비자. 경제계는 이제 철저한 분석가가 필요하다. 날카로운 관찰력이 필요하다. 눈에 뻔히 보이는 것 말고 다른 관점을 제시해 줄 직원이 필요한 시점이다.

현대 사회에서 양으로 밀어붙이기는 지나갔다. 정보의 홍수 속에서 사람들에게 필요한 건 더 많은 정보가 아니다. 그보다는 번뜩이는 아이디어가 필요하다. 《보랏빛 소가 온다》의 저자 세스 고딘이 말하는 보랏빛 소를 보여 줘야 한다. 개인의 취향에 딱 알맞은 무언가가 필요하다. 경제 환경 및 트렌드가 개인과 아이디어 중심으로 흘러가고 있다. 의미 있는 삶을 추구하고 언제나 골똘히 생각에 잠긴 내향인, 타인에 귀 기울이는 내향인. 변화하는 트렌드가 내향인의 특성에 주목하도록 만든 것이다.

지금까지 내향성이 주목받게 된 계기에 대해서 살펴보았다. 번아웃으로 외향인마저 지친 사회에서 내향적인 휴식에 대한 생각이 달라졌다. 자기 관리 트렌드도 내향적인 삶이 각광받고 있다. 개인의 자유와 취향을 존중하는 사회가 되었고 혼밥 등 1인 문화가 등장했다. 함께가 아닌 혼자 있어도 괜찮은 사회가 된 것이다. 유연한 조직 문화와 함께 내향적인 리더십에 주목하기 시작했고, 비대면 업무 환경의 변화도 내향성에 주목하게 했다. 경제 트렌드도 가치 중심과 지식, 아이디어 중심으로 바뀌었다. 이에 전문적으로 대응할 내향인의 능력을 필요로 하게 되었다. 이렇듯 내향성에 대한 관심이 높아지고 있다.

내향인도 좋은 리더가
될 수 있다

　스티브 잡스의 뛰어난 프레젠테이션 그리고 〈악마는 프라다를 입는다〉의 미란다 같은 카리스마. 자신은 외향적인 말주변이 없어서 카리스마가 없어서 좌절하고 있지는 않은가? 혹시 자신이 내향적이라서 인생에서 성공과는 거리가 멀다고 생각하는가? 잠시 다시 생각해 보자. 어쩌면 우리는 눈에 보이는 화려한 성공만을 떠올렸을지도 모른다. 외향적이라고 성공하는 것이 아니다. 내향적이라서 성공하지 못하는 것도 아니다. 마리 퀴리, 알프레드 노벨, 아인슈타인은 어떤가? 마크 저커버그는? 내향인이라서 하지 못하는 것은 없다. 내향인이어도 충분히 괜찮다.

　누구나 여러 사람 앞에서 발표하는 것을 두려워한다. 대중 연설 전문가 닉 모건에 따르면 발표 불안은 성격과 관련이 없다. 내향, 외향에 상관없이 두려워하지 않는 사람은 10%밖에 없다고 한다.[28] 외향인 다수도 무대 공포증을 느낀다. 주변 외향인에게 프레젠테이션에 대해 물으면 역시 긴장한다고 한다. 긴장하고 두려운 마음이 드는 것은 누구나 그런 것이다. 내향인이라서 그런 것이 아니다. 외향적이라고 생각되는 미국인들에게도 가장 꺼려지는 것 중 1위는 대중연설[29]이라고 한다. 고대 로마의 달변가 키케로도 연설에는 긴장이 따른다고 말했다.

사람들을 대한다는 것은 성격을 떠나서 누구나 어색한 일인 것이다. 그렇지 않은 척할 뿐이다. 진화 생물학자 에드워드 윌슨에 의하면 인류의 조상에게 있어 관찰당한다는 것은 위협을 의미했다. 포식자에게 잡아먹힐 위험인 것이다. 현대 사회에서는 사람들 앞에 서는 것이 비슷한 위협으로 간주된다. 대응 방식과 반응의 정도 차이만 존재할 뿐이다.[30] 내향인만의 고민이 아닌 것이다. 실제로 발표를 성공적으로 끝냈는지 여부도 긴장도의 차이가 아니다. '전달하고자 하는 핵심 메시지를 효과적으로 전달했는가'이다. 얼마나 철저히 준비했는가에 달려 있다.

28 장징런, (2020), *내성적이지만 인싸 직장인입니다*, (우디, 역), 스타리치북스, p.202 참고

29 Cunningham, V. et al., (2006), Eliminating Fears: An Intervention that Permanently Elivinates the Fear of Public Speaking, *Clinical Psychology and Psychotherapy 13*(3), 183-93, https://doi.org/10.1002/cpp.487 참고

30 수전 케인, (2013), *콰이어트: 시끄러운 세상에서 조용히 세상을 움직이는 힘*[Quiet: The Power of Introverts in a World That Can't Stop Talking], (김우열, 역), 알에이치코리아, p.173 참고

앞에 나서는 걸 망설인다고 해서 좌절할 필요 없다. 사람마다 정도의 차이만 있을 뿐이다. 누구나 중요한 선택이나 중대한 일 앞에서는 나서지 않고 고민하고 주저한다. 이를 리더십이나 카리스마가 없는 것으로 생각해서도 안 된다. 넬슨 만델라, 워런 버핏, 마크 저커버그 등 모두 훌륭한 내향인 리더들이다. 분명 내향인도 리더십과 카리스마를 가질 수 있다. 바로 앞 주제에서 살펴본 팀원의 아이디어를 경청하고 최선의 결과를 항상 고민하는 리더. 내향적인 리더가 존재한다.

《좋은 기업을 넘어 위대한 기업으로》의 저자 짐 콜린스는 성공한 기업들을 관찰한 결과 CEO는 '단계 5'에 해당하는 리더들이었다고 한다. 단계 5의 리더는 겸손함과 전문성을 갖추었다. 계획과 문제 해결, 연구로 높은 성과를 기록한다. 사려 깊고 야심이 있되 그 야심은 조직의 목표를 달성하는 것이다.[31] 기존의 리더십과 카리스마만으로 우리 자신을 재단해서는 안 된다. 이를 위해서 우리는 리더십과 카리스마에 대해 좀 더 알아볼 필요가 있다.

보통 생각하는 강력한 리더십은 1940~1950년대에 유행한 자질론(특성론)에 해당한다. 자질론은 리더는 타고나는 것이고, 리더가 될 만한 특성을 지니고 있다는 것이다. 흔히 외향적 리더십 하면 떠올리는 것들이 해당한다. 전통적인 리더십인 것이다. 그러나 시대가 변화

---

31 짐 콜린스, (2021), 좋은 기업을 넘어 위대한 기업으로[Good to Great: Why Some Companies Make the Leap...and Others Don't], (이무열, 역), 김영사, pp.35-75 참고

하면서 리더에 대한 요구도 달라지기 마련이다. 1950~1960년대 등장한 것이 행동 유형론이다. 리더는 타고나는 것보다 리더로서 적합한 행동이 있다는 것이다. 아무리 강력한 리더라도 리더로서의 해야 할 행동이 있다는 점이다. 간략히 아이오와 대학 연구와 블레이크 · 머튼의 연구를 보자.

아이오와 대학의 연구는 권위형, 민주형, 방임형 3가지로 나눈다. 권위형은 리더가 결정하고 직원에게 지시하는 유형이다. 민주형은 직원의 자율을 중시한다. 방임형은 직원이 요청하면 도와주는 유형이다. 여기서는 직원의 자율을 존중하는 민주형을 바람직한 것으로 결론짓는다.[32] 어떠한가? 내향적 리더십이 서서히 보이기 시작하는가? 블레이크와 머튼의 연구도 보자. 이 연구에서는 목표 달성에 대한 관심도를 1~9로 분류한다. 사람에 대한 관심도를 1~9로 분류한다. 9*9=81, 총 81개의 리더 유형이 나온다. 제일 적합한 유형은 두 개 모두 9점을 기록한 단합형 리더다. 성과도 좋고 직원들에게도 관심을 쏟는 유형이다.[33]

1970년대에는 상황적 접근법이 등장한다. 여러 이론 중 피들러의

---

32 Lippitt, R. & White, R., (1943), The "Social Climate" of Childre's Group, In R. G. Baker, J, S. Kounin, & H. F. Wright(eds.), *Child Behavior and Development: A Course of Representative Studies*, New York: McGraw-Hill 참고.

33 Blake, R. & Mouton, J., (1964), *The Managerial Grid*, Houston: Gulf Publ 참고.

상황 이론을 간략히 보자. 여기서는 리더를 목표 달성을 중시하는 리더와 사람에 관심이 많은 리더 둘로 나눈다. 이 두 유형이 여러 가지 상황에 따라 적합도가 다르다는 것이다. 목표 지향적인 리더는 밀어붙여야 하거나 호의적인 상황일 때 적합하다. 사람에 관심이 많은 리더는 상황이 모호할 때 적합하다. 팀원을 잘 다독여야 하기 때문이다. 상황론 이후에는 여러 다양한 리더십 이론이 등장한다. 변혁적 리더십, 서번트 리더십 등이 있다. 변혁적 리더십은 높은 수준의 도덕적 행동과 팀원에게 비전을 제시하는 리더십이다. 서번트 리더십은 섬기는 리더십으로 봉사하고 헌신한다.

시대의 흐름에 맞춰 고전적, 영웅적 리더십에서 옮겨가고 있다. 효과적인 리더십이 달라지면서 내향인의 리더십도 주목받고 있다. 카리스마는 어떤가. 《카리스마, 상대를 따뜻하게 사로잡는 힘》의 저자 올리비아 폭스 카반은 내향인도 강한 카리스마가 있다고 말한다. 그는 권위 카리스마, 비전(선견지명) 카리스마 등 다양한 유형을 제시한다. 권위 카리스마는 고전적 카리스마다. 보통 외모나 지위에서 오는 것이지만 신중한 단어 선택과 침묵에서 나오기도 한다. 독일의 메르켈 총리를 보면 알 수 있다. 비전 카리스마는 타인에게 영감을 주고, 자신의 계획을 주도하는 카리스마다.[34] 침묵, 신중한 단어 선택, 계획. 내향인

---

34 올리비아 폭스 카반, (2013), 카리스마, 상대를 따뜻하게 사로잡는 힘: 내면의 슈퍼스타를 끌어내는 실천적 행동지침[The Charisma Myth: How Anyone Can Master the Art and Science of Personal Magnetism], (이세진, 역), 갈매나무, p.158 참고

의 특징들이 보이는가?

내향인도 충분히 좋은 리더가 될 수 있다. 성공할 수 있다. 주변을 보면 상사 중에는 내향인이 많이 있다. 내향인이 성공에 중요한 자질을 충분히 가지고 있기 때문이다. 성실성과 지적 추구, 미래 예측 능력 등이다. 내향인 빌 게이츠는 유머스럽게 다음과 같이 말했다. "열심히 공부하는 사람들에게 잘해 주세요. 언젠가 그 사람 밑에서 일할 확률이 높답니다."[35] 그 밖에도 다양한 분야에서 성공한 사람들이 있다. 영화 배우 엠마 왓슨, 타이거 우즈, 조앤 K.롤링 등 조용히 자신의 목표를 달성한 사람들이다.

내향인이 예술계나 혼자서 하는 직업 등에서만 성공한 것은 아니다. 구글을 창립한 래리 페이지, 독일의 메르켈 총리 등을 보자. 전 세계를 좌지우지하는 거물급으로 성공하는 경우도 많다. 세계 최고의 자리에 오르는 내향인들도 많이 있는 것이다. 오스트리아의 심리학자 자비네 베르크너가 참여한 연구를 보자. 자신의 성과를 드러내지 않고 겸손하게 행동하는 것이 기품 있는 태도로 해석된다고 한다.[36] 내향인은 충

---

35 원문은 Be nice to nerds. Chaces are you'll end up working for one. 빌 게이츠가 마운틴휘트니 고등학교에서 한 연설 中.
성동찬, (2015년 04월 15일), 세계 최고의 부자 빌 게이츠에게 배운다…"TV는 현실이 아니다. 커피를 마셨으면 바로 일을 시작하라", 매일경제, https://www.mk.co.kr/news/culture/6685952 참고.

36 도리스 메르틴, (2016), 혼자가 편한 사람들: 내성적인 당신의 잠재력을 높여 주는 책(Leise

분히 존경받는 리더가 될 수 있다. 와튼 스쿨의 애덤 그랜트가 겸손을 성공의 주요소로 꼽았다는 데서 더 명확해진다.

겸손 이외의 성공 요소도 살펴보자. 마틴 셀리그만과 학자들은 연구 끝에 겸손 외 23개의 강점을 발견했다. 용기, 개방성, 지적 호기심과 학구열, 신중함과 인내력, 자기 조절 능력, 친절함이 포함된다. 이 밖에도 심미안, 감사하는 마음, 창의력, 통찰력, 용서하는 마음, 열정 등[37]이 있다. 이 외에도 많은 요소가 존재한다. 이 요소들은 외향성, 내향성과 상관이 없다. 자세히 살펴보면 우리 내향인이 가진 자질도 많다. 뉴턴과 아인슈타인의 지적 호기심과 학구열은 훌륭한 업적의 밑바탕이 되었다.

융에 따르면 성격은 내향과 외향의 연장선상 그 어딘가에 존재한다. 하지만 한쪽으로 쏠려 있는 것도 사실이라고 한다. 자신의 능력을 잘 발휘할 수 있게 '알맞게 타고난 지점'이 있다는 것이다. 자신의 기질을 억지로 부정할 필요 없다.[38] 얼마든지 훌륭하게 살아갈 수 있다. 자신의 모습에 자신을 가져도 된다. 혹여 적성과 직업이 맞지 않아도 괜찮다. 적성과 직업은 평생에 걸쳐 변하기 때문이다. 직장은 단지 돈을 벌

---

gewinnt], (강희진, 역), 비전코리아, p.257 참고

37 정교영, (2021), *혼자 있어도 외롭지 않게: 내성적이고 예민한 사람들을 위한 심리 수업*, 샘터, p.229 참고

38 마티 올슨 래니, (2006), *내성적인 사람이 성공한다*[Introvert Advantage: How to Thrive in an Extrovert World], (박윤정, 역), 서돌, pp.36-37 참고

고 여유 시간에 좋아하는 일을 해도 괜찮다. 아인슈타인은 특허청에서 일하며 상대성 원리를 연구했다고 한다. 단순한 일을 하면서 이후 시간에 생각할 시간적 여유를 가졌던 것이다.[39]

    지금까지 살펴본 바에 따르면 누구나 많은 사람들 앞에서 하는 발표를 두려워한다. 외향인이라고 해서 예외는 없다. 주저하는 것은 당연하고 누구나 망설인다. 나서지 않는다고 해서 리더십이 없다거나 카리스마가 없는 것이 아니다. 내향인은 리더가 될 수 없는 게 아니다. 시대적 흐름에 따라 내향적인 리더십도 필요하다. 내향인도 카리스마가 있다. 얼마든지 눈부신 성공을 누릴 수 있다. 내향인은 성공할 수 있는 자질이 충분히 많이 있기 때문이다. 다방면에서 성공한 인물들의 사례가 이를 증명한다. 어느 분야든 내향인이 성공할 수 있음을 보았다. 기질을 벗어나지 않아도 괜찮다. 내향인이어도 괜찮다. 지금 그대로 충분하다. 자신감을 가지자.

---

39 일레인 N. 아론, (2017), *타인보다 더 민감한 사람: 내 안의 잠재력을 깨우는 자기 발견의 심리학*[The Highly Sensitive Person], (노혜숙, 역), 웅진지식하우스, pp.206-207

우리는 태고부터
살아남은 존재들이다

‘안녕하세요. MBTI가 어떻게 되시나요?’ ‘INTJ입니다.’ 이제는 성격 유형을 묻는 것이 하나의 인사말이 되었다. 누군가는 사람의 성격을 어떻게 16가지로만 나누냐고 할 것이다. 하지만 다양한 사람이 존재할 수 있다는 인식만으로 타인에게 좀 더 관대해질 수 있다. 우리는 하루에도 몇 번씩 다양한 사람을 만난다. 무의식중에도 타인을 나름대로 분석한다. 이해하려고 노력한다. ‘A라는 사람은 성격이 이러이러하다’ 등 판단을 내린다. 성격에 관한 연구들이 진행되면서 다양한 성격 유형, 특히 내향성에 대해 이해하기 시작했다. 연구는 내향성이 생명체 보존에 꼭 필요한 것임을 보여 준다. 진화의 산물이라는 것이다.

내향인의 비율은 57%에 이른다.[40] 놀랍지 않은가? 사람들의 생각처

---

40 로리 헬고, (2009), 은근한 매력: 내성적인 사람이 성공하는 자기관리법[Introvert Power: Why Your Inner Life is Your Hidden Strength], (임소연, 역), 흐름출판, p.12 참고

럼 외향성이 이상적인 것이라고 해 보자. 그렇다면 내향성은 오랜 시간에 걸친 인류 진화에서 도태되었을 것이다. 생명체는 환경에 잘 적응하는 유전자를 남기기 마련이다. 그러나 내향성은 사라지지 않았고, 인류뿐만 아니라 다양한 생물종에 존재한다. 초파리, 물고기, 집고양이, 산양, 새, 원숭이 등. 100여 개가 넘는 종에서 발견된다. 생물 내에는 일단 행동하는 외향적인 개체와 관찰하고 기다리는 내향적인 개체가 있는 것이다.[41]

생물학자 에드워드 윌슨은 다른 유형이 존재하는 이유가 생존 전략이 다르기 때문이라 주장한다.[42] 하나의 타입이 항상 유리하고, 다른 유형은 항상 불리한 게 아니다. 환경이 다양한 만큼 모두 장단점이 있다. 다윈의 진화론을 보면 좀 더 명확해진다. 유명한 갈라파고스 섬의 핀치새에 관한 것을 보자. 갈라파고스 섬은 19개가 넘는 여러 개의 섬이다. 각각의 섬들에는 분포하는 식물이 다르다. 당연히 핀치새의 먹이도 각 섬에서 달라졌다. 식물의 열매가 큰 섬은 핀치의 부리가 크고

---

41 Wolf, M. et al., (2008), Evolutionary Emergence of Responsive and Unresponsive Personalities, *Proceedings of the National Academy of Sciences 105*(41), 15825-30 참고.
일레인 N. 아론, (2013), *섬세한 사람에게 해 주는 상담실 안 이야기*[Psychotherapy and the Highly Sensitive Person], (도인종, 역), 디어센티브, p.2 참고.
일레인 N. 아론, (2013), *섬세한 사람에게 해 주는 상담실 안 이야기*[Psychotherapy and the Highly Sensitive Person], (도인종, 역), 디어센티브, pp.16-18 참고.

42 수전 케인, (2013), *콰이어트: 시끄러운 세상에서 조용히 세상을 움직이는 힘*[Quiet: The Power of Introverts in a World That Can't Stop Talking], (김우열, 역), 알에이치코리아, p.228 참고.

두껍다. 열매가 작은 섬은 핀치의 부리가 작았다.[43] 환경에 따라 생존 유형이 달라지는 것이다.

인간의 내향성과 외향성도 마찬가지다. 과학자들이 말하는 외향성 유전자는 새로운 것을 찾아다니는 경향과 관련된 유전자다. 외향성 유전자가 있는 유목민은 없는 유목민보다 영양 상태가 좋았다. 그러나 정착 생활을 하는 사람이 외향성 유전자를 가지고 있으면 영양 상태가 오히려 나빴다.[44] 윌슨은 최고라고 여겨지는 성격은 존재하지 않는다고 말한다. 자연 선택에 유리한 여러 가지 성격이 존재할 뿐이라고 지적한다.[45]

여전히 내향성이 결점이라고 생각되는가? 결점이라고 생각된다면 다음의 사례를 보자. 오렌지색 개구리와 공작. 살아남지 않았을 것 같은 개체들이지만 존재한다. 공작의 사례를 보자. 공작 수컷의 화려한

---

43 Grant, P., (1986, 1999), *Ecology and Evolution of Darwin's Finches*, Princeton University Press 참고.

44 Eisenberg, D. T. et al., (2008), Dopamine Receptor Genetic Polymorphisms and Body Composition in Undernourished Pastoralists: An Exploration of Nutrition Indices Among Nomadic and Recently Settled Ariaal Men of Northern Kenya, *BMC Evol Biol* 8(173), https://doi.org/10.1186/1471-2148-8-173, http://machineslikeus.com/news/adhd-advantage-nomadic-tribesmen, https://www.ncbi.nlm.nih.gov/pmc/articles/PMC2440754/ 참고.

45 수전 케인, (2013), 콰이어트: 시끄러운 세상에서 조용히 세상을 움직이는 힘[Quiet: The Power of Introverts in a World That Can't Stop Talking], (김우열, 역), 알에이치코리아, p.229 참고.

꼬리는 눈에 띄기 마련이다. 그러나 화려할수록 선택을 받는다. 화려한 꼬리를 위해서는 많은 영양분 섭취가 중요하다. 몸의 대사 활동(신체 내부 기능)도 제대로 되어야 한다. 눈에 잘 띄는 만큼 포식자를 피할 수 있게 똑똑해야 한다. 화려한 꼬리는 생존에 뛰어남을 보여 주는 표식이 되는 것이다.[46] 결점으로 보이는 것이 결점이 아닌 셈이다. 계속 존재한다는 것은 적합도를 인정받은 것이다.

내향적인 개체와 외향적인 개체는 각각 어떤 전략을 쓰는 것일까. 구피에 관한 연구 사례를 보자. 이 물고기의 천적은 강꼬치고기다. 천적이 없는 곳에 사는 구피는 걱정이 없다. 주변에 상관하지 않고 움직일 것이다. 천적이 있는 곳의 구피는 천적을 피하는 데에 신경을 써야 한다. 당연히 경계심이 높아지고 신중하게 행동할 것이다.[47] 환경에 따라 전략도 달라진다. 닐스 딩게만스의 박새 연구도 살펴보자. 열매가 풍성한 시기에는 한자리에서 잘 움직이지 않는 박새가 유리했다. 빠르게 움직이는 박새의 활동성은 도움이 되지 않았다. 먹이를 찾기 힘든 시기는 빠르게 움직이는 박새가 유리했다. 멀리 날아가서 먹이를 찾을

46 마티아스 뇔케, (2017), *조용히 이기는 사람들: 나서지 않지만 강한 사람들의 태도*[Understatement: Vom Vergnugen unterschatzt zu werden], (이미옥, 역), 위즈덤하우스, pp.80-81 참고

Petrie, M., (1994), Improved growth and survival of offspring of peacocks with more elaborate trains, *Nature 371*, 598-9 참고

47 Nettle, D., (2006), The evolution of personality variation in humans and other animals, *American Psychologist 61*(6), 622-31. p.624 참고

확률이 높기 때문이다.[48]

내향적인 개체는 한곳에 머무르며 에너지를 덜 쓴다. 행동하기 전에 관찰하며 위험을 최소화한다. 확실한 것을 선호하는 전략을 쓴다. 외향적인 개체는 활동 반경이 넓다. 위험을 무릅쓰더라도 일단 해 보는 전략을 쓴다. 종의 생존을 위해서는 두 가지 모두 필요하다고 할 수 있다. 가령 모르는 음식이 있을 때 신중한 내향적 개체만 있다면 굶게 될 것이다. 전면에 나서서 행동하는 개체만 있다면 생명에 위험을 겪을 수도 있다. 진화적으로 내향성, 외향성 모두 필요한 전략이다.

칼 융에 따르면 두 유형의 차이는 생존의 모든 면에서 차이를 보인다고 한다. 내향인은 에너지를 보존하기 위해 적은 수의 후손을 낳는다. 대신 외부의 위협에서 자기 자신을 보호하는 방법을 잘 알기 때문에 수명이 길다. 신중하며 자기 성찰을 한다. 남들도 행동 전에 생각하도록 만든다. 외향인은 에너지를 소비하기 때문에 후손을 많이 낳는 경향이 있다. 일단 행동하고 보기 때문에 자신을 보호하는 것과는 거리가 멀다. 위험에 빠르게 대응하지만 수명이 짧다. 새로운 것을 찾아

---

48 Dingemanse, N. J. et al., (2002), Repeatability and heritability of exploratory behaviour in great tits from the wild, *Animal behaviour 64*, 929-38 참고.

Dingemanse, N. J. et al., (2003), Natal dispersal and personalities in great tits(Parus major), *Proceedings of the Royal Society B 270*, 741-7 참고.

Dingemanse, N. J. et al., (2004), Fitness consequences of avian Personalities in a fluctuation environment, *Proceedings of the Royal Society B 271*, 847-52 참고.

광범위하게 다니는 경향이 있다.[49]

다양한 유형의 존재에 대해 아론 박사는 또 다른 이유를 제시한다. 구성원들이 내향적인 개체의 도움을 받기 때문이라는 것이다. 주의 깊게 살피는 내향적인 개체는 위험이 다가오면 즉시 알려 줄 수 있다. 이 무리는 살아남게 되고 자연히 내향적인 개체는 계속 존재하게 된다.[50] 인간도 마찬가지다. 무조건 돌진하는 '전사'만 있어서는 생존을 장담할 수 없다. 고민하고 관찰하고 탐구하는 '학자'도 필요한 것이다. 성급한 판단을 방지하고 피해를 최소화할 수 있다. 눈에 보이지 않는 위협이 다가올 때 예리하게 감지한다.[51]

생물학자들은 인간을 비롯한 생물종에 내향성과 외향성의 차이가 지속되는 이유를 찾았다. 유전적으로 전달된다는 것이다. 구피 실험으로 돌아가 보자. 시릴 오스틴과 동료들은 외향적인 구피와 내향적인 구피를 잡아 길렀다. 안전한 어항에 넣어 기르며 이후 각각에게서 새끼들을 얻었다. 새끼들을 천적이 있는 풀장에 풀었고 결과는 예상대로

49 Jung, C. G., (1971), *The Collected Works of C.G.Jung, Volume 6: Psychological Types*, Princeton, NJ: Princeton University Press, p.559 참고

50 Aron, E. N., (2007, January), Book Review: Unto Others: The Evomlutin and Psychology of Unselfish Behavior, *Comfrot Zone Online*, http://www.hsperson.com/pages/3Feb07.htm 참고

51 일레인 N. 아론, (2017). *타인보다 더 민감한 사람: 내 안의 잠재력을 깨우는 자기 발견의 심리학*[The Highly Sensitive Person], (노혜숙, 역), 웅진지식하우스, p.56 참고

였다. 경계심 많은 내향적인 구피의 새끼들이 더 잘 살아남는다는 점을 발견했다. 안전한 어항에서 길러졌어도 부모 구피의 성격이 그대로 전달된 것이었다.[52]

인간 쌍둥이 연구에서도 성격이 유전된다는 것을 볼 수 있다. 일란성 쌍둥이와 이란성 쌍둥이를 비교해 보자. 일란성은 유전적으로 100% 동일하고, 이란성은 50%만 동일하다. 둘을 비교해 보면 일란성 쌍둥이의 성격이 더 비슷하다. 쌍둥이 연구가 낸시 시걸 박사의 연구를 보자. 그가 미네소타 대학에서 연구한 것을 보면, 성격에는 유전적 영향이 크게 작용한다. 같이 산 일란성과 다른 집에 입양된 일란성을 비교한 결과 성격 차이가 거의 없었다. 같이 산 이란성과 다른 집에 입양된 일란성도 비교해 보았다. 따로 사는 일란성이 더 비슷했다. 쌍둥이가 아닌 형제에 대한 연구를 보면 더 명확해진다. 각자 다른 집에 입양된 친형제는 성격이 비슷했다. 부모가 다르지만 같은 집에 입양되어 형제가 된 경우 유사성이 거의 없었다고 한다.[53] 같이 산다고 해서 성격이 비슷해지는 것이 아니다. 학습되는 것도 아니다. 성격은 유전된다는 것이다. 인간을 비롯한 보편적인 현상이다. 심리학자 스테판 제이 수오미의 원숭이 연구를 보자. 그에 따르면 원숭이들이 본 적도 없

---

52 O'Steen, S., Cullum, A. J., & Bennett, A. F., (2002), Rapid evolution of escape ability in Trinidadian guppies(Poecilia reticulata), *Evolution 56*, 776-84 참고.

53 Segal, L. N., (2000), *Entwined Lives: Twins and What They Tell Us About Human Behavior*, Plume 참고.

는 조상의 특징을 그대로 닮은 경우가 많았다고 한다.[54]

　성격이 타고난다는 것은 하버드 대학 제롬 케이건 교수의 연구를 통해서도 볼 수 있다. 케이건은 신생아 500명을 대상으로 관찰 연구를 진행했다. 모빌, 당도에 변화를 준 물 등을 통해 아기들의 반응을 관찰했다. 변화에 대해 일부 아기들은 나머지 아기들과 다른 반응을 보였다. 변화에 대해 반응성이 높았다. 케이건 교수는 이후 아기들이 2세, 4세, 7세, 11세에는 어떻게 되었는지 추적 관찰했다. 그들이 조용하고 내향적인 아이로 자랐다는 점을 발견했다.[55] 내향성이 계속 유지되고 있었던 것이다. 메사추세츠병원의 칼 슈워츠 박사는 케이건의 연구를 이어받아 지속했다. 그는 아이들이 어른이 되었을 때도 성격 특성이 그대로인지 궁금했다. 아이들을 추적 관찰한 결과 내향적 성격 특성이 동일하게 유지되고 있음을 발견했다. 반응성이 높건 낮건 상관없이 아기 때의 기질은 그대로였다. 반응성이 높았던 아이 중 몇몇은 사회적 기술(사교성)은 터득했지만 내향적 기질은 같았던 것이다. 성인이 되어도 유전적으로 물려받은 특성은 사라지지 않았음을 알 수

54 Suomi, S. J., (1987), Genetic and Maternal Contributions to Individual Differences in Rhesus Monkey Biobehavioral Development, In N. A. Krasnegor, E. M. Blass, & M. A. Hofer (Eds.), *Perinatal development: A Psychological perspective* (pp. 397–419). Academic Press 참고.

55 Kagan, J. & Snidman, N, (2004), *The Long Shadow of Temperament*, Belknap Press, Harvard University Press 참고.

있다.[56]

지금까지 내향적인 사람들은 태고부터 진화에서 살아남은 존재라는 점을 살펴보았다. 내향성은 진화 과정에서 사라지지 않았다. 유전적으로 전달되었다. 내향성은 인류뿐만 아니라 다양한 생물종에서도 발견할 수 있는 특성이다. 다양한 성격 유형이 존재하는 이유는 환경에 따른 장단점 다르기 때문이다. 내향적 개체와 외향적 개체는 생존 전략이 다르다. 생존에는 두 가지 모두 필요하며 구성원들은 내향적인 개체의 도움을 받는다. 연구 결과 내향성, 외향성 차이가 지속되는 이유는 유전의 영향이라는 점이다. 쌍둥이 연구와 반응성 실험을 통해 성격은 타고나는 것임을 다시 확인했다.

---

56 Schwartz C. E. et al., (2003), Inhibited and uninhibited infants "grown up": adult amygdalar response to novelty, *Science 300* (5627), 1952-3. 참고.

PART 2

/

내향인의 특징

내향인이란
누구인가

　　마당발이라 불리며 이쪽저쪽 다니는 사람들. 조용한 카페에서 책을 읽는 사람들. 사람은 모두 비슷할 거라고 생각하지만 들여다보면 다른 성향이 존재한다. 으레 '모임은 가야 하는 것'이고 '함께하는 건 즐거운 일'인 줄 알았다. 여기에 의문을 던지는 사람들이 있다. '정말 그러한가?' 바로 우리 내향인이다. '가야만 하는 이유는 무엇인가?', '혼자 있는 시간은 필수다' 등 기존의 외향적 사회에 질문을 던지는 내향인. 사람들은 궁금해하기 시작했다. 이번 주제에서는 다양한 성격 연구의 종류에 대해 알아보고, 연구에서 정의하는 내향인을 살펴보자. 양향성에 대해서도 알아보자.

다양한 성격 연구

　　성격 연구자들은 세상에 다양한 사람이 존재한다는 것을 발견했

다. 심리 유형 연구소의 밥 맥픽 박사에 따르면 사람의 성격은 17,000
가지가 넘는다. 여러 성격 연구 중 가장 주목받고 있는 것은 MBTI와
BIG 5 성격 모델이다.[1] MBTI의 경우 다양한 성격 유형에 대한 호감
도를 높였다고 할 수 있다. 기존의 인성 검사 같은 방식은 '좋은 성격'
에서 벗어난 문제점을 측정한다.[2] BIG 5 모델에서는 성격의 5가지 분
류 기준을 제시했다. 맥픽 박사는 5가지 기준 중 외향인과 내향인 구
분이 주요하다는 점에 주목한다.[3] 두 모델에 대해서 좀 더 살펴보도록
하자.

내향성에 대한 개념을 최초로 소개한 사람은 칼 융이다. 1921년 자
신의 저서 《심리유형론》에서 처음으로 소개했다. 융은 내향적인 사람
과 외향적인 사람을 구분했다. 그는 처음에 지그문트 프로이트와 알프
레드 아들러 두 학자를 연구했다. 그러던 중 두 명이 인간을 연구하는
방향과 포인트가 다르다는 점을 발견했다. 프로이트는 연구에서 외부
환경에 대해 관심을 두었다. 아들러는 개인의 내면을 연구하는 것에

---

1 낸시 앤코위츠, (2010), *내성적인 당신의 강점에 주목하라.: 내성적인 당신에게 잘 맞는 자기*
PR 시크릿[Self-Promotion for Introverts: The Quiet Guide to Getting Ahead], (신현정, 역),
갈매나무, p.19 참고

2 낸시 앤코위츠, (2010), *내성적인 당신의 강점에 주목하라.: 내성적인 당신에게 잘 맞는 자기*
PR 시크릿[Self-Promotion for Introverts: The Quiet Guide to Getting Ahead], (신현정, 역),
갈매나무, p.12 참고

3 낸시 앤코위츠, (2010), *내성적인 당신의 강점에 주목하라.: 내성적인 당신에게 잘 맞는 자기*
PR 시크릿[Self-Promotion for Introverts: The Quiet Guide to Getting Ahead], (신현정, 역),
갈매나무, p.19 참고

초점을 맞췄다. 융은 프로이트를 외향인으로, 아들러를 내향인으로 보았다.

《심리유형론》을 집필하면서 그동안 관찰한 내향성과 외향성에 대해 제시했다. 구분 기준은 에너지 흐름의 방향이다. 융은 내향성과 외향성 구분 외에 다른 기준도 제시한다. 4가지 기본적 심리 기능을 제시하였다. 바로 감각(S: sensing)과 직관(N: intuition), 사고(T: thinking)와 감정(F: feeling)이다. 이에 따라 총 8가지 유형으로 성격을 구분했다. 내향인 4가지 타입과 외향인 4가지 타입이 존재한다. 내향인에는 내향적 사고형, 내향적 감정형, 내향적 감각형, 내향적 직관형이 있다.

이를 좀 더 발전시킨 형태가 MBTI(Myers-Briggs Type Indicator, 브릭스-마이어스 성격 유형)이다. '생활 양식 선호 차이' 판단형(J)과 인식형(P) 2가지를 추가했다. 그리하여 총 4가지 기준으로 구분한다. ①에너지의 흐름: 내향-외향 ②인식방법의 차이: 감각-직관 ③ 의사결정 방법: 사고-감정 ④생활 양식 선호: 판단-인식이다. 에너지의 흐름이란 내면에 집중하면 내향인, 외부환경에 주의를 쏟으면 외향인이다. 감각과 경험에 따라 인식을 하면 감각형, 직관과 통찰로 사물을 인식하면 직관형이다. 의사결정을 논리와 추론에 따르면 사고형, 감정을 바탕으로 하면 감정형이다. 선호하는 생활 방식이 계획에 따르는 유형이면 판단형(J: Judging), 유동적으로 행동하는 유형이면 인식형(P:

Perceiving)이다. 2*2*2*2=16가지 성격 유형을 제시했다. 내향인 8타입과 외향인 8타입으로 나눈다. 내향인은 I(intovert, 내향적인)로 시작된다. INTJ, INTP, INFJ, INFP, ISTJ, ISTP, ISFJ, ISFP가 있다. 최근에는 신경성 기준이 추가되었다. 신경성은 민감성을 말한다. 확신형·둔감함(A: assertive, 확신에 찬)과 민감형(T: turbulent, 민감한)으로 나뉜다. 확신형(둔감함)은 감정 기복이 없고 환경의 영향을 받지 않는다. 스트레스를 잘 받지 않는다. 민감형은 걱정이 많다. 스트레스에 취약하다. 신경성 기준을 포함하면 총 32가지 유형이 된다. -A, -T를 붙이는데 예를 들면 INTJ-A의 형태로 표현한다.

MBTI가 등장했던 시점에 외향성과 내향성을 연구하던 또 다른 학자가 있었다. 영국의 심리학자 한스 아이젱크였다. 그는 내향성과 외향성의 차이를 생물학적 차이로 접근했다. 다른 성향은 뇌의 다른 작용을 바탕으로 할 것이라 가정했다. 외부 자극에 대한 민감도가 다르다는 것이다. 아이젱크는 신경증(민감한 정도) 기준을 제시했다. 총 4가지 성격 유형으로 분류했다. 감정적으로 안정적인 외향인과 내향인, 감정으로 불안정한 외향인과 내향인이다. 이러한 아이젱크의 특질 이론은 BIG 5 모델의 바탕이 되기도 한다.

BIG 5 모델을 보자. 사람의 성격을 구성하는 기본 5가지가 있다는 이론이다. 개방성, 성실성, 외향성, 친화성, 신경성이다. 개방성은 새로운 경험의 수용 정도이다. 성실성은 충동을 억제하는 정도를 말한

다. 외향성은 대인 관계적 특징, 타인과의 상호 작용 양식에 대한 것이
다. 친화성은 우호성이라고도 하며, 타인과의 친밀성, 원만성을 뜻한
다. 신경성은 불안과 걱정의 수준을 보여 주는 지표다. 성격은 각각의
수치가 낮고 높은 정도로 표현된다. 외향성은 '외향적이지 않음~매우
외향적임'과 같이 표현된다. 5대 요인은 다양한 측정 도구를 통해 반
복적으로 검증되었다. 5대 요인이 문화권과 상관없이 일관되게 나타
난다는 점에서 타당성을 인정받고 있다.

융의 연구, MBTI, 아이젱크, BIG 5 모델

내향인은 어떤 사람일까? 융의 내향인 분류 기준에 따르면 내향인
은 에너지가 내부로 흐르는 사람들이다. 소리, 사람과 같은 외부 세계
보다는 내부의 정신적인 면에 집중한다. 융의 이론을 심화시킨 MBTI
에서도 내향-외향의 구분 기준은 에너지의 방향성으로 동일하다. 내
향인은 내면세계에 몰입하는 사람이다. 아이젱크의 분류에 따르면 내
향인은 뇌가 많은 외부 자극을 선호하지 않도록 설계되어 있다.[4] 그는
내향인을 조용히 무리에 섞이지 않고 고독을 선택하는 사람으로 보았
다. BIG 5 모델에서 내향인은 외향성 수치가 낮은 사람을 말한다. 기
쁨, 열정 등에 대한 반응이 낮다. 사교 활동, 타인의 칭찬 등에서 얻는
심리적 만족감이 적다.

---

4 피터 홀린스, (2018), 혼자 있고 싶은데 외로운 건 싫어: 남들보다 내성적인 사람들을 위한 심
   리수업[The Science of Introverts], (공민희, 역), 포레스트북스 pp.84-85 참고

에너지의 흐름이 내부로 향한다는 것은 개인의 내면 상태에 집중한다는 것을 의미한다. 사람과의 상호 작용이나 어떠한 활동이 아니라 사색하고 관찰하기를 선호한다는 것이다. 외부적인 것은 내향인에게 에너지를 주지 못한다. 오히려 내향인의 에너지를 갉아먹는다. 흔히 '방전된다'고 하는 표현처럼 되는 것이다. 무의식적으로 자신을 보호하기 위해 혼자 지내면서 에너지를 충전하는 방식을 선택한다. 나의 경우 주중에 2회 이상 모임에 참석하게 되면 주말에는 아무것도 하지 않는다.

내향인을 외향인과 비교해 보자. 외향적인 사람은 지쳤다가도 사람들과 잡담하고 교류하면서 다시 에너지를 얻을 수 있다. 내향인은 지친 상태에서 타인과 대화를 하면 에너지를 바닥까지 소진하게 된다. 이처럼 외부 자극을 멀리하는 내향인이기 때문에 보이는 특징들이 있다. 혼자 있기를 좋아하고 보수적이다. 사람들과 거리를 둔다. 전부 내향인의 특징들이다. 융과 아이젱크 등 학자들은 이러한 내향인이 지닌 특성은 중립적인 것이라 말한다. 상황에 따라 장점과 단점 모두 될 수 있기 때문이다.[5]

내향인이 외부 환경의 자극을 피하고 에너지 소모만 경험한다는 것은 BIG 5 모델로도 설명된다. 외향성 수치가 낮다는 것은 긍정적 감

---

5 이태우, (2021), *내향적 직장인, 길을 찾다: 조용하지만 강한 힘을 깨우는 비밀.* 미래와 사람, p.37 참고

정에 크게 반응하지 않는 것이다. 이것은 0 균형과 같다. 기쁨이 없는 무감각의 상태라는 것이다(기쁨의 반대는 슬픔이 아니다). 사람과의 교류, 타인의 인정과 칭찬 등은 치러야 할 비용(시간과 노력 등)이 발생한다. 대신 거기에서 얻는 만족감은 0에 가깝다.[6] 외향인과는 다르다. 당연히 내향인은 이런 것들을 중요하지 않게 생각하게 되는 것이고, 혼자서 자신의 선호대로 추구하는 것을 택한다.

양향성이란?

내향인이어도 겉으로는 외향인 같은 사람도 종종 보인다. 아이젱크는 1979년에 내향성, 외향성 검사에서 흥미로운 점을 발견했다. 많은 사람들이 양쪽 성향을 비슷한 수준으로 가지고 있던 것이다. 그는 '양향성'이라는 단어를 처음으로 사용하며 중간지대를 양향성이라 칭했다. 여기에 포함되는 사람을 양향인이라고 정의했다.[7] 도리스 메르틴 박사는 특히 외향성, 내향성의 비율이 평형에 가까운 사람도 있다고 주장한다. 이들은 각 성향의 장점을 잘 활용하는 능력이 있는데, 전문 용어로 '양향 성격자'라고도 불린다.[8] 양쪽 성향을 다 갖고 있다는 것

---

6 대니얼 네틀, (2009), *성격의 탄생: 뇌과학, 진화심리학이 들려주는 성격의 모든 것* [Personality], (김상우, 역), 와이즈북, pp.114-115 참고

Diener, E. & Emmons, R. A., (1985), The independence of positive and negative affect, *Journal of Personality Social Psychology 50*, 1031-8 참고

7 안현진, (2020), *월요일이 무섭지 않은 내향인의 기술*, 소울하우스, pp.63-64 참고

8 도리스 메르틴, (2016), *혼자가 편한 사람들: 내성적인 당신의 잠재력을 높여주는 책*[Leise

이다.

융은 내향성과 외향성을 규정하면서 완전히 구분되는 특성으로 보지 않았다. 내향인이라고 해서 100% 내향성만 지닌 것은 아니다. 융은 100% 내향인, 100% 외향인은 존재하지 않는다고 보았다. 사람의 성향은 내향성과 외향성 연속선 그 어딘가에 분포한다. 서로 다른 성향을 유동적으로 오가는 양향성 개념에 대해 이미 인지하고 있었던 것이다. 평소에는 조용히 있다가도 어떤 상황에서는 활발하게 활동한다. 반대의 경우도 마찬가지다. 비중의 차이만 있을 뿐 모두 양쪽 성격을 가지고 있다. 나의 경우 평소에는 직장에서나 휴일에 조용히 지내는 것을 좋아한다. 그러나 가끔은 콘서트에 가서 시끌벅적한 분위기를 찾기도 한다.

양향성의 특징은 어떤 것일까? 심리학자 트래비스 브래드베리는 9가지를 제시한다.[9] ① 혼자 일하든 같이 일하든 상관하지 않는다. ② 사람들과 오래 있으면 지치지만 혼자 있는 시간이 길어도 지루하다. ③ 사회생활에 불편함이 없다. 그러나 많은 사람과 있는 것은 피곤하다. ④ 사람들의 관심을 즐기나 지속된 관심은 싫어한다. ⑤ 타인을 믿기도 하고 믿지 않기도 한다. ⑥ 잡담은 상관없지만 그 자체는 지루하

gewinnt], (강희진, 역), 비전코리아, p.61 참고

9 Bradberry, T., (2016, April 26), 9 Signs That You're An Ambivert, *Forbes*, https://www.forbes.com/site/travisbradberry/2016/04/26/9-signs-that-youre-an-ambivert 참고

다. ⑦ 다른 사람과 대화도 좋지만 혼자만의 생각에 잠기는 것도 좋아한다. ⑧ 조용히 있으면 지루하다. 하지만 항상 움직이는 것도 선호하지 않는다. ⑨ 어떤 사람은 조용한 사람이라고 평가하고 다른 사람은 사회성이 높다고 평가한다.

양향인은 양쪽 성향을 자유롭게 오갈 수 있다. 이것은 장점이 될 수도 단점이 될 수도 있다. 내향성이 있어서 하고 싶은 것이 있으면 혼자서도 가능하다. 타인의 말을 경청할 수 있다. 외향적이기도 해서 사람들과 어울릴 때도 활발하다. 잡담과 대화에도 불편해하지 않는다. '양쪽의 장점을 취할 수 있다'는 게 장점이 된다. 〈워싱턴 포스트〉의 다니엘 핑크가 말하는 양향적 리더를 보면 알 수 있다. 양향인 리더는 강압적이지 않으면서도 주장을 내세울 줄 안다.[10] 하지만 단점이 될 수도 있다. 상황에 따라 변하는 성향은 실수로 이어질 수 있다는 점이다. 일관성이 없어 보일 수도 있다. 모든 성향은 장단점이 존재한다.

융, MBTI, 아이젱크, BIG 5 모델의 성격의 분류를 보았다. 내향성-외향성의 구분에서 각 연구의 기준은 비슷한 듯 다르다. 융과 MBTI는 내향성, 외향성을 에너지가 향하는 방향으로 구분했다. 아이젱크는 뇌가 자극을 수용하는 정도로 나누었으며 BIG 5에서는 외향성 수치로 구분했다. 내향인은 에너지의 흐름이 내면으로 향하는 사람

---

10 피터 홀린스, (2018), *혼자 있고 싶은데 외로운 건 싫어: 남들보다 내성적인 사람들을 위한 심리수업*[The Science of Introverts], (공민희, 역), 포레스트북스, p.154 참고

이다. 외부 자극을 멀리하여 혼자 있기를 좋아한다. 외부 환경에 존재하는 것에서 크게 만족감을 느끼지 않는다. 내향인 중에는 외향인 같은 내향인도 있는데, 사람은 양쪽 성향을 모두 갖고 있기 때문이다. 이 중 양쪽 성향을 비슷하게 지닌 사람을 양향인이라 한다.

지금까지 받은
수많은 오해들

'나가서 사람 좀 만나야지. 그냥 있을 거면 뭐라도 배우는 게 낫지 않아?' 우리 내향인이 심심찮게 듣는 말이다. 이 순간 드는 생각은 '월요일엔 A를 만났고 목요일엔 서점에 가야 하는데. 주말엔 쉬고 싶은데. 어디부터 설명을 해줘야 할까?' 생각이 꼬리에 꼬리를 문다. 그 순간 돌아오는 대답은 '우리를 무시하나 봐. 뭐 대단한 비밀이라고' 또다시 오해가 더해진다. 내향인은 살아가면서 숱한 오해를 받는다. 외향적이지 않기 때문에. 같은 내향인조차 내향인을 오해한다. 역시 외향적으로 행동하지 않기 때문에. 이번 주제에서는 우리가 살아가면서 받은 오해들을 돌아보고자 한다.

기질: 내향인은 소수다?

그렇지 않다. 사회가 변하고 있기는 하지만 여전히 사람들의 인식

변화는 더디기만 하다. 대부분 인식 속에서는 적극적이고 활발한 사람이 '좋은 사람'이라고 인식된다. 외향적 기준에 맞지 않으면 그 사람을 나름대로 재단한다. 그러다 보니 주변엔 모두 외향인인데 자신만 내향인 같은가? 중요한 점은 내향인이 소수가 아니라는 것이다. 전체 인구의 57%가 우리 내향인이다.[11] 외향인은 43%에 불과하다. 내향인조차도 이러한 사실을 잘 모르는데 이제는 제대로 알아야 하지 않을까? 실제는 내향인이 과반이다.

내향인은 조용한 성품 때문에 눈에 띄지 않는 것이 사실이다. 하지만 눈에 띄지 않는다고 해서 그 수가 적다고 할 수는 없다. 1998년에 시행된 MBTI 연구를 보자. 대규모로 시행된 첫 번째 연구다. 연구 결과는 내향인이 이미 전체 인구의 과반, 50.7%라는 것을 보여 준다. 2001년에 실시된 연구는 더 놀라운 사실을 말해 준다. 《MBTI 2단계 안내서》에 따르면 내향인이 전체의 57%를 차지한다는 것이다.[12] 최근 연구를 더 살펴보자. 심리학자 일레인 휴스턴이 소개한 2014년 연구이다. 여기에서 외향적이거나 매우 외향적이라고 답한 비율은 17%에 불과하다. 내향성 혹은 중간 성향이라고 응답한 사람은 무려 77%에 달했다.[13]

---

11 로리 헬고, (2009), *은근한 매력: 내성적인 사람이 성공하는 자기 관리법*[Introvert Power: Why Your Inner Life is Your Hidden Strength], (임소연, 역), 흐름출판, p.12 참고

12 로리 헬고, (2009), *은근한 매력: 내성적인 사람이 성공하는 자기 관리법*[Introvert Power: Why Your Inner Life is Your Hidden Strength], (임소연, 역), 흐름출판, p.12 참고

13 Houston, E., (2019), Intorvert vs Extrovert: A Look at the Spectrum and Psyhology,

모임에 참석하지 않아서 함께하지 않아서 자신을 자책할 필요 없다. 인구의 과반수는 그러한 활동을 선호하지 않는다. 내향인은 혼자 있으면서 에너지를 충전하고 만족감을 찾는다. 타고나기를 시끌벅적함에서 만족을 찾지 않는다. 단체 행동과 잡담은 오히려 내향인을 산만하게 만들 뿐이다. 평온한 상태가 주는 안락함. 그것이 내향인이 좋아하는 활동이다. 사색에 빠질 수 있고 집중할 수 있는 분위기를 좋아한다. 만나야 한다면 적은 수의 인원이 좋다. 이렇듯 전체 과반수의 기호가 이상하다고 할 수는 없다.

성격: 내향인은 소심하다, 수줍음이 많다, 낯가림이 심하다?

아니다. 조용한 내향인의 성품을 부정적으로 보고 그러한 단어들과 연관 짓는 경향이 있다. 내향성을 소심하고 수줍음이 많고, 낯가림이 심한 것으로 착각하는 경우가 더러 있다. 확실히 알아야 한다. 내향성은 내면에 집중하고 고요함을 좋아하는 일종의 성격 기질이다. 소심하다는 것은 자존감이 낮은 심리적 상태다.[14] 외향인이어도 소심한 사람도 있다.[15] MBTI 연구자 캐더린 마이어는 수줍음이 사교 기술의 부족

PositivePsychology.com, https://positivepsychology.com/introversion-extroversion-spectrum/ 참고

14 이태우, (2021), *내향적 직장인, 길을 찾다: 조용하지만 강한 힘을 깨우는 비밀.* 미래와 사람, p.27 참고

15 도리스 메르틴, (2016), *혼자가 편한 사람들: 내성적인 당신의 잠재력을 높여주는 책*[Leise

76　내향인이지만 성공은 하고 싶어

이라고 말한다.[16] 수전 케인은 수줍음을 타인에게 인정받지 못할까 봐 걱정하는 것이라고 지적했다.[17]

《낯가림이 무기다》의 저자 다카시마 미사토에 따르면 낯가림은 일종의 보호장치다. 상대방을 잘 모르기 때문에 거리를 두는 행동이다. 내향인, 외향인을 가리지 않고 사람이라면 누구나 있다. 최근 조사에 의하면 전체 40%~60%의 성인이 자기 자신을 부끄럼 타는 사람이라고[18] 여긴다고 한다. 《낯가림이 무기다》에 소개된 데이터를 살펴보자. 성인 592명에게 물어본 결과 30%는 '낯가림이 심하다'라고 했다. 60% '낯을 가리는 편이다'라고 응답했다. 90%에 달하는 사람들이 낯을 가린다고 생각하는 것이다.[19] 내향성과는 별개인 개념이다.

내향인이 침묵한다고 해서 모든 부정적 단어와 연결 지어서는 안 된다. 내향적인 성격이어도 얼마든지 자신감 있게 사회에서 활동하는

gewinnt]. (강희진, 역), 비전코리아, p.24

안현진, (2020), 월요일이 무섭지 않은 내향인의 기술, 소울하우스, p.92 참고

16 낸시 앤코위츠, (2010), 내성적인 당신의 강점에 주목하라: 내성적인 당신에게 잘 맞는 자기 *PR 시크릿*[Self-Promotion for Introverts: The Quiet Guide to Getting Ahead], (신현정, 역), 갈매나무, p.30 참고

17 안현진, (2020), 월요일이 무섭지 않은 내향인의 기술, 소울하우스, p.92 참고

18 Bressert, S., (2018), Facts About Shyness, *Pshch Central*, https://psychcentral.com/lib/facts-about-shyness/ 참고

19 다카시마 미사토, (2015), 낯가림이 무기다: 소리 없이 강한 사람들, (정혜지, 역), 흐름출판, p.19 참고

사람은 많이 있다. 앞서 살펴봤던 내향적인 리더들이 그 사례일 것이다. 메르켈 총리, 빌 게이츠 등. 모두 많은 사람들 앞에서 연설하고 조직을 통솔한다. 내향인은 단지 일할 때를 제외하고 사람들과의 접촉을 최소화하려는 사람이다. 사람을 만나는 대신 집에서 책을 읽고 영화를 보는 등 자기만의 활동을 하는 사람이다.

내향성은 한 사람의 기질이다. 기질은 타고나는 것이지 고쳐야 할 부정적인 무언가가 아니다. 반면에 소심함, 수줍음, 낯가림은 특정 상황에 대한 반응이다. 내향성과 외향성, 성격과 관련이 없는 것들이다. 다양한 방법과 도움 혹은 상담 등을 통해 얼마든지 바뀔 수 있다. 조용한 관찰력을 수줍음으로, 심사숙고를 소심함으로 봐서는 안 된다. 혼자 있기를 좋아한다 해서 낯을 가리는 것도 아니다. 내향인을 조금 더 들여다본다면 아니라는 사실을 알게 될 것이다.

행동: 내향인은 외출을 싫어한다, 게으르다, 실행력이 없다?

아니다. 내향인에게는 이미 계획이 다 있다. 짧게는 하루, 길게는 일주일 단위의 에너지 분배가 이미 완료되어 있다. 활동을 하는 것과 '하지 않는 것'을 나름대로 배치한다. 그렇지 않으면 '이미 충전된' 에너지를 넘어서 쓰게 된다. '하지 않는 것'에 대해 저평가하는 말을 들으면 우리는 고민에 빠진다. 내향인이 외출을 싫어한다거나 집을 좋아하는 게 아니다. 휴식을 선택했을 때는 이미 일정 수준의 에너지를 소모한 상태이기 때문이다. 휴식을 취하는 장소는 굳이 집이 아니어도 상관없다. 편하게 있을 수 있는 공간이 필요한 것이지 장소가 중요한 것은 아니다.

집이 최적인 이유는 소음과 간섭에서 자유롭다는 점이다. 집에 머무는 동안에는 자신의 상태에 맞춰서 있을 수 있다. 원하지 않는 것은 그 어떤 것도 할 필요가 없다. 옷, 자세, 물건, 분위기 등 모든 것이 최적화된 곳이다. 타인에게 일일이 반응할 필요도, 친절한 미소도 필요 없다. 충분히 자신을 충전할 수 있는 공간인 셈이다. 넷플릭스에서 미드를 몰아보거나 인터넷을 하거나 책을 읽는 등 자유롭게 선택하면 된다. 외향인의 관점에서는 '외부' 활동을 '하지 않고 있기' 때문에 게으르게 보는 것인지도 모른다.

알프레드 노벨도 그러한가? 내향인 알프레드 노벨의 생애를 보자. 그는 다이너마이트를 발명하고 노벨상을 만들었다. 350개의 특허를 보유하고 있었다. 언어에도 재능이 있어 5개 국어를 할 수 있었고 틈틈이 소설을 쓰기도 했다. 쇼펜하우어는 어떤가. 7시에 일어났고 8시에는 책을 읽는다. 악기를 연주하고 점심을 먹은 후 다시 독서를 한다. 반려견을 산책시키고 저녁에는 음악회를 가기도 했다. '사람'을 만나서 '외부'에서 활동하지 않는다고 해서 게으른 것이 아니다. 우리는 자신이 하고 싶은 것을 하고 충만하게 보내고 있다.

행동력이 없는 것도 아니다. 한자리에 머무는 것처럼 '보인다'는 게 실행력 없음의 근거가 될 수 없다. 내향인은 어떠한 판단이나 결정을 할 때 예상되는 모든 가능성을 고려할 뿐이다. 판단이 서면 즉시 실행에 옮긴다. 단지 떠들썩하게 광고하지 않는다. 조용히 목표를 향해 움직이며 그 목표에 도달할 때까지 티 내지 않는다. 확실한 근거는 결과물로 봐야 한다. 누구나 말은 할 수 있다. 아무리 말로 떠들어도 결과물이 없다면 그것을 실행력이 있다고 할 수 있을까?

관계: 내향인은 사회성이 없다, 반사회적이다?

모임에 참여하지 않아서 개인주의적이라서 사회성이 없고 반사회적이다? 이 논리에는 모순이 있다. 하나하나 뜯어보자. 우선 개인주의는 단체나 집단을 우선시하는 전체주의에 반대해서 등장한 개념이다.[20] 타인에게 피해를 주지 않는 것을 신조로 한다.[21] 사회성은 BIG 5 모델에 따르면 친화성과 관계있는 개념이다. 사람들과 원만하게 지내는 것을 말한다. 반사회란 반사회적 인격 장애를 뜻한다. 타인의 권리를 무시하고 법을 위반하는 등 사회적 양심이 결여된 상태이다.

개인주의(자유+타인에게 피해를 주지 않는 것)와 반사회(타인의 권리를 무시하는 것). 어떤가? 논지 자체가 성립이 안 된다. 반사회적 인

---

20 한승혜, (2021), *다정한 무관심: 함께 살기 위한 개인주의 연습*, 사우, p.7 참고
21 한승혜, (2021), *다정한 무관심: 함께 살기 위한 개인주의 연습*, 사우, p.8 참고

물은 오히려 인기가 많을 수 있지만 죄책감을 느끼지 못하는 사람이다. 또 감정 표현이 과한 사람이다. 심리학자 리처드 하워드 교수는 훌리건에 대해 생각해 보라고 한다. 축구에서 승리했을 때 훌리건으로 인한 사회적 피해를 지적한다. 파괴적 행동을 하는 사람들 대부분이 쉽게 과열되는 사람들이라고 말한다.[22] 흔히 말하는 내향인과 거리가 멀지 않은가?

　사회성 또한 그렇다. 원만하게 지내기 위해서는 그 사람이 싫어하는 것을 하지 않는 게 중요하다. 내향인의 배려는 불편함을 주지 않는 것이다. 개인 공간을 중시하기 때문에 최소한의 개입, 피해를 주지 않는 것을 우선으로 생각한다. 더더욱 타인과 얼굴 붉힐 일이 없다. 친밀감(우정)을 높이는 것은 원만함과는 또 다른 문제다. 외향인은 반대다. 적극적으로 뭔가를 해 주면 상대도 그렇게 해 줄 것이라 생각하는 경우가 많다. 그러나 내향인은 대개 외향인의 기대와 다르게 행동한다. 결국 외향인의 입장에서는 내향인이 사교성, 사회성이 없는 것처럼 '보인다'.

　내향인은 정신적인 것, 내면세계에 집중하는 것을 좋아한다. 그래서

---

22 수전 케인, (2013), *콰이어트: 시끄러운 세상에서 조용히 세상을 움직이는 힘*[Quiet: The Power of Introverts in a World That Can't Stop Talking], (김우열, 역), 알에이치코리아, p.249(저자 수전 케인이 리처드 하워드(Richard Howard)교수와 2008년 11월 17일 인터뷰한 내용) 참고

'외부 환경'이라고 할 수 있는 '사람'에 대해 크게 흥미를 두지 않는 것뿐이다. 모임에 '덜' 적극적인 이유는 내향인의 타고난 기질과 맞지 않기 때문이다. 보통 모임의 대화 소재는 대부분 최근 뉴스, 날씨, 가십 등이다. 가볍고 의미가 없다. 흥미를 느끼지 못하는 것들이다. 사돈의 팔촌이 무엇을 했는지와 같은 대화에서 내향인들은 깊은 의미를 찾을 수 없다. 내향인의 분석력은 낭비로 돌아갈 뿐 에너지만 소모해 버린 셈이다.

사람들은 여전히 외향성을 기준으로 내향인을 소수처럼 생각하는 경향이 있다. 그러나 내향인이 전체 인구의 57%를 차지한다. 종종 소심함, 수줍음, 낯가림 등 부정적 단어와도 연결되는데 이것은 내향성과는 관계가 없다. 내향성은 유전 기질이다. 수줍음, 낯가림 등은 반응 방식이다. 여러 방법을 통해 개선이 가능한 부분이다. 내향인은 에너지를 충전할 공간을 확보해야 하는데, 그곳이 집이면 더욱 좋을 뿐이다. 외부 활동을 하지 않는다고 해서 게으른 것이 아니다. 내향인은 오히려 바쁘게 살아간다. 마지막으로 내향인은 사회성이 없거나 반사회적이지 않다.

세상에 정의할 수 있는
성격은 없다

내향인이라고 해도 모두 다르다. 내향인에게 여러 특징이 있지만 한 사람이 그 모든 특성 전부를 가진 것이 아니다. 민감성이 있을 수도 없을 수도 있다. 사색을 좋아하는 내향인, 현실적인 내향인, 온화하고 다정한 내향인도 있지만 냉철한 내향인도 있다. 성격 연구자들은 내향인도 몇 가지 기준으로 분류될 수 있다는 점을 발견했다. 융의 분류, MBTI 분류, 아이젱크의 분류는 내향성과 외향성의 차이 연구를 바탕으로 한다. 조너선 칙의 분류, 우뇌형과 좌뇌형, 내향인 DNA© 모델은 내향인에만 초점을 맞춘 연구다.

융의 분류

융은 성격을 내향성-외향성, 그리고 4가지 기능 사고, 감정, 감각, 직관에 따라 분류한다. 이에 따라 융은 외향인 4타입, 내향인 4타입,

총 8가지로 분류했다. 아래는 내향인 타입에 관한 분석이다.

　'내향적 사고형'은 종종 쌀쌀맞고 냉정해 보인다. 사람과 사물 그 자체에 가치를 부여하지 않는다. 쉽게 감동하지 않는다. 타인이 자신을 이해하지 못하더라도 상관없다. 꼼꼼하고 완고한 성격을 띤다. 이 유형과 가까운 사람은 그를 높이 평가하고 좋게 여긴다. '내향적 감정형'은 감정을 감춘다. 겉으로 보기에는 외부에 무관심해 보인다. 말수가 적고 벽이 느껴지는 유형이 이 타입이다. 상반된 인상을 지닌 경우가 내향적 감정형에 해당된다. 우울해 보이다가도 차분하며 평화롭다는 인상을 준다. 대부분 흥분하거나 감정이 과열되는 상황일 때도 중립적인 평형 상태를 유지한다.

　'내향적 감각형'은 논리적 생각보다 눈앞에 벌어지는 현상에 따라 행동한다. 외부 환경과 크게 상호작용 하지 않는다. 겉으로 보기에는 외부의 영향을 받지 않는 것처럼 보인다. 차분하고 조용한 편이며 수동적인 모습도 보인다. '내향적 직관형'은 몽상가나 괴짜같이 보이는 경향이 있다. 타인이 보기에 수수께끼 같은 타입이다. 가까운 사람이 봐도 그렇다. 현실과 타협하지 않는다. 예술가라면 현실에서 벗어난 작품을 만들 수 있다. 예술가가 아니라면 '똑똑한 바보'로 오해받는다. 어떨 때는 천재처럼 보이다가 어느 순간 어리숙해 보이기 때문이다.

MBTI

MBTI는 총 4가지 기준으로 구분한다. ①내향-외향 ②인식방법의 차이: 감각-직관 ③ 의사 결정 방법: 사고-감정 ④생활 양식 선호: 판단-인식이다. 이에 따라 외향인 8타입, 내향인 8타입으로 총 16가지 유형으로 나눈다. 이 16가지 조합은 4가지 공통 기질(NT, NF, SJ, SP)로 분류된다.

기질의 4분류: NT 분석가형, NF 외교관형, SJ 관리자형, SP 탐험가형[23]

'NT 기질'은 직관(N)+사고(T)의 결합이다. 상상력이 뛰어나면서도 논리적 분석과 사고가 가능하다. 스마트한 특성은 타고난 기질이다. 복잡한 상황에 전략적으로 대응하며 혼자 해결하는 것을 좋아한다. 이 유형도 대화를 좋아하는데 학문적이거나 전문적이며 지적인 대화다. 타인에게 무조건 동조하거나 순응하는 것을 싫어한다. 'NF 기질'은 직관(N)+감정(F)의 결합이다. 이들은 인간관계에 관심을 가지고 사람의 마음을 잘 파악한다. 특히 타인의 겉모습보다는 본질과 내면에 집중한다. 이 때문에 제스처, 표정, 분위기, 자세 등에서 오는 사람의 본심을 파악한다. 생각이 많은 유형이다. 하지만 외부 상황에 흔들리지 않고 내면에 몰두하는 편이다.

---

23 NERIS Analytics Limited, (n.d.) 성격 유형 16Personalities, *16Personalities.com*, https://www.16personalities.com 참조.

‘SJ기질’은 감각(S)+판단(J)의 결합이다. 현실적인 유형으로 실제로 실무 능력이 뛰어나다. 유능한 관리자로 성공하는 경우가 많다. 사람이든 사물이든 주변 관리를 잘한다. 세부 사항까지 잘 안다. 근면 성실하다. 책임감이 강하고 목표를 세우면 실천력도 강하다. 싫은 일까지 맡아서 책임감으로 해내기 때문에 간혹 ‘사서 고생한다’는 말을 듣기도 한다. ‘SP기질’은 감각(S)+인식(P)의 결합이다. 자유를 중시하는 유형이다. 유연한 사고방식과 실제적인 것을 추구한다. 개방적인 태도를 지녀 호기심이 많다. 늘 새로운 일에 도전하고 현재를 중요하게 생각한다. 이 유형은 그 일이 좋아서 성공한 케이스가 많다.

내향인 8가지 유형: INTJ/INTP, INFJ/INFP, ISTJ/ISFJ, ISTP/ISFP

 ‘INTJ’는 16가지 성격 유형 중 제일 독립적이다. 원하는 것은 끝까지 성취해 낸다. 거짓말, 위선, 사물을 꿰뚫어 보고 넓은 시야를 가지고 있다. 논리적이고 이성적이다. 맡은 일에 철저하다. 관심이 없으면 단 1초도 쓰지 않는다. 외부 압력에 굴하지 않는다. 자신만의 기준 자체가 높아서 타인의 인정은 필요 없다. 니체, 마크 저커버그, 스티븐 호킹 등이 이 유형에 속한다. ‘INTP’은 천재 혹은 괴짜로 보이는 유형이다. 놀라운 아이디어와 질문을 생각해 낸다. 유명한 철학자와 과학자가 상당수 속한다. 무의식적으로 미세한 차이를 간파한다. 사람이 많은 곳에서 쉽게 지치는 특성이 있다. 심리학자 융, 빌 게이츠, 아인슈타인 등이 이 유형에 속한다.

'INFJ'는 타인을 돕는 것을 중요하게 여긴다. 자아실현과 선의 실천이 성공이다. 진실한 관계를 선호하여 소수와의 관계를 좋아한다. 지인과 친구를 분리한다. 스트레스를 받는 관계는 조용히 끊어 낸다. 목소리 큰 사람에 스트레스를 받는다. 마틴 루터 킹, 마더 테레사, 괴테, 헤르만 헤세 등이 이 유형에 속한다. 'INFP'는 상상력이 풍부하다. 감수성이 뛰어나다. 자신만의 신념, 가치관이 있다. 주목받는 것을 싫어한다. 작가, 예술가, 배우 등이 많다. 무엇을 할 때는 필요해서가 아니다. 좋아서 하는 일은 현실적이지 않아도 몰두한다. 셰익스피어, 톨킨, 줄리아 로버츠 등이 이 유형에 속한다.

'ISTJ'는 성실하고 현실적이다. 믿음직하다고 평가받는다. 무모하지 않다. 관리자 중 이 유형이 많다. 스트레스가 심해도 이성적인 태도를 유지한다. 규칙과 절차를 중시한다. 자신의 결정을 책임지고 두려워하지 않는다. 미리 대비하는 것을 좋아한다. 휴식도 계획적이다. 워렌 버핏, 아마존의 제프 베이조스, 메르켈 총리 등이 이 유형이다. 'ISFJ'는 관찰력이 뛰어나다. 마감 기한에 철저하다. '리더라면 ~해야 한다'는 직책, 역할에 대한 기준과 가치관이 있다. 친절하고, 헌신적이다. 타인의 기대치를 뛰어넘을 정도로 최선을 다한다. 스트레스에 취약하다. 엘리자베스 2세 여왕, 셜록의 왓슨 박사 등이 이 유형에 속한다.

'ISTP'은 호기심이 많고 탐구를 즐긴다. 차분하면서 즉흥적이다. 손기술이 뛰어나다. 집단과 관습에 매이기 싫어한다. 프라이버시를 중시한다. 결정할 때 실용성과 현실성을 중시한다. 에너지 소모를 제일 싫어하는 유형이다. 마이클 조던, 007의 배우 다니엘 크레이그, 톰 크루즈 등이 이 유형이다. 'ISFP'는 고양이 같은 유형이다. 타인의 감정을 파악하는 능력이 있다. 일상에서 즐거움을 찾는다. 현재를 기준으로 판단한다. 개성적이다. 남 욕하는 사람, 무례한 사람 등을 확고하게 싫어한다. 감각이 발달해 미세한 차이를 구별한다. 마이클 잭슨, 베토벤, 헤밍웨이 등이 이 유형이다.

아이젱크의 분류

한스 아이젱크는 사람의 성격을 두 가지 기준으로 분류했다. 내향성과 외향성, 정서적 안정과 불안정성이다. 내향성과 외향성 차이는 뇌의 반응도 차이로 가정했다. 두 성향은 뇌의 각성도 차이에서 다르다는 것이다. 그는 내향인의 뇌가 더 민감하다고 생각했다.[24] 외부 자극에 대해서 더 크게 느끼므로 일정 수준 이상의 자극을 피한다고 했다. 정서적 안정성과 불안정성은 신경증 정도와 관련이 있다. 높은 신경증은 걱정이 많고 불안을 자주 느끼는 것으로 정서적 불안정성으로 분류한다. 이러한 기준에 따라 내향인 2타입, 외향인 2타입, 총 4가지로 분류했다.

---

24 Eyesenck, H. J., (1967), *The biological basis of personality*, Springfield, IL: Thomas 참고
   로리 헬고, (2009), *은근한 매력: 내성적인 사람이 성공하는 자기 관리법*[Introvert Power:
   Why Your Inner Life is Your Hidden Strength], (임소연, 역), 흐름출판, p.34 참고

‘안정적인 내향인’은 내향인이 가진 강점을 충분히 발휘한다. 흔히 생각하는 내향인의 모습을 볼 수 있다. 차분하며 타인과 평화로운 상태를 유지한다. 성실하며 책임감 있는 모습으로 신뢰를 얻는 유형이다. 인내심과 자제력을 발휘하여 주변 사람을 리드하기도 한다. 사려 깊은 성격이다. ‘불안정한 내향인’은 내향인의 약점이 부각되는 타입이다. 예민하고 걱정이 많아 까다로워 보이기도 한다. 불안을 자주 느끼는 만큼 완벽주의를 추구하며 결정을 미루는 경향이 있다. 타인의 눈에는 조용하고 비사교적으로 보인다. 우울하며 비관적으로 보이기도 한다. 경직되고 위축된 모습이 있지만 어떠한 판단을 내릴 때 신중한 타입이라고 할 수 있다.

조나단 칙의 분류

성격 심리학자 조나단 칙은 기존의 성격 연구에 반대하는 내향성 연구를 진행했다. 기존 성격 연구는 내향성이 외향성과 대비되는 개념으로 제시되어 있다고 말한다. 그는 연구에서 내향성 그 자체에만 초점을 맞추어 내향인을 분류했다. 내향성의 기초가 되는 4가지 특성을 기준으로 한다. 바로 사회성(social), 사고력(thinking), 불안(anxious), 절제(restrained) 4가지다. 이를 바탕으로 사회형 내향인, 사고형(사색형) 내향인, 불안형 내향인, 절제형(제약형) 내향인으로 분류한다.[25]

---

25 안현진, (2020), 월요일이 무섭지 않은 내향인의 기술, 소울하우스, pp.67-68 참고

'사회형 내향인'은 외향적인 내향인이 아니다. 사교적이지만 소규모의 사람들과 교류하거나 혼자 있는 것을 선호하는 내향인이다. 이들은 낯을 가리거나 사회성이 부족한 것이 아니다. 혼자 있는 것에 만족하며 시끄러운 공간을 싫어한다. '사고형(사색형) 내향인'은 내면에 집중하고 분석하는 내향인이다. 사람을 싫어하는 것도 사교성이 부족한 것도 아니다. 말 그대로 사색을 좋아해서 외부 환경에 관심이 없다. 생각과 감정을 잘 드러내지 않으며 자신만의 시공간에서 창작 활동을 하기도 한다.

'불안형 내향인'은 낯을 가리고 걱정이 많은 유형이다. 타인과의 관계에서 불편을 느끼기 때문에 사람들과 어울리는 걸 좋아하지 않는다. 사람이 많을 때 불안함을 느끼며 주목받는 것을 싫어한다. 사람들의 시선에 신경을 쓴다. 최악의 경우를 생각하고 반복적으로 생각한다. 내향인에 대한 오해를 불러온 유형이기도 하다. '절제형(제약형) 내향인'은 사람들과 어울리는 걸 피하지 않는다. 다만 원칙을 중시하고 사전에 대비하는 것을 좋아하는 유형이다. 시작하기 전에 모든 사항을 충분히 숙고한다. 당연하게도 빠르게 돌아가는 상황을 좋아하지 않는다. 즉각적 반응을 원하는 외향인의 눈에는 느긋하게 움직이는 것으로 보인다.

내향인 DNAⓒ 모델

《혼자가 편한 사람들》의 저자 도리스 메르틴 박사는 내향인 분류의 새 기준을 제안했다. 메르틴 박사의 연구 역시 내향인만을 대상으로 진행되었다는 점에서 의의가 있다. 내향성에 대한 이해도를 좀 더 높인 것이다. 내향인 DNAⓒ(IntroDNAⓒ) 모델은 내향인을 두 가지 기준에 따라 분류했다. 기준은 좌뇌형(이성적)-우뇌형(감성적), 대인 관계에서의 자신감 여부이다. 이를 바탕으로 2*2=4가지 유형의 내향인으로 분류했다. 주도형 내향인, 비범형 내향인, 섬세형 내향인, 은둔형 내향인으로 나뉜다.[26]

우뇌형, 좌뇌형의 특징

내향인도 좌뇌와 우뇌 중 중심이 되는 쪽에 따라 다른 특징을 보인다. '좌뇌형 내향인'은 체계적인 것을 좋아하며 논리적이다. 정보를 중시하고 분석한다. 감정적 판단을 거의 하지 않으며 냉소적인 편이다. 사람들을 만나는 것에 크게 흥미를 두지 않고 혼자 있는 것을 편안해한다. 일과 취미에 집중하여 성공하는 사람이 많다. '우뇌형은 내향인'은 창의성이 뛰어나고 정보를 주관적으로 처리하는 경향이 있다. 감수성이 풍부하고 사물이나 문제를 직관적으로 파악한다. 우뇌는 언어 능

---

26 도리스 메르틴, (2016), *혼자가 편한 사람들: 내성적인 당신의 잠재력을 높여 주는 책*[Leise gewinnt], (강희진, 역), 비전코리아, p.31 참함.

력보다는 공간적 능력을 수행한다. 따라서 우뇌형 내향인은 복합적이고 입체적으로 사고하는 모습을 보인다.

4가지 유형(주도형, 비범형, 섬세형, 은둔형)

주도형(mastermind)은 좌뇌형(이성적)이며 대인 관계에도 자신감 있는 유형이다. 내향인 중 가장 냉철하다. 언제나 이성을 잃지 않는다. 감정 변화를 드러내지 않는다. 자주적이며 목표를 반드시 달성한다. 관찰력이 뛰어나고 경청하며 체계적이고 분석적이다. 메르켈 총리가 이 유형에 해당한다.

비범형(nerd)은 좌뇌형(이성적)이며 대인 관계에는 약하다. 고독을 즐기고 자신의 분야에서는 전문가지만 그 외에는 관심이 없다. 대신 반드시 필요하고 대체 불가능한 사람이다. 빌 게이츠가 이 유형에 속한다.

섬세형(super sensible)은 우뇌형(감성적)이며 대인 관계에 능숙하다. 관찰력이 있고 육감이 뛰어나 상황과 사람의 기분을 정확하게 파악한다. 대신 예민하기 때문에 쉽게 지치고 상처받는다. 문제를 다각도로 볼 수 있는 능력이 있다. 예술적 감각과 예측 능력이 뛰어나다. 동화 작가 안데르센이 이 유형에 속한다.

은둔형(cocooner)은 우뇌형(감성적)이며 대인 관계를 부담스럽게 생각한다. 친한 사람들과 있을 때만 편안함을 느낀다. 업무가 확실하게 정해진 것을 선호한다. 타인의 눈에는 은둔형의 거리감을 '배운 사람들'에게 있는 태도로 해석하며 좋아하는 사람도 있다.

내향성과 외향성의 차이 연구에 바탕을 둔 융의 연구, MBTI, 아이젱크의 연구를 살펴보았다. 융은 내향-외향 그리고 4가지 기능에 따라 분류하며 총 8가지 성격 유형 중 내향인은 4종류이다. MBTI는 4가지 기준으로 나눈다. 4가지 공통 기질이 있고 16가지 중 내향인은 8타입이다. 아이젱크는 2가지 기준으로 나누며 4가지 성격 중 내향인은 2가지 유형이 있다. 내향인만을 분석한 조나단 칙의 연구와 내향인 DNA© 모델도 보았다. 조나단 칙은 내향적 특성에 따른 4가지 분류를 제시한다. 내향인 DNA© 모델은 2가지 기준으로 내향인을 나눈다. 좌뇌형과 우뇌형 내향인을 살펴보고 4가지 타입의 내향인도 알아보았다.

생물학적으로 타고난
생각 많은 존재들

모든 사람이 같은 신체 기능을 가지고 있어도 그 기능의 정도와 작동 원리는 다 다르다. 동일한 후각 기능이 있지만 누군가는 감지 능력이 뛰어나 향수를 만드는 조향사가 된다. 많은 연구에서 뇌의 작용, 신체 대사 활동 등이 개인마다 다르다는 것을 확인했다. 연구자들은 PET 스캐닝과 fMRI 촬영 등 다양한 장비를 통해 이를 입증한다. PET[27]은 뇌의 기능이 어느 부위에 분포하는지 알아보는 데 사용된다. fMRI[28]는 혈류의 흐름을 촬영하는 데 이용된다. 실제로 내향인은 다양한 면에서 다르다. 대뇌 피질의 특징, 혈류의 양과 경로, 신경 전달 물질, 신경계 등이 다르게 작동한다. 이번 주제에서는 내향인의 신체적 특징에 대해 알아보자.

---

27 PET(양전자 방출 단층촬영): 내부 기관이 어떻게 기능하는지 여러 장의 사진 생성, 3D 영상 생성도 가능, 성격 연구자들은 뇌 활동 촬영에 주로 사용.

28 fMRI(기능적 자기공명 영상): 뇌 활동 관찰에 주로 사용되며 혈류와 관계된 변화를 측정.

뇌 구조: 편도체와 신피질 그리고 내정상태회로의 발달

뇌는 크게 3개 층으로 분류된다. 뇌간, 변연계, 신피질로 나뉜다. 뇌간은 생명을 유지하는 역할을 담당한다. 변연계는 구피질 또는 낡은 뇌로 불린다. 기억, 감정과 본능 등을 담당한다. 신피질은 맨 바깥쪽에 위치하는 부분으로 언어와 추론 등 이성적, 고차원적 기능을 담당한다. 변연계를 자세히 들여다보면 시상하부, 해마와 편도체가 있다. 시상하부는 수면욕, 식욕, 성욕을 조절한다. 해마는 기억을 담당한다. 편도체는 감각, 감정, 학습을 담당한다. 구피질+신피질=전체 대뇌 피질이다. 이마에 가장 가까운 피질이 전전두엽이다.

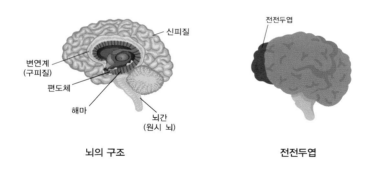

뇌의 구조   전전두엽

변연계는 공포와 불안을 떠올리는 역할을 한다. 변연계 안의 편도체는 외부 자극을 판단하고 안전과 두려움 등에 대해 신호를 보낸다.

내향인은 편도체가 발달해 있다.[29] 미세한 변화, 새로운 것을 잘 포착해 낸다. 어떠한 위험이 존재하는지 경계하고 판단하는 것이다. 케이건의 실험을 이어받은 슈워츠 박사의 연구를 보자. 어른이 된 내향적 아이들은 여전히 편도체가 민감하게 반응했다. 동공이 커지고 심장 박동 패턴도 독특하게 나타났다.[30] 경계하고 조심스러운 것은 내향인의 유전적이고 타고난 특징인 것이다.

하버드 대학 신경 과학자 랜디 버크너는 연구에서 흥미로운 점을 발견했다. 내향인의 전전두엽 피질에 회백질이 더 두껍고 많다는 것이다.[31] 회백질은 신경 세포가 분포해 있는 부분을 말한다. 전전두엽은 추상적 사고와 계획 등을 담당하는데, 이 부분에 신경 세포가 많다는 의미이다. 내향인이 내면 활동과 두뇌 활동에 뇌를 많이 쓰고 그러한 활동을 선호하는 셈이다. 생물학적으로 타고난 것이다. 예를 들어 내향적인 활동 중 하나인 명상도 마찬가지다. 연구에 따르면 꾸준한 명상은 전전두엽의 신경 세포 밀도를 높인다.[32] 계획 능력, 집중력 등이

---

29 탄원페이, (2020), 당신이 절대 버리지 말아야 할 것: 남다른 성공을 만드는 '내성적인 사람들'의 경쟁력, (하은지, 역), 국일미디어, p.30 참고

30 Schwartz, C. E. et al., (2003), Inhibited and uninhibited infants "grown up": adult amygdalar response to novelty, *Science 300*(5627), 1952-3 참고

31 Bushak, L., (2014, August 21), The Brain Of An Introvert Compred To That Of An Extrovert: Are They Really Different?, *Medical Daily*, https://www.medicaldaily.com/brain-introvert-compared-extrovert-are-they-really-different-299064 참고

32 피터 홀린스, (2018), 혼자 있고 싶은데 외로운 건 싫어: 남들보다 내성적인 사람들을 위한 심리수업[The Science of Introverts], (공민희, 역), 포레스트북스, p.76 참고

향상된다는 것이다. 향상되면 더욱 그러한 활동을 추구하게 된다.

신경학자들에 따르면 내향인은 DMN(default-mode network, 내정 상태 회로)이 활발하다. DMN은 아무것도 하고 있지 않을 때 뇌에서 활성화되는 영역이다.[33] 즉, 쉬고 있을 때조차 뇌가 바쁘게 일하고 있다는 의미다. 다른 사람들의 눈에는 내향인이 멍하니 있는 것처럼 보인다. 그러나 내면에서는 생각이 꼬리를 물고 있다. 내면세계가 활발하게 작동하고 있는 것이다. 휴대폰을 사용하지 않고 있어도 배터리가 지속해서 닳는 것과 같다. 그러므로 실제로 해야 할 일이 늘어나는 것은 부담일 수밖에 없다. 그 일을 '하고', 그 일을 하지 않아도 '생각'하고, 내향인만의 '사색'을 즐기고 뇌가 쉴 틈 없이 '일하는' 셈이 된다.

외부 자극: 높은 각성도와 망상활성계

내향인과 외향인은 최적 수준이라고 느끼는 자극 정도가 다른데 최적 지점을 스위트 스폿이라고 한다. 다음의 연구를 살펴보자. 참가자들은 소음이 나오는 헤드폰을 쓰고 단어게임을 한다. 헤드폰 음량은 자신들에게 맞게 조절할 수 있다. 헤드폰을 다시 측정하자 외향인은 72데시벨을 선택하고 내향인은 55데시벨을 선택했다. 내향인은 주변이 조용할 때 최적이라고 느낀다는 것이다. 다시 양쪽이 선택한 잡음

---

33 소피아 뎀블링, (2013), 나는 내성적인 사람입니다.: 관계 중독 세상에서 나만의 생활방식을 지키며 조용하게 사는 법[The Introvert's Way], (이순영, 역), 책읽는수요일, p.176 참고

수준을 바꿔서 게임을 진행했다. 내향인은 과도한 소음 때문에 낮은 점수를 기록했다. 실패 횟수는 5.8에서 9.1로 올라갔다. 외향인도 마찬가지였다. 조용한 환경에서 역시 낮은 점수를 기록했다.[34]

심리학자 아이젱크에 따르면 내향인은 뇌의 각성도가 높다. 작은 자극에도 뇌가 민감하게 반응한다는 말이다. 평상시의 각성도도 높아서 항상 바쁘고 쉬지 않는 것이 뇌의 기본 상태이다.[35] 자연히 내향인은 피로감을 빨리 느끼게 된다. 레몬주스 한 방울에도 침 분비가 많은 쪽은 내향인이다.[36] 뇌파를 MRI로 촬영하자 휴식을 취하는 때에도 내향인의 뇌는 활발하다는 것이 발견되었다.[37] 자연히 최적 수준을 찾아 조용하고 편안한 환경을 갈망한다. 잡담을 피하고 모임은 되도록 가지 않는다. 일을 하면서도 '이만하면 쉬면 좋겠다', 일이 끝난 후는 '빨리 집에 가고 싶다'는 생각을 하게 된다. 내향인에게는 너무나도 자연스러운 반응이다.

이러한 차이는 뇌피질의 각성도 외에도 뇌간의 한 부분 때문이기도

34 Geen, R. G., (1984), Preferred stimulation levels in introverts and extroverts: Effects on arousal and performance, *Journal of Personality and Social Psychology 46*(6), 1303–1312 참고

35 피터 홀린스, (2018), 혼자 있고 싶은데 외로운 건 싫어: 남들보다 내성적인 사람들을 위한 심리수업[The Science of Introverts], (공민희, 역), 포레스트북스, p.84 참고

36 Funder, D. C., (2010), *The Personality Puzzle*, W.W.Norton, pp.281 참고

37 Zuckerman, M., (2003), Biological bases of personality, In T. Millon & M. J. Lerner(Eds.), *Handbook of Psychology, Vol.5*(pp.85-116), John Wiley&Sons 참고

하다. ARAS(ascending reticular activation system, 상행 망상활성체계) 혹은 RAS(망상활성계)라고 불리는 부분이다. 뇌에 감각 정보를 전달하고 자극의 양을 조절하는 기능을 한다. 이 부위의 활동성이 클수록 자극에 민감하다. 내향인의 ARAS는 활동적이다.[38] 당연하게도 스위트 스폿을 위해 혼자 있는 공간을 찾아간다. 외부를 차단하고 소란스러운 뇌를 정리하기를 좋아한다. 그러니 내향인의 타고난 내향성에 대해 비난해서는 안 될 것이다.

혈류: 혈액 양과 경로의 차이

뇌의 활성화 부위와 정도는 당연히 혈류와도 관련이 있다. 데브라 존슨 박사는 흥미로운 연구 결과를 발표했다. PET(뇌의 기능 분포를 촬영)을 통해 살펴본 결과 뇌로 가는 혈액의 경로와 양에서 내향인과 외향인이 차이가 있었다. 같은 외부 자극이 주어진다고 하자. 내향인의 대뇌에는 외향인보다 더 많은 양의 혈액이 공급된다는 점이 발견되었다.[39] 혈류가 많다는 것은 그 부위의 작용이 활성화된다는 것이다. 내향인이 어떠한 정보나 자극을 더 깊이 더 세밀하게 파악하려는 경향이 있다는 것을 의미한다.

---

38 Funder, D. C., (2010), *The Personality Puzzle*, W.W.Norton, pp.280-83 참고

39 Johnson, L. D. et al., (1999), Cerebral Blood Flow and Personality: A Positron Emission Tomography Study, *Am J Psychiatry* 참고.
마티 올슨 래니, (2006), *내성적인 사람이 성공한다*[Introvert Advantage: How to Thrive in an Extrovert World], (박윤정, 역), 서돌, p.78 참고.

내향인 혈류 경로와 아세틸콜린 경로

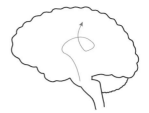
외향인 혈류 경로와 도파민 경로

혈류 경로와 신경 전달 물질 경로

존슨 박사에 따르면 혈류가 지나가는 경로 역시 다르다.[40] 외향인은 후각을 제외한 나머지 감각 처리 영역으로 흐르고 경로는 짧다. 내향인은 훨씬 길고 복잡한 경로를 따라 혈류가 지나간다. 언어와 관련된 브로카 영역을 비롯해 문제 해결, 계획 등과 관련된 전두엽에 집중된다. 내향인의 뇌는 혼자서 생각하고 내면세계에 집중하도록 선천적으로 설계된 것이다. 체계적으로 분석하고 사고하는 등 내향인의 전형적인 특성을 보이게 한다. 특히 길고 복잡한 혈류의 흐름은 내향인이 한 곳에 집중하면 깨어나는 데 오래 걸리는 이유다.

집중 대상에서 다른 대상으로 쉽게 초점을 바꾸지 못하는 것도 마찬가지다. 직장에서 내향인은 방해를 받으면 얼굴을 찌푸리거나 멍한

---

40 Johnson L. D. et al., (1999), Cerebral Blood Flow and Personality: A Positron Emission Tomography Study, *Am J Psychiatry* 참고.

상태로 쳐다보게 된다. 집중한 상태에서는 외향인처럼 빠르게 벗어나지 못한다. 족히 1~2분은 걸리게 된다. 말이 빠른 외향인을 상대할 경우 알아듣지 못하기도 한다. 새로운 주제에 대해 생각하고 분석하기 위해 길고 긴 경로를 따라 다시 에너지가 소모되는 것이다. 또한 방해를 받고 난 후면 그 전 대상에 동일한 집중력을 가지기도 어렵다.

기억 활용: 장기 기억 사용

《세상의 잡담에 적당히 참여하는 방법: 과학의 눈으로 본 내향인의 이중생활》의 저자 젠그렌맨은 내향인의 다른 뇌 작용 방식에 주목한다. 내향인의 뇌 혈류 흐름은 기억을 활용하는 형태에도 영향을 미친다는 것이다. 내향인은 장기 기억을 주로 사용한다.[41] 혈류는 해마를 거쳐 편도체로 간다. 해마는 기억에 관여하는 곳이다. 특히 주위 환경과 관련된 장기 기억을 되살려낸다.[42] 장기 기억은 뇌에 저장될 때 용량 제한이 없고 몇 분부터 평생 보존도 가능한 기억 형태다. 대체로 간접적인 형태를 띠고 다른 기억과 연결 고리가 많다. 장기 기억에 저장

41 마티 올슨 래니, (2006), *내성적인 사람이 성공한다*[Introvert Advantage: How to Thrive in an Extrovert World], (박윤정, 역), 서돌, 참고
젠 그렌맨, (2019), *세상의 잡담에 적당히 참여하는 방법: 과학의 눈으로 본 내향인의 이중생활*[The Secret Lives of Introverts: Inside Our Hidden World], (노혜숙, 역), 더난출판, pp.56-57 참고

42 마티 올슨 래니, (2006), *내성적인 사람이 성공한다*[Introvert Advantage: How to Thrive in an Extrovert World], (박윤정, 역), 서돌, p.86 참고

된 정보를 꺼내려면 대뇌가 복잡한 과정을 거치므로 시간이 걸린다.

10년도 넘은 대학생 때 갔던 배낭여행의 기억을 떠올린다고 하자. 여행 사진을 보고 출발하는 날 당시가 떠오른다. 사진의 장소와 관련된 일들, 이후 기억 그리고 감정들이 다 떠오르는 그런 형태이다. 이러한 장기 기억은 기억의 버튼(예: 여행 사진) 하나만 있으면 모든 기억을 되살릴 수 있다. 즉, 내향인이 오래된 세세한 부분까지 아는 것은 그렇게 타고났기 때문이다. 오래된 정보를 살릴 수 있다는 것은 내향인이 이성적이기도 한 이유다. 과거의 성공과 실패 정보를 의사 결정에 활용할 수 있기 때문이다. 현재에 어떠한 결정을 할 때 충분한 검토가 가능한 것이다.

다만 큰 소리로 즉흥적으로 말할 때는 작업 기억과 단기 기억이 효과적이다. 단기 기억은 수 초간 유지되는 기억이다. 작업 기억은 단기 기억보다 더 짧은 일시적 기억이다. 내향인은 생각을 말로 표현할 때도 장기 기억을 사용한다. 원하는 단어나 적절한 문장표현을 장기 기억에서 찾는다.[43] 앞서 말했듯 장기 기억은 정보를 꺼내는 데 시간이 오래 걸리고 복잡한 과정을 거친다. 그래서 내향인은 단기 기억을 사용하는 외향인보다 느리게 말하는 것처럼 보인다. 외향인과의 대화에서 말하기 싫어한다거나 똑똑하지 않다는 등 오해를 받기도 한다.

---

43 마티 올슨 래니, (2006), *내성적인 사람이 성공한다*[Introvert Advantage: How to Thrive in an Extrovert World], (박윤정, 역), 서돌, p.80 참고

신경 전달 물질: 아세틸콜린의 분비

서로 다른 혈액 경로의 차이는 또 다른 차이를 만든다. 다른 신경 전달 물질이 흐르는 것이다. 신경 전달 물질은 신경 세포(뉴런)가 연결되는 부위(시냅스)에서 분비되는 물질이다. 도파민과 아세틸콜린이 있다. 도파민은 움직임과 각성에 관여하고 아세틸콜린은 학습과 장기 기억 등에 연관된다. 스티븐 코실린과 올리버 코에니그 박사는 신경 전달 물질의 이동 경로를 그려 보았다. 아세틸콜린의 경로는 존슨 박사가 발견한 내향인의 혈류 경로와 같다는 점을 발견했다.[44] 내향인은 사고하고 분석하도록 태어났고 그러한 활동은 아세틸콜린을 필요로 하는 것이다.

아세틸콜린은 또한 차분함과 편안함을 제공한다. 항상 각성되어 있는 내향인에게 필요한 것인 셈이다. 자극을 넘치게 만드는 도파민보다 아세틸콜린이 주는 편안함이 내향인에게 맞다. 특히 전두엽의 특징이 도파민에 민감한 신경 세포가 많다[45]는 점이 더욱 그렇다. 전두엽을 집중적으로 쓰는 내향인은 도파민이 과하지 않게 줄이는 게 중요하다. 차분하게 해 주고 분석적 사고를 활성화해 주는 아세틸콜린이 혈류

---

44 마이 올슨 래니, (2006), 내성적인 사람이 성공한다[Introvert Advantage: How to Thrive in an Extrovert World], (박윤정, 역), 서돌, pp.81-82 참고.

45 심정우, (2021), 같이 있고 싶다가도 혼자 있고 싶어: 인간관계 때문에 손해 보는 당신을 위한 사회생활 수업, 동양북스, p.145 참고.

경로에 최적인 셈이다. 내향적인 활동을 하면 아세틸콜린이 분비되고 편안함을 얻는다. 만족감을 느낀다. 다시 내향적인 활동에 집중한다. 그렇게 또 편안함과 만족감을 얻는다.

긴 혈류 경로를 따라 흐르는 아세틸콜린 때문에 나타나는 내향인의 특징을 보자. 아세틸콜린 또한 장기 기억에 관여한다.[46] 그만큼 내향인이 기억력은 좋지만 그 기억을 다시 꺼내려면 오래 걸린다. 그 때문에 설명을 하려 할 때도 즉각적인 대답은 어렵다. 계속 물어보면 더듬으며 말할 수 있다. 아는 것도 모른다고 생각할 수 있다. 깊은 사고와 관계되는 아세틸콜린은 내향인을 엉뚱한 사람으로 보이게 할 수 있다. 영화에 대해서 A~Z까지 생각하던 중이라고 하자. 만일 외향인이 갑자기 질문하면 중간에 끊기게 되어 C만 듣게 될 것이다. 듣는 사람 입장에서는 이해하지 못할 수도 있다.

신경계: 자율신경계와 민감한 신경계

자율신경계는 소화, 호흡 등 무의식적 기능들을 조절한다. 자율신경계는 교감 신경과 부교감 신경계로 나뉜다. 교감 신경은 도파민과 관련되며 위기, 공포 등의 상황에서 작동한다. 몸을 긴장 상태로 들어가게 한다. 빠르게 대처하거나 회피할 수 있는 상태로 들어가는 것이다.

---

46 이태우, (2021), *내향적 직장인, 길을 찾다: 조용하지만 강한 힘을 깨우는 비밀*. 미래와 사람, p.46 참고.

반면 부교감 신경은 몸을 편안하게 이완시키고 에너지를 보존하는 역할을 한다. 차분하게 만들어 주고 심장 박동을 느리게 한다. 또한 소화를 촉진하여 에너지를 저장한다. 긴장이 풀어지게 한다. 부교감 신경계는 아세틸콜린에 의해 활성화된다.[47]

즉, 내향인은 부교감 신경계가 바탕이 되는 활동을 추구한다. 추론과 의사 결정 등 전두엽을 쓰는 내적 활동을 주로 한다. 이러한 활동은 아세틸콜린이 관여하게 되고, 아세틸콜린은 부교감 신경계를 자극한다. 편안한 상태로 접어들면서 외부보다는 내부에 집중하게 된다. 두뇌 활동에 집중하여 언어 등 여러 가지를 배울 수 있게 되는 것이다. 외부로 에너지를 소비하지 않으면서 휴식을 취할 수 있는 상태가 된다. 부교감 신경계가 활성화되면 내향인은 과도한 자극을 피할 수 있다. 결과적으로 정확한 판단과 신중한 행동, 맥락을 이해하는 힘을 얻는다.

민감성은 자극에 강하게 반응하는 특성이다. 과일파리부터 원숭이 그리고 인간까지 모든 생물종에서 20%의 일정 비율로 나타난다.[48] 《타인보다 더 민감한 사람》의 저자 일레인 아론 박사는 5명 중 1명은

47 Lester D. & Berry, D., (1998, December), Autonomic Nervous System Balance and Introversion, *Perceptual and Motor Skills 87*(3) 참고.

48 일레인 N. 아론, (2013), *섬세한 사람에게 해 주는 상담실 안 이야기*[Psychotherapy and the Highly Sensitive Person], (도인종, 역), 디어센터티브, p.17 참고.

민감한 신경계를 지녔다고 말한다. 그의 연구에 따르면 민감한 사람의 70%는 내향인이다.[49] 내향인은 섬세한 신경계를 지니고 있어 자극에 크게 반응하고 쉽게 피곤해진다. 자극에는 경험, 소리(말소리 포함), 타인의 감정 표현, 빛, 환경 변화 등[50] 모든 것이 해당된다. 민감성은 태고부터 유전자에 새겨진 것으로 지금까지 이어지고 있다.

★ 전체를 100명이라고 할 때

1. 내향인과 외향인
   전체(100명) ┌ 내향인 57% → 100×57% = 57명
   　　　　　　 └ 외향인 43% → 100×43% = 43명

2. 민감성 여부
   전체(100명) ┌ 민감성 ○ 20%(20명) ┌ 내향인 70% → 20명×70% = 14명
   　　　　　　 │　　　　　　　　　　 └ 외향인 30% → 20명×30% = 6명
   　　　　　　 └ 민감성 × 80%(80명)

내향인과 민감성 비율

하버드 대학 제롬 케이건 교수가 진행한 4개월 된 아기들 500명의 후속 연구를 보자. 그는 20%의 고 반응성 아기들(민감한 아기들)의 심장 박동, 신경계의 다른 특징 등을 측정했다. 연구 결과 흥미로운 점

---

49 Aron, E. N., (2012, February 12), Time Magazine: "The Power of (Shyness)" and High Sensitivity, *Psychology Today*, https://www.psychologytoday.com/intl/blog/attending-the-undervalued-self/201202/time-magazine-the-power-shyness-and-high-sensitivity 참고

50 제나라 네렌버그, (2021), 유별난 게 아니라 예민하고 섬세한 겁니다: 세상과 불화하지 않고 나답게 살아가는 법[Divergent Mind], (김진주, 역), 티라미수, p.24 참고

을 발견했다. 고 반응성 아이들의 심장 박동이 더 빠른 것으로 나타났다. 스트레스 여부에 상관없이 코르티솔(스트레스 호르몬) 수치도 높았다. 또한 체액(혈액, 변, 침)을 조사하자 노르에피네프린(교감 신경계 신경 전달 물질) 수치가 높았다.[51] 즉, 내향인은 변화, 위험 등을 즉각 감지하고 투쟁-도피 반응을 일으키도록 대비되어 있다. 투쟁-도피 반응은 교감 신경계가 작용하여 긴급 상황에 대처하는 몸의 반응이다.

반응성 높은 신경계를 가진 내향인은 실제 신체적 자극도 민감하게 반응한다. 고통을 더 많이 느끼고 소량의 약물도 부작용을 일으킬 수 있다. 텍사스 대학교 제니퍼 필립스와 로버트 가첼 교수의 연구를 보자. 연구팀은 지난 40년간의 연구 결과들은 분석하고 종합해 보았다. 그 결과 내향인은 고통을 더 빠르게 더 많이 느낀다는 점을 발견했다.[52] 다른 연구자들도 내향인이 고통과 소음을 견디지 못한다는 것을 알아냈다. 일레인 아론 박사가 실시한 민감성과 관련된 뇌 스캔촬영이 이를 뒷받침한다. 실제로 내향인은 민감한 감각 처리 체계를 지녔음[53]이 밝혀진 것이다.

51 일레인 N. 아론, (2017), *타인보다 더 민감한 사람: 내 안의 잠재력을 깨우는 자기 발견의 심리학*[The Highly Sensitive Person], (노혜숙, 역), 웅진지식하우스, pp.73-74 참고

52 도리스 메르틴, (2016), *혼자가 편한 사람들: 내성적인 당신의 잠재력을 높여 주는 책*[Leise gewinnt], (강희진, 역), 비전코리아, p.92 참고

53 소피아 뎀블링, (2013), *나는 내성적인 사람입니다: 관계 중독 세상에서 나만의 생활방식을 지키며 조용하게 사는 법*[The Introvert's Way], (이순영, 역), 책읽는수요일, p.84 참고

이러한 민감한 감각 체계는 섬세한 차이를 구분할 수 있다는 강점이 있다. 향기, 맛, 소리, 미술, 음악 그 무엇이든 세밀하게 파악한다. 이는 어떠한 변화나 환경을 주의 깊게 '관찰하는 전략'을 선호하게 한다. 앞으로 발생할 결과들을 예측하는 것이다. 즉, 민감성에는 직관력이 뛰어나다는 강점도 있다. 더불어 주변의 위험, 미묘한 변화도 쉽게 감지하며 정보를 깊이 처리하는 강점을 지닌다. 글쓰기, 예술적 감각, 기업가적 자질 등 다양한 재능으로 나타난다. 타인을 이해하는 능력 또한 탁월하다. 이러한 강점들은 민감성이 진화에서 살아남아 20%의 일정 비율로 나타나는 이유일 것이다.

사고회로: 세부적인 정보 처리

내향인의 세밀한 차이를 구분한다는 것은 그만큼 정보를 깊이 처리한다는 의미이다. 자극에 대한 뇌의 처리 능력이 높다는 것이다. 아론 박사에 따르면 내향인은 미묘한 차이가 있는 사진을 더 오래 본다. 더 면밀하게 분석한다. 뇌 활동을 관찰하자 내향인이 사진을 보는 동안 뇌의 모든 영역이 환하게 밝아졌다고 한다.[54] 내향인은 사진 하나에도 이처럼 오래 사고하고 세부적으로 정보를 처리한다. 그러므로 실제 어떤 활동을 할 때 뇌가 얼마나 바쁘게 움직이는지 알 수 있다. 한 마디로 작은 자극에도 뇌는 과열되기 쉽다.

---

54 소피아 뎀블링, (2013), 나는 내성적인 사람입니다.: 관계 중독 세상에서 나만의 생활방식을 지키며 조용하게 사는 법[The Introvert's Way], (이순영, 역), 책읽는수요일, p.32 참고

사람들은 내향인이 생각을 깊이 있게 하는 것이 아니라 느리게 하는 것이라 말한다. 그러나 아니다. 성격의 생물학적 근거를 연구하는 로버트 스탤맥 박사의 말을 들어 보자. 연구팀은 뇌 스캔으로 뇌가 판단을 내리는 순간과 신체에 반응 명령을 내리는 순간을 알아냈다. 그는 내향인과 외향인은 결정을 내리는 속도는 동일하다고 지적한다. 그러나 섬세한 내향인이 좀 더 오래 사고한다는 차이가 존재한다고 말한다. 정보를 깊이 있게 모든 각도로 살핀다는 것이다. 그의 연구에서 역시 내향인은 뇌의 전체 영역이 활성화되어 사진이 환하게 나타났다.[55]

스토니브룩 대학의 연구를 보면 좀 더 명확해진다. 연구팀은 사람들에게 매우 다른 사진 한 쌍과 미세한 차이만 있는 사진 한 쌍을 주었다. 쌍으로 주어진 사진들이 같은지 묻고 fMRI 촬영을 진행했다. 관찰한 결과, 섬세한 내향인은 분석에 많은 시간을 쓴다는 것을 발견했다. 받아들인 정보와 기존의 정보를 비교하는 뇌 영역이 활성화된 것이다. 섬세한 사람들이 사진을 보면서 좀 더 고민하고 디테일하게 분석했다는 것을 의미한다.[56] 연구팀의 야자야 길로비치 교수는 이를 두고 내향인은 사고가 복잡한 사람이라고 말한다. 길로비치 교수는 내향

55 소피아 뎀블링, (2013), *나는 내성적인 사람입니다.: 관계 중독 세상에서 나만의 생활방식을 지키며 조용하게 사는 법*[The Introvert's Way], (이순영, 역), 책읽는수요일, p.84-85 참고.

56 Jagiellowicz, J. et al., (2010), The trait of sensory processing sensitivity and neural responses to changes in visual scenes, *Social Cognitive and Affective Neuroscience 6*(1), https://doi.org/10.1093/scan/nsq001 참고.

인이 잡담을 지루해하는 이유도 바로 복잡한 사고에 있다고 생각했다. 그에 따르면 복잡한 사고 체계를 지니면 가치관에 대한 토론은 즐거운 일이다. 그러나 가십, 휴가 등에 대한 잡담은 그렇지 않다고 지적한다.[57] 이러한 복잡한 사고 체계와 정보 분석은 민감성의 생존전략이며 타고난 것이다. 케이건 교수의 유아 실험을 다시 보자. 민감한 신경계는 위험 감지 외에 일반적 인지와도 연관된다. 고 반응성 아이는 어떠한 결정을 하기 전 여러 사항을 고려하며 눈을 많이 움직인다. 이는 생각을 깊이 할 때 나타나는 현상이라고 한다.[58]

고 반응성 아이는 실제로 과제 수행 전 생각에 쓰는 시간이 많았다. 따라서 정답을 고를 확률도 더 높았다. 멈추고 확인하는 시간을 통해 새로운 것이나 문제 상황에 부딪혔을 때의 전략을 짜는 것이다. 디테일한 부분까지 살피고 다시 확인한 후 결론에 이른다. 고 반응성 아이들은 또한 자신이 겪은 경험도 세밀하게 구분하는 경향이 있다고 한다.[59] 정보를 세분화하고 더 정성 들여 처리하는 것이다. 경험을 세세하게 구분하는 능력은 타인을 이해하고 공감하는 능력의 바탕이 되기

57 수전 케인, (2013), *콰이어트: 시끄러운 세상에서 조용히 세상을 움직이는 힘*[Quiet: The Power of Introverts in a World That Can't Stop Talking], (김우열, 역), 알에이치코리아, p.214(저자 수전 케인이 2010년 5월 8일 길로비치 교수와 인터뷰한 내용) 참고

58 Kagan, J., (1965), Reflection-Impulsitity and Reading Ability in Primary Grade Children, *Child Development 363*(3), 609-28 참고.

59 일레인 N. 아론, (2011), *까다롭고 예민한 내 아이, 어떻게 키울까?: 민감한 아이를 행복한 아이로 키우는 아주 특별한 자녀교육법*[The Highly Sensitive Child], (안진희, 역), 이마고 참고.

도 한다.

공감 능력: 거울 뉴런의 활성화

일레인 아론 박사는 민감한 내향인은 공감 능력이 높다고 말한다. 그는 fMRI 뇌 촬영 장치를 통해 감각에 대한 반응을 연구했다. 그는 민감한 참가자로 분류된 사람들의 사진을 분석한 결과 흥미로운 점을 발견했다. 거울 신경 세포를 비롯한 감정 이입 관련 부분이 다른 사람들보다 훨씬 반응성이 높았다.[60] 거울 신경 세포(mirror neuron)는 모방과 공감을 담당하는 신경 세포다. 타인의 감정을 정확하게 감지하여 반응하게 한다. 신경 과학자 마르코 야코보니는 《미러링 피플》에서 인간의 뇌에 1,000억 개 정도의 신경 세포가 있다고 말한다.[61]

거울 신경 세포(거울 뉴런)는 신경생리학자 자코모 리졸라티 교수 연구팀에 의해 발견되었다. 리졸라티 연구팀은 원숭이의 뇌 활동을 관찰 연구했다. 신피질(맨 바깥쪽 뇌-고차원적 기능 담당)에서 계획, 선택, 실행과 관련된 영역을 연구했다. 연구팀은 원숭이가 실제로 움직이지 않아도 특정 신경 세포가 활성화된 것을 발견했다. 연구자의 행

---

60 일자 샌드, (2017), *센서티브: 남들보다 민감한 사람을 위한 섬세한 심리학*[The Highly Sensitive People], (김유미, 역), 다산지식하우스, p.211 참고

61 마르코 야코보니, (2009), *미러링 피플*[Mirroring People: The New Science of How We Connect With Others], (김미선, 역), 갤리온, p.18 참고

동을 보기만 했는데도 뇌 활동이 급증하는 현상을 발견한 것이다. 제자 마르코 야코보니는 운동세포가 다른 사람의 움직임을 보는 것만으로 활성화될 줄은 상상하지 못했다고 말한다.[62]

흥미로운 점은 거울 신경 세포는 동작과 관련된 소리에도 반응한다는 것이다. 예를 들어 먹이를 집을 때 나는 소리만으로도 세포가 활성화된다. 연구팀은 거울 신경 세포가 감각보다는 행동의 목적에 반응한다고 말한다. 또한 종합적으로 볼 때 뇌가 그 공간에서 일어날 행동을 예견하려 한다고 결론지었다. 잠재적 행위에 대한 지도를 만든다는 것이다.[63] 따라서 거울 신경 세포의 활성도가 높은 민감한 내향인은 타인을 예측할 수 있다. 직접 겪지 않아도 공감할 수 있으며 감정을 감지할 능력을 지닌 셈이다. 모두 자기 이야기를 하기 바쁜 시대에 제대로 이해할 수 있다는 것은 큰 재능인 셈이다.

DNA: 도파민 유전자와 세로토닌 유전자

내향인과 외향인은 서로 유전자 측면에서도 다르다. 도파민 유전자와 세로토닌 유전자에서 이를 알 수 있다. 우선 도파민 유전자를 보

---

62 마르코 야코보니, (2009), *미러링 피플*[Mirroring People: The New Science of How We Connect With Others], (김미선, 역), 갤리온, pp.19-21 참고

63 마르코 야코보니, (2009), *미러링 피플*[Mirroring People: The New Science of How We Connect With Others], (김미선, 역), 갤리온, pp.23-26 참고

자. 성격 유전자 D4DR 혹은 DRD4로 불리는 유전자는 도파민과 관계된 유전자이다. 사람은 2개의 D4DR을 가진다. 2개 중 1개 이상 긴 D4DR이면 외향성에서 높은 점수를 기록했다.[64] 미국 메릴랜드 국립 암연구소의 딘 해머는 번지 점프, 암벽 등반 등을 좋아하는 외향적인 사람들을 연구했다. 연구 결과에 따르면 이들은 긴 D4DR를 갖고 있다고 한다. 새로운 것은 무엇이든 좋아했고 충동적이었다. 다른 특징들로는 말의 속도가 빠르고 위험을 감수하는 경향이 있었다고 지적한다. 또한 도파민에 둔감하다. 자연히 더 많은 도파민을 위해 자극을 찾고 새로운 것을 추구한다고 말한다.[65] 켈로그 영양 대학원 커밀라 교수의 연구도 이를 뒷받침한다. 커밀라 교수에 따르면 특히 위험을 감수하는 외향성 유전자가 있다고 지적한다. 바로 도파민 조절 유전자 변형 형태로 DRD4-7R allele이다. 이 유전자 변형은 대담함과 관련된다. 예를 들어 외향인은 재정적 위험을 25% 더 많이 무릅쓴다.[66]

해머 박사에 따르면 반대로 내향인은 위험에 민감하다. 신중함을

64 Ebstein, R. P. et al., (1996), Dopamine D4 receptor Exon Ⅲ polymorphism associated with human personality trait of sensation-seeking, *Nature Genetics 12*, 78-80 참고.
Benjamin, J. et al., (1996), Population and familial association between the D4 dopamine receptor gene and measures of Novelty Seeking, *Nature Genetics 12*, 81-4 참고.

65 Hamer, D., (1997), The Search for Personality Genes: Adventures of a Molecular Biologist, *Current Derections in Psychological Science 6*(4), 111-114, doi: 10.1111/1467-8721. ep11514443 참고.

66 Kuhnen, M. C. & Chiao, Y. J., (2009), Genetic Determinants of Financial Risk Taking, *PLoS ONE 4*(2), e4362, doi:10.1371/journal.pone.00004362 참고.

추구하도록 설계되었다. 그의 연구 결과에 따르면 내향인은 DRD4가 짧다. 도파민에 민감하게 반응한다. 즉, 조용한 환경 속에서도 도파민을 충분하게 얻을 수 있는 사람들이다. 굳이 새로운 것, 위험한 것을 찾아다니지 않는 유형이다. 오히려 그러한 것을 불편해했다고 지적한다. 내향인은 과도한 자극을 주는 도파민을 줄이고 싶기 때문이다. 편안함을 선호한다. 해머 박사에 따르면 내향인은 무엇이든 시작하기 전 계획을 세운다. 또한 온화한 성품을 지녔고 성실하다.[67]

이번엔 세로토닌 관련 유전자를 살펴보자. 붉은털원숭이에 관한 연구를 보자. 인간과 동일하게 세로토닌 수송 단백질(SERT) 유전자, 5-HTTLPR라 불리는 유전자를 갖고 있다.[68] 이 유전자는 긴 형과 짧은 형 두 종류가 존재한다. 세로토닌 유전자의 변이형인 짧은 유전자는 민감성, 내향성과 관계가 있다.[69] 이러한 짧은 유전자를 가진 개체는 스트레스에 노출되면 불안한 모습을 보였다. 클라우스 페터 레시와 연구팀의 연구도 이를 뒷받침한다. 클라우스에 따르면 2개 중 1개라

67 Hamer D., (1997), The Search for Personality Genes: Adventures of a Molecular Biologist, *Current Derections in Psychological Science 6*(4), 111-114, doi: 10.1111/1467-8721. ep11514443 참고

68 Suomi, J. S., (1997), Early Determinants of Behavior: Evidence from Primate Studies, *British Medical Bulletin 53*(1), 170-84 참고

69 Gillihan, J. S. et al., (2007), Association Between Serotonin Transpoter Genotype and Extraversion, *Psychiatric Gentics 17*(6), 351-54 참고

Munafo, M. R. et al., (2003), Genetic Polymorphisms and Personality in Healthy Adults: A Systematic Review and Meta-Analysis, *Molecular Psychiatry 8*, 471-84 참고

도 짧은 유전자를 가진 사람은 신경성 수치에서 높은 점수를 기록했다.[70] 걱정과 불안이 많고 위험을 경계하는 것이다. 무서운 사진을 봤을 때 짧은 유전자를 가진 내향인의 편도체가 더 활성화되었다.[71] MRI 검사를 통해서 짧은 유전자를 가진 내향인이 두려움을 더 느낀다는 점이 밝혀졌다.[72] 켈로그 영양 대학원 커밀리아 교수는 5-HTTLPR s/s allele 유전자의 내향성 특징을 지적한다. 바로 내향인을 심사숙고하도록 만든다는 점이다. 내향인은 이 유전자가 없는 외향인보다 위험을 무릅쓸 확률이 28% 더 낮았다. 다만 위험을 감수하고 냉철한 판단이 필요할수록 더 뛰어난 모습을 보였다.[73]

내향인과 외향인은 변연계, 전전두엽과 내정상태회로 등에서 뇌의 활성화 특징이 다르다. 외부 자극에 대한 뇌의 각성도도 높다는 점도

70 Lesch, K.-P. et al., (1996), Association of anxiety-realted traits with a polymorphism in the serotonin transpoter gene regulatory region, *Science 274*, 1527-31 참고

71 Hariri, R. A. et al., (2002), A susceptivility gne for affective distorders and the reponse of the human amygdala, *Science 297*, 400-3 참고
Hariri, R. A. et al., (2005), 5-HTTLPR polymorphism impacts human cingulate-amygdala interactions: A genetic susceptibility mechanism for depression, *Archives of Genral Psychiatry 62*, 146-52 참고

72 Schwartz, C. E. & Rauch, L. S. (2004), Temperament and Its Implications for Neuroimaging of Anxiety Disorders, *CNS Spectrums 9*(4), 284 – 291 참고
Hariri, R. A. et al., (2002), Serotonin Transpoter Genetic Variation and the Response of the Human Amygdala, *Science 297*(5580), 400-403 참고

73 Kuhnen, M. C. & Chiao, Y. J., (2009), Genetic Determinants of Financial Risk Taking, *PLoS ONE 4*(2), e4362, doi:10.1371/journal.pone.00004362 참고

살펴보았다. 내향인은 사용하는 뇌의 부분과 그에 따른 혈액의 양, 경로도 다르다. 전두엽 쪽으로 많은 혈류가 흐르고 그 경로도 복잡하다. 내향인의 혈류 흐름은 장기 기억을 활용한다는 점에도 영향을 미친다. 혈류 경로는 신경 전달 물질 아세틸콜린의 경로와 일치한다. 아세틸콜린은 자극을 줄이고 내향적인 행동을 하게 한다. 즉, 조용하고 차분한 활동을 추구하게 한다. 아세틸콜린은 부교감 신경계와 관계된다. 내향인은 몸을 이완시키는 신경계를 쓴다고 할 수 있겠다.

민감한 내향인의 신경계는 자극에 강하게 반응한다. 소리, 빛 등 모든 자극에 크게 반응하기 때문에 쉽게 피곤해진다. 이러한 민감한 감각 처리 체계는 미묘한 변화를 감지할 수 있다. 정보를 깊이 처리하고 복잡한 사고를 하는 이유기도 하다. 또한 거울 신경 세포의 반응성이 높아 타인의 감정을 감지하고 예측할 수 있다. 직접 체험하지 않아도 보고 듣는 것으로 공감할 수 있는 것이다. 또한, 내향성과 유전자에 대해서도 살펴본 결과 도파민 유전자와 세로토닌 유전자에서 차이가 존재했다.

종잡을 수 없는
사람들

외향인들은 내항인을 보면 종잡을 수 없는 사람이라고 생각할지도 모른다. 활발하다가 금세 침묵하고, 똑 부러지면서도 둔감하다. 다른 상황에서 다른 때에 내항인을 만난 사람은 평가가 서로 다르다. 누군가는 따뜻한 사람, 평범하고 소박한 사람, 편안한 사람으로 생각한다. 반면에 다른 이는 날카롭고 까다로운 사람, 깊이가 있는 사람으로 여긴다. 이번 주제에서는 성격과 그 특징을 알아보도록 하자.

고민을 끌어안는다

나의 경우 고민이 생기면 다른 사람에게 말하기보다 혼자만의 시간을 보낸다. 타인을 믿지 않는 것이 아니다. 끙끙 앓는 것도 아니다. 그저 문제를 해결하는 방식의 취향일 뿐이다. 나 자신의 문제이고 결국 해결해야 하는 사람도 나 자신이기 때문이다. 문제를 곰곰이 생각해 보고 해결하는 편이다. 그편이 더 신속하고 쾌적하며 마음이 편하다. 외향인이 봤을 땐 이해가 안 되는 부분이다. '같이 해결해야지'라고 했다가 '왜 말을 안 해줘'라고 불평하기도 한다. 내 입장에선 그 순간 더 고민이 쌓인다.

내향인은 태생적으로 생각하는 사람이다. 앞의 주제에서 살펴본 것처럼 뇌가 그렇게 작동한다. 문제가 발생했을 때 조용한 환경을 찾아 간다. 거기서 내향인은 문제를 이리저리 돌려 본다. 뜯어본다. 재조합해 본다. 잠깐이 될 수도 있고 며칠이 될 수도 있다. 더 오래될 수도 있다. 그렇게 길을 찾고 나름의 방식으로 해결한다. 말하지 못해서 혼자 앓는 것이 아니다. 필요하다면 정보를 찾아 이쪽저쪽 물어보기도 한다. 그저 같이 공유하지 않는 것뿐이다. 외향인의 입장에서는 자신은 신경 써 주는데 돌아오는 반응은 침묵이거나 거절이다. 괜히 섭섭해질 수 있다.

내향인의 이 같은 방식은 다른 사람을 무시해서도, 믿지 않아서도 아니다. 스트레스와 부정적 감정을 처리하는 방식이 다르다. 2007년 레슬리 베르호프스타트 교수의 연구를 보자. 관찰 결과 내향인은 사회적 도움을 추구하지 않는다. 내향인과 외향인은 타인에게 도움을 '주는' 정도는 비슷하다. 하지만 내향인 자신이 도움이 필요할 경우 요구하는 경향이 적다고 지적한다.[74] 접촉을 줄여 배터리가 닳지 않도록 하는 것이다. 부정적 감정 생성이 추가되는 것을 방지한다. 내향인은 타인과 대화로써 푼다는 생각 자체만으로도 이미 피곤해진다.

문제 해결에 내향인은 이미 많은 에너지를 쏟는다. 여기에 사람과의 교류라는 또 다른 관심사를 추가하지 않는다. 문제 해결+외향인과의 소통이 되는 것을 방지한다. 그렇지 않으면 뇌에 가는 자극이 과해진다. 과다한 에너지 소모는 내향인을 괴팍하게 만들 수 있다. 하지만 우리는 타인에게 그렇게 할 수 없다. 감정의 문제는 사적인 것이라 여긴다. 내향인은 아무렇게나 소통하지 않는다. 배려가 우선이다. 나의 문제로 타인에게 걱정을 끼치고 싶지 않고, 그들을 방해하고 싶지도 않다. 이것이 고민을 공유하지 않고 끌어안는 이유다.

사려 깊고 타인을 배려한다

내향인은 사람들과 있을 때 정신적으로 지친 날에도 아무렇지 않게 행동하려고 노력한다. 자신의 감정대로만 하면 타인에게 피해를 줄 수도 있다고 생각하기 때문이다. 이처럼 내향인은 타인에게 혹여나 폐가 되지는 않을까 먼저 고민하는 사람이다. 더불어 타인의 귀한 시간을 뺏는 것, 방해하는 것을 미안하게 생각한다. 내향인의 배려는 싫어하

---

74 피터 홀린스, (2018), 혼자 있고 싶은데 외로운 건 싫어: 남들보다 내성적인 사람들을 위한 심리수업[The Science of Introverts], (공민희, 역), 포레스트북스, pp.114-115 참고.

는 행동을 하지 않는 것이다. 그렇게 함으로써 그 사람의 시간과 공간을 존중해 주는 것이다. 가령, 지난번 대화에서 누군가 감자를 좋아하지 않는다고 말했다고 하자. 내향인은 다음 번 그 사람과의 약속까지 그걸 염두에 두고 있다. 자신이 A를 싫어한다고 했는데, 전혀 신경 쓰지 않고 A에 대한 이야기나 행동을 계속하는 사람을 한 번쯤은 봤을 것이다. 그 사람과 계속 교류하고 싶던가? 자신의 공간을 소중히 하는 만큼 타인의 공간도 배려하는 것이 내향인의 성격이다.

내향인이 주로 침묵하는 여러 이유 중 하나도 배려가 바탕이 된다. 자신의 견해와 달라도 타인의 의견을 존중하는 것이다. 그래서 먼저 말하지 않고 물어보면 그제서야 말을 해 준다. 상대방의 말을 자르지 않도록 기다려 준다. 또한 시끄럽다고 느껴지지 않도록 조용한 목소리로 말한다. 상대방이 잘 이해할 수 있도록 말의 속도를 조절한다. 상처받지 않도록 생각하고 또 생각하며 단어 하나에도 신경을 쓴다. 신중하게 고른다. 완곡한 표현과 어조로 말을 한다. 이처럼 무언가를 더 해주기보다 불편을 끼치지 않도록 배려하는 것이다.

사생활을 중시한다

엠마 왓슨, 마크 저커버그 등 세계적으로 성공하거나 이름을 떨친 내향인들의 공통점은? 바로 사생활을 중요하게 생각한다는 것이다. 내향인은 타인을 배려하는 만큼 혼자만의 공간, 사생활을 중시한다.

쉴 수 있는 공간과 시간이 필요하다는 것이다. 방해가 없을 때, 누군가의 시선이 없을 때 내향인은 그제야 집중이 되고 편안해진다. 외부 환경과 차단될 때 좋아하는 일에 집중하게 된다. 앞서 살펴보았듯 내향인은 끊임없이 외부 자극을 분석하는 뇌를 가지고 있다. 특히 좌뇌형 내향인은 더욱 그렇다. 혼자 있는 공간을 필수로 한다. 좋아하는 취미나 활동, 사람을 드러내고 공유하는 순간 내향인은 또 다른 곳을 찾아가야 한다.

페이스북의 창업자 마크 저커버그는 사생활 보호에 철저하다. 자신의 집 근처에 존재하는 집들과 토지도 사서 개인 공간을 확보했다.[75] 사람마다 퍼스널 스페이스(타인이 일정 거리 내로 접근할 때 불편하게 느끼는 공간)는 있다. 내향인은 그 공간을 지키고 더 분명히 하고 싶을 뿐이다. 내향인에게는 너무 당연한 일이지만 이러한 특징은 내향인을 냉정하게 보이도록 만든다. 사람을 멀리하는 것처럼 보이고 벽을 세운다고 느끼도록 한다. 자세히 들여다보면 그렇지 않다. 내향인이 사생활을 공유하지 않는다고 해서 직장에서 사람과의 관계에서 문제 상황을 만든다거나 하지 않는다. 직장에서는 자신의 책무를 다하고 사람들과도 원만하게 지내는 내향인이 대부분이다.

내향인들이 실제로 냉담해지는 것은 특정 상황 때문이다. 불안이나

---

75 도리스 메르틴, (2016), 혼자가 편한 사람들: 내성적인 당신의 잠재력을 높여주는 책[Leise gewinnt], (강희진, 역), 비전코리아, p.123 참고

부정적인 상황에 놓였을 때다. 자신의 상황을 돌보는 것조차 버거워서 외부 세계를 차단하는 셈이다. 거북이가 안전한 등껍질 안으로 들어가는 것과 같다. 이러한 상황이 내향인이 사생활을 중시하는 부분과 맞물려 냉정해 '보이는' 것뿐이다. 내향인 영화 배우 크리스틴 스튜어트도 사람들이 자신들의 관심을 별로 고마워하지 않는다는 이유로 비난할 때 괴롭다고 했다.[76] 사람들은 당연하다는 듯이 투명하게 공유하기를 원하고 궁금증을 해결해 주기를 바란다.

그러나 외향인도 마찬가지고 모두가 있는 그대로를 보여 주지는 않는다. 조직생활에서는 그대로 보여 줘서도 안 될 일이다. 우리는 사회에서 각자 많은 역할을 안고 살아간다. 직장에서는 동료로서, 사생활에서는 딸과 아들로서, 친구로서. 집안의 모든 상황을, 친구 간의 모든 일을 직장의 동료와 공유할 수는 없는 일이다. 반대도 마찬가지다. 각각의 상황이 존재한다. 사생활을 중시하는 것은 이러한 부분에서 제대로 해내기 위한 발판인 셈이다. 내향인에게 고양이의 '숨숨집'과도 같은 셈이다.

---

76 소피아 뎀블링, (2013), *나는 내성적인 사람입니다: 관계 중독 세상에서 나만의 생활방식을 지키며 조용하게 사는 법*[The Introvert's Way], (이순영, 역), 책읽는수요일, pp.256-257 참고

창의적이고 상상력이 풍부하다

20세기 예술계를 뒤흔든 피카소,《해리포터》로 전 세계 독자를 사로잡은 조앤 K. 롤링 등 내향인들은 세상을 떠들썩하게 한다. 뛰어난 아이디어와 창의적인 결과물은 늘 사람들에게 놀라움을 안겨 준다. 내향인은 혼자서 깊이 사고하고 수많은 생각을 한다. 여기서 때때로 감동을 주고 즐거움을 주는 작품들을 탄생시킨다. 베토벤의 음악, 잡지〈보그〉의 편집장 안나 윈투어의 감각, 스티븐 스필버그의 영화. 이 모든 것들이 내향인의 머리에서 탄생했다. 내향인의 뇌에는 넘치도록 많은 정보와 기호 등이 빠르게 흡수된다. 이 때문에 변화를 감지하고 생각을 발전시키는 데에 다른 사람보다 뛰어나다. 아름다움에 대한 감각, 미적 감각도 뛰어난 편이다.

내향인의 창의성은 깊이 있는 사고에서 나온다. 주제에 대해 멈춰서 고민하고 또 고민한 끝에 뛰어난 결과물이 나온다. 조앤 K. 롤링은 런던행 기차가 지연되는 동안 곰곰이《해리포터》시리즈의 기본 토대를 생각해 냈다고 한다. 자신의 경험을 바탕으로 생각을 발전시키고 상상력을 동원해 마침내 새로운 세계를 창조해 냈다. 내향인은 이처럼 모든 정보를 탐색하고 엮어 생각의 가지를 만들어 나간다. 훗날 모두가 보고 듣고 즐기는 작품들이 된다.

내향인의 창의성은 인류 예술사에 한 획을 긋는다. 영화〈레디 플레이어 원〉 같은 가상 현실 메타버스에 대한 내용은 사회가 나아갈 방향성을 제시한다. 패션에 대한 감각은 시대의 유행을 만든다. 상상의 세계는 전 세계 독자를 마법 세계로 초대하기도 한다. 생각하는 능력, 혼자 몰두하는 특성은 대뇌를 쓰는 방식에서 나온다. 깨달음을 얻고 가능성을 상상한다. 아인슈타인의 상대성 이론도, 뉴턴의 만유인력도 이렇게 탄생한 창의적인 아이디어이다.

내향인은 고민을 안으로 끌어온다. 혼자 분석하고 해결책을 찾아간다. 문제에 몰두하게 되고, 동시에 타인에게 불편을 끼치고 싶지도 않다. 내향인은 타인의 시간과 공간을 존중한다. 사생활을 중시하고 공유하지 않는 것이 거리를 두는 것은 아니다. 사람을 멀리하는 것도 아니다. 냉담해 보일지라도 내향인이 배려하는 방식이다. 내향인은 이렇게 혼자 고민하면서 그 안에서 생각의 가지를 뻗는다. 뛰어난 작품이 탄생하게 된다. 이렇듯 따뜻하면서도 차갑고, 평범한 듯하면서도 깊이가 있는 양면성을 지닌 사람이 내향인이다.

좁지만 깊고 단단한
인간관계

'3, 2, 1 퇴근 시간!' 부랴부랴 가방을 챙기고 나서려는 순간 '우리 간만에 회식할까?' 내향인의 발걸음은 멈추고 생각도 멈춘다. 허탈감도 잠깐, 오늘 저녁에 하려고 했던 일을 되짚어 본다. 언제 처리해야 할지 배분한다. 세상의 모든 피로가 몰려오면서 무거운 발걸음으로 모임에 참석한다. 외향인들은 하루의 피로를 풀러 가자는 것인데, 피로에 지친 내향인을 보면 마음에 들지 않는다. 사람을 싫어한다는 생각마저 든다. '어디 뭐 배우러 다녀요?' 퉁명스러운 질문을 던져 본다. 내향인의 인간관계 특징을 알게 된다면 이러한 의혹은 금세 풀린다. 내향인이 생각하는 인간관계를 알아보자.

모임을 제한한다

퇴근 후 사람을 만나는 것은 내향인에게는 많은 부담을 안고 가는 것이다. 피곤함 때문이 아니다. 아침부터 직장에서 여러 사람들과 부딪히며 업무를 본 상태다. 내향인의 뇌는 이미 자극으로 한가득 흘러 넘친다. 이제 휴식을 통해 머릿속을 정리하고 소비된 에너지를 충전할 시간이다. 모임에 참석하게 되면 사람이라는 외부 자극을 다시 한번 받아들여야 한다. 업무나 다른 부분들은 자신이 조절하고 차단할 수 있다. 잠을 자거나 휴대폰은 잠시 무음으로 해둘 수도 있다. 그러나 사람만은 그렇지 않다. 더구나 많은 사람이 모이는 회식이라면 내향인이 감내해야 할 에너지 소모도 더 커진다.

처음에는 재밌을지라도 지속적으로 다른 사람이 쏟아 내는 감정과 말을 분석하는 것은 엄청난 일이다. 하고 싶지 않아도 타고난 뇌가 그렇게 작동한다. 더구나 사람이 많은 모임은 상호 작용이 동시에 발생한다. 내향인이라면 안다. 뇌가 지치는 느낌을. 그리고 머리는 굳어서 완전한 문장을 말하기도 어려워진다. 대개 오가는 이야기는 얕은 가십에 지나지 않는다. 타인에 대한 이야기와 온갖 소문들뿐이다. 큰 소리로 경쟁적으로 이야기한다. 말하기 싫은 사적인 질문도 거침없이 들어온다. 돌아오는 길에 남아 있는 게 하나도 없는 것이다. 내향인은 무의미한 시간을 보냈다는 느낌뿐이다. 생체 배터리를 다 써 버린 셈이다. 그럼에도 불구하고 타인에게 폐를 끼치는 건 아닐까 하는 생각에 계속 머문다.

퇴근 후 모임이 아니더라도 어떠한 장소에 가기 전부터 에너지 소모는 일어난다. 모든 사항이 뇌를 과부하 상태로 만든다. 실제로 직장인 중에는 신체적 증상으로 나타나 힘들어하는 사람도 많다. 지속적인 생명 에너지 고갈이 소화 불량, 두통 등으로 나타나는 것이다.[77] 내향인이 사람을 제한하려는 이유는 두렵거나 싫어서가 아니라 자기 스스로를 보호하는 셈이다. 인구의 57%가 내향인이고, 전 세계 인구는 80억에 다다른다. 80억 인구*내향인 57%=45억 6천만 인구가 모두 이상한 사람일 수는 없지 않은가. 정도의 차이는 있을지라도 내향인은 사람을 만나고 '진이 빠진다'는 느낌을 알고 있다.

선택적으로 참여한다

내향인이라고 해서 모임을 모두 피하는 것은 아니다. 내향인 대부분은 사교적이고 친구와 가족들과 즐겁게 지낸다. 단지 선호하는 형태가 다를 뿐이다. 사교를 위한 모임은 되도록 가지 않는다. 복잡한 인간관계에서 오는 허탈한 에너지 소비가 싫다. 영양가 없는 이야기는 시간을 낭비할 뿐이다. 대신 관심사와 취미가 같은 모임, 전문적인 모임을 선호한다. 이러한 모임에서 나오는 대화 주제는 내향인의 사고를 자극하고 새로운 흥미를 돋운다. 관심 있는 영역에 깊이 몰두하는 것을 좋아하기 때문이다. 내향인은 나름의 방식대로 사람들과 교류한다. 필자의 직장에서는 다양한 연수가 진행된다. 연수는 힐링 연수와 직무

---

77 제니퍼 칸와일러, (2015), 상처받지 않고 일하는 법: 내성적인 사람의 일하는 방식은 달라야 한다[The Introverted Leader], (원은주, 역), 중앙북스, p.31 참고

연수로 나뉘는데, 필자의 경우 직무 연수를 더 선호한다. 가서 무언가를 더 배운다는 것은 즐거움이기 때문이다.

인지과학자 제니퍼 그라임스는 이러한 내향인의 행동에 다른 관점을 제시한다. 많은 에너지를 소비한 만큼 그에 대한 보상이 있는지 여부도 봐야 한다는 것이다.[78] 외향인은 사람을 만나고 잡담하며 도파민이 분비된다. 에너지와 만족감을 얻는다. 반면에 내향인이 잡담과 모임에 참여할 경우 에너지를 소비할 뿐 채우지 못한다. 좋아하는 사람인지 아닌지와 상관없이 인간관계에서 에너지를 쓰게 되는 것이다. 학회, 세미나, 강연을 통한 모임은 내향인의 에너지를 채워 준다. 지적활동을 통해 몰입하고 아세틸콜린이 주는 안락한 행복감을 느낄 수있다.

내향인은 재미와 즐거움을 싫어하는 사람이 아니다. '사람이 많다'는 것이 피로를 느끼게 하는 것뿐이다. 얼마든지 편안한 모임과 활동이라면 내향인도 적극적으로 참여한다. 사람들은 내향인의 활동성에 깜짝 놀라곤 하는데 그건 내향인의 관심사를 몰라서 그렇다. 직장 연수원의 경우 집에서 2시간은 넘게 걸리는 곳이지만 필자는 개의치 않는다. 어제보다 하나를 더 아는 사람이 되었다는 만족감이 있다. 같이 있는 사람들의 의미 없는 말을 열심히 들어야 되는 일도 없다. 왕복 시

---

78 소피아 뎀블링, (2013), 나는 내성적인 사람입니다: 관계 중독 세상에서 나만의 생활방식을 지키며 조용하게 사는 법[The Introvert's Way], (이순영, 역), 책읽는수요일, p.57 참고

간은 길더라도 허탈감으로 돌아가지는 않는다.

경계를 선호한다

내향인이 혼자만의 공간, 사생활을 중요시하는 만큼 그 경계를 지키는 것도 중요시한다. 의외로 이 때문에 외향인이 간혹 내향인을 알아보지 못하기도 한다. 내향인은 서로의 역할이 분명하거나 다시 만날 일이 없는 사람과는 말도 잘하고 능숙하다. 상대방을 정확하게 꿰뚫어 보기 때문에 외향인보다 더 원만한 인간관계를 유지하기도 한다. 관계가 명확해서 경계를 확실히 유지할 수 있기 때문이다. 다른 변수가 섞여들 여지가 없는 것이다. 예를 들어 사무적인 상사와 부하 직원, 강연자와 청중, 선생님과 학생 등의 관계를 말한다.

내향인은 타고나기를 주변에 민감하게 반응한다. 그래서 모든 변수를 고려하기 때문에 어중간한 관계에서 도리어 우왕좌왕하게 된다. 경계를 넘나드는 상대방에게 피로감을 느끼고 피하려고 한다. 만약 직원인데 상사가 허물없이 친구처럼 지내려 한다면 어떻게 될까? 어떤 사람에게는 보기 좋을지라도 당사자로서는 혼란스럽다. 역할에서 벗어나면 경계를 어떻게 설정해야 할지 의문이기 때문이다. 친구라고 할 수도 없고 상사라고 할 수도 없는 부분이 생기는 것이다. 오죽하면 카카오톡의 이중 프로필 설정이 생겼겠는가.

융의 정의처럼 외향인들은 외부에서 에너지를 얻고 소비하고 다시 얻을 수 있다. 외부 자극으로 에너지를 얻는 것이다. 반대로 내향인은 내부에서 에너지를 생성하고 보존하는 사람이다. 이 때문에 에너지를 모두 써 버리지 않도록 균형을 잡고 경계를 지킨다. 외향인은 이를 두고 정 없다고 하기도 하지만 내향인에게 경계는 일종의 생명줄이다. 내향인은 경계를 무너뜨리려는 시도에 방어막을 세운다. 공손한 태도와 친절한 미소를 사용한다. 공개적인 자리와 사적인 자리에서의 기준을 만든다.

깊고 좁은 관계를 추구한다

내향인은 친밀감과 동시에 진지한 인간관계를 추구한다. 많은 사람과 두루두루 지내는 것보다 한 명 한 명 진실되고 단단한 관계를 바란다. 양보다 질적인 인간관계를 맺는다. 내향인은 많은 사람이 필요하지 않다. 한 사람에게 쏟는 에너지가 많기 때문에 여러 사람에게 에너지를 쏟을 수도 없다. 자연히 시간과 에너지를 공유할 사람을 까다롭게 고른다. 같이 있으면 재충전되는 사람을 찾는 것이다.

사람들은 내향인에게 서툴다거나 외롭다고 말한다. 그러나 외로움은 혼자라서 느끼는 감정이 아니다. 흔히 혼자 있는 것과 외로운 것을 착각한다. 혼자라는 것은 '한 명인 상태'이다. 외롭다는 것은 다른 사람과 무언가를 공유하고 싶지만 그렇지 않아서 느끼는 '감정'이다. 사람이 많아도 공유점이 없다면 외로울 수 있다는 의미다. UCLA Loneliness Scale의 외로움 척도를 살펴보자. 이 척도는 외로움을 측정하기 위해 사용된다. 측정 질문에 친구의 '수'나 타인과 보내는 '시간의 많고 적음'은 없다. 대신 '다른 사람의 연락을 얼마나 자주 기다리는가?'가 포함된다. 또한 '다른 사람들에게서 배제된다는 생각이 얼마나 자주 드는가?'와 같은 질문도 있다.[79] 군중 속의 외로움이라는 말도 있지 않은가.

외향적인 사회에서 인간관계는 무조건 많으면 좋은 것이다. 매우 해로운 관계여도 없는 것보다 낫다고 말한다.[80] 그러나 내향인은 그렇지 않다. 관계의 질을 중시한다. 심리학자 한스 F. 한센은 사람을 신중하게 고르는 것이 삶의 중요한 포인트라고 주장한다.[81] 하버드 대학 로버트 월딩거 교수의 연구도 한번 보자. 75년간 724명을 추적 연구했다. 행복한 삶의 비밀 중 하나는 좋은 관계를 맺는 것이라고 지적한다. 편안하고 친밀한 관계는 행복뿐만 아니라 건강과도 관련된다.[82]

79 소피아 뎀블링, (2013), 나는 내성적인 사람입니다: 관계 중독 세상에서 나만의 생활방식을 지키며 조용하게 사는 법[The Introvert's Way], (이순영, 역), 책읽는수요일, p.44 참고

80 로리 헬긴, (2009), 은근한 매력: 내성적인 사람이 성공하는 자기관리법[Introvert Power: Why Your Inner Life is Your Hidden Strength], (임소연, 역), 흐름출판, p.232 참고

81 미카엘라 청, (2018), 이젠 내 시간표대로 살겠습니다: 나만의 리듬으로 주인공이 되는 삶의 기술[The Irresistible Introvert: Harness the Power of Quiet Charisma in a Loud World], (김정혜, 역), 한빛비즈, p.76 참고

82 Vaillant, G. & Mukamal, K., (2001), Successful Aging, *Amercan Journal of Psychiatry 158*, 839-847 참고

내향인이 추구하는 진정한 관계는 '혼자 있는 시간'처럼 에너지를 충전해 준다. 그래서 가까운 친구, 가족 등 소수에게 에너지를 집중한다. 사람 '숫자'에 신경 쓰지 않는다. 많은 사람을 만나기 위해 금요일 밤 술집을 돌아다니지도 않는다. 사람 수와 친밀감은 오히려 반비례한다. 너무 많은 사람이 모이는 경우 서로 자기 이야기를 하기 바쁘다. 소그룹으로 나뉘어 이야기하게 된다. 결국 개인적으로 친해지는 것은 다른 문제이다. 친밀하고 깊은 관계를 추구하는 이러한 내향인의 특성은 친구 관계에서도 그대로 적용된다.

외향인은 아는 사람 대부분을 친구로 여기는 경향이 있다. 내향인은 다르다. 깊이와 의미가 있어야 한다. 지인과 친구를 구분하며 안다고 해서 모든 사람을 친구로 여기지는 않는다. 내향인에게 진정한 친구는 서로 힘이 되는 존재이다. 다수와 겉도는 관계보다 진정으로 친한 사람을 친구라 여긴다. 이러한 친구들 앞에서는 의견을 표현하고 수다쟁이가 된다. 친구에게도 이렇게 까다로운 이유는 역시 에너지가 한정되어 있기 때문이다. 그래서 내향인은 친구가 많은 편은 아니다. 그렇지만 소수의 친구에 대해서는 평생의 친구로 생각한다.

내향인은 극단적인 외향인과는 피상적인 관계로 남겨 둔다. 일대일로 시간과 노력을 들인다는 사실을 이해하지 못하기 때문이다.[83] 내향

---

83 소피아 뎀블링, (2013), *나는 내성적인 사람입니다: 관계 중독 세상에서 나만의 생활방식을 지키며 조용하게 사는 법*[The Introvert's Way], (이순영, 역), pp.232-233 참고

인에게 한눈에 친구가 되는 일은 거의 없다. 내향인은 지인, 동료 등 세밀하게 구분한다. 친하긴 해도 친구가 아닌 사람도 있는 것이다. 때때로 즐겁게 시간을 보내긴 하지만 경계 안으로 들어온 사람은 아니다. 내향인은 대개 비슷한 내향인 친구를 좋아한다. 외향인 친구도 있지만 때로는 어려움을 겪는다. 친구의 성향을 생각해서 의식적으로 먼저 연락도 해 본다. 친구의 문제를 경청해 주기도 한다. 그러나 본인의 한계를 넘어서 지속되면 지쳐버리게 된다.

사람들은 흔히 우정에 대한 환상으로 내향인의 친구 관념을 이해하지 못한다. 친구는 있으면 마냥 좋은 것이라고 보기 때문이다. 내향인은 조금 더 신중한 편이다. 관계에 투자를 하면서도 혼자 있을 시간도 확보해야 한다. 자연히 맞는 사람을 찾아 매의 눈으로 사람을 보게 된다. 환상은 버린 지 오래다. 사회심리학자 에이브러햄 테서의 친구 실험에서 사람들은 친구의 능력을 낯선 사람보다 낮게 평가했다. 단순한 게임이라고 했을 땐 친구를 도왔고, 능력 평가라고 밝히자 모르는 사람을 도왔다.[84] 내향인은 불편한 사람을 피하는데, 무의식중에 이러한 것을 이미 알고 있는지도 모른다.

내향인은 민감한 뇌를 가지고 있는데 '사람'이라는 외부 자극은 휴

---

84 마티아스 뉠케, (2017). *조용히 이기는 사람들: 나서지 않지만 강한 사람들의 태도* [Understatement: Vom Vergnugen unterschatzt zu werden], (이미옥, 역), 위즈덤하우스, pp.148-149 참고

대폰처럼 차단할 수 없다. 모임에 되도록 가지 않으려 한다. 그렇다고 해서 내향인이 모든 모임을 피하는 것은 아니다. 학술 세미나, 강연 등 내향인이 좋아하는 지적 활동을 하는 모임은 참여한다. 소모된 에너지 대신 얻는 부분이 있기 때문이다. 내향인은 에너지 소모 전에 보존하는 것도 신경 쓴다. 그래서 자기만의 경계를 지키는 것을 중시한다. 자연스럽게 좁고 깊은 관계를 형성하고 단단한 관계를 추구한다. 친구 관계도 마찬가지다. 양보다는 질의 관계를 추구한다. 매의 눈으로 신중하게 선택하고 시간과 노력을 들인다.

에너지를 충전하고 덜 쓸 때
행복해진다

햇살 가득한 휴일 오후, 카페 창가에 앉아 있노라면 더없이 편안하다. 창밖 사람들을 구경하는 것도 재미있다. 커피 한 모금과 음악이면 충분하다. 사락사락 책 넘기는 소리를 음미한다. 어느 한 귀퉁이 마음을 사로잡는 구절이 나오면 두뇌 회로를 가동한다. 내향인의 행복과 재미에 대한 기준은 외향인과는 다르다. 외향인이라면 '사람', '모임' 등과 같은 단어에 반응할 것이다. 내향인은 '편안함', '안락함' 등과 같은 단어에 반응하고 그와 관련된 것에서 행복을 느낀다. 그렇다면 내향인이 추구하는 재미와 행복은 어떤 것인지 알아보도록 하자.

혼자만의 시간

내향인이 말하는 '쉰다는 것'은 북적북적 모여 파티를 하는 것이 아니다. 혼자만의 공간에서 조용하게 사색에 잠기거나 무언가에 몰두하는 것을 말한다. 내향인은 사람이 많은 곳에 있기만 해도 쉽게 지친다. 온종일 긴장한 채 있는 것이다. 그래서 일정이 취소되기라도 한다면 내향인은 행복한 발걸음으로 집에 가게 된다. 바쁘게 돌아가는 삶의 틈바구니에서 완충지 역할을 해 주기 때문이다. 며칠씩 되는 휴일은 너무나 완벽한 순간이다. 내향인이 혼자만의 시간과 공간을 좋아한다는 것은 다음 사례들을 보아도 그렇다.

영화 배우 오드리 헵번은 혼자 있는 시간을 좋아했다고 한다. 에너지를 충전하는 시간이기 때문이다. 헵번은 토요일 저녁부터 월요일 아침까지 혼자 집에 있기를 바라기도 했다.[85] 빌 게이츠는 어떤가. 그는 '생각하는 주간'을 만들어 별장지기와 본인만 아는 곳에 가서 일주일간 독서를 한다. 영화 감독 우디 앨런도 시상식에는 웬만하면 가지 않는다고 한다. 그는 집에서 악기 연습하는 것을 더 좋아한다고 말한다.[86] 다른 내향인들 중에는 이렇듯 혼자 있는 것을 중시해서 작가가 되거나 독립적인 다른 직업을 찾는 사람도 많이 있다. 혼자 사는 사람도 많다.

평범한 직장인이라면 오늘 하루의 피로를 풀기 위해 모임을 제한하

85 도리스 메르틴, (2016), 혼자가 편한 사람들: 내성적인 당신의 잠재력을 높여주는 책[Leise gewinnt], (강희진, 역), 비전코리아, p.130 참고

86 도리스 메르틴, (2016), 혼자가 편한 사람들: 내성적인 당신의 잠재력을 높여주는 책[Leise gewinnt], (강희진, 역), 비전코리아, p.233 참고

는 방식으로 대처한다. 퇴근 후 회식 자리에는 참석하겠지만 연장되는 것은 피한다. 최소한의 참여 후 집에서 조용히 TV를 보거나 스마트폰으로 책을 보는 등 시간을 보낸다. 마티 올슨 레이니 박사는 열역학으로 이를 설명한다. 에너지를 연구하는 열역학에 의하면 에너지는 사용하면 해체된다. 해체된 상태는 다시 에너지로 전환하기 전까지는 사용할 수 없다. 외향인은 사람을 만나면서 해체된 상태를 에너지로 전환한다. 내향인은 혼자만의 시간을 통해 에너지로 전환한다.[87]

편안한 행복

혼자 있는 시간을 추구하는 것은 내향인의 신체적 기질이 그 바탕이 된다. 앞서 살펴본 바와 같이 내향인은 아세틸콜린과 부교감 신경계를 주로 사용한다. 내향인이 말하는 행복은 릴랙스하고 편안한 상태에서 오는 행복인 것이다. 추운 겨울날 따뜻한 바닥에서 담요를 덮고 귤을 까먹는 그런 안락함이다. 알란 쇼어 박사의 휴지점에 대한 개념을 본다면 좀 더 명확해진다. 휴지점이란 신체적, 정서적 컨디션이 최고인 지점이다. 쇼어 박사는 사람마다 휴지점이 있는데 기질에 따라 결정된다고 보았다.[88] 즉, 성향에 따라 행복의 기준도 다른 것이다.

---

87 마티 올슨 래니, (2006), *내성적인 사람이 성공한다*[Introvert Advantage: How to Thrive in an Extrovert World], (박윤정, 역), 서돌, p.272 참고

88 마티 올슨 래니, (2006), *내성적인 사람이 성공한다*[Introvert Advantage: How to Thrive in an Extrovert World], (박윤정, 역), 서돌, p.85 참고

잠깐 외향인에 대해 알아보자. 인간의 뇌 속에는 복측피개영역과 측좌핵(둘 다 쾌락과 관련된 영역)이 있다. 설탕물과 같은 즉흥적인 보상에 두 영역의 신경 세포들이 활성화된다. 많이 활성화될수록 게임에서 높은 점수를 위해 위험도 무릅쓴다. 돈과 지위, 사람 등에 대해서도 이 부위가 활성화된다. 이 부위의 세포는 도파민(보상과 즐거움, 움직임 등에 관여)을 사용한다. 이 도파민 수치가 올라갈수록 외향성 수치도 높은 사람이다.[89] 즉, 외향인은 물질적이고 새로운 것, 자극적인 것을 찾아 행복을 느끼는 사람인 셈이다. 내향인은 외향인을 따라 즐거움과 재미를 찾아다니면 오히려 지치게 된다.

데이비즈 레스터와 다이언 베리는 내향인은 부교감 신경계를 주로 사용한다고 했다. 내향인과 외향인을 대상으로 혈압, 신진대사 등과 같은 생리적 반응들을 측정해 본 결과이다.[90] 부교감 신경계는 몸이 안전하고 편안하다고 느낄 때 작용하는 신경계이다. 따라서 내향인은 일주일 내내 파티를 하고 신나게 노는 것에는 크게 만족감을 느끼지 못한다. 초반에 잠깐 재미있다가도 뇌가 지치는 느낌이 든다. 결국 허탈감과 함께 집에 돌아온다. 마중 나온 반려동물을 안아 주고 곁에 앉아 책을 읽을 때 비로소 따뜻한 행복감을 느낀다.

---

89 대니얼 네틀, (2009), *성격의 탄생: 뇌과학, 진화심리학이 들려주는 성격의 모든 것* [Personality], (김상우, 역), 와이즈북성격의 탄생, pp.119-121 참고.

90 Lester D. & Berry, D., (1998, December), Autonomic Nervous System Balance and Introversion, *Perceptual and Motor Skills 87*(3) 참고.

자신에게 맞는 행복은 건강과도 직결된다. 도리스 메르틴 박사에 의하면 휴식보다도 '즐거운 기분'이 에너지 회복에 더 낫다. 실험에서 같은 양의 부담을 주고 코르티솔(스트레스 호르몬) 분비를 측정했다. 즐거운 기분의 사람은 코르티솔 분비량이 적었고, 혈압도 빨리 정상으로 돌아왔다.[91] 행복이 건강에 중요한 것이다. 미국 애리조나대 메리 데이비스 교수는 행복하려면 좋아하는 일을 해야 한다고 말한다. 그 밖에도 목표에 도전하고 노력하는 것, 따뜻한 커피 한 잔 등도 포함된다. 사소한 일에서도 행복을 느낀다는 것이다. 유의할 점은 스스로 선택한 행동이어야 한다는 점이다.[92] 내향인은 편안함을 좋아한다. 집중하는 것을 좋아한다. 이러한 종류의 행복이 내향인의 행복이다.

미니멀리즘 추구

내향인이 편안함을 느끼려면 되도록 자극을 줄여야 한다. 적으면 적을수록 좋은 셈이다. 외부 세계보다 내부에 몰두하기 때문에 당장 필요하지 않은 것은 들이지 않는다. 오히려 버리는 편이다. 미니멀리즘(단순하고 간결함을 추구하는 것)을 지향한다. 잡담과 가십, 사교 등을 부담스럽게 생각하는 것도 비슷한 맥락이다. 《유별난 게 아니라

---

91 도리스 메르틴, (2016), 혼자가 편한 사람들: 내성적인 당신의 잠재력을 높여 주는 책[Leise gewinnt], (강희진, 역), 비전코리아, pp.85-86 참고

92 Davis, M. C., (2009), Building Emotional Resilience to Promote Health, *American Journal of Lifestyle Medicine 3*(1 Suppl), 60S-63S 참고

예민하고 섬세한 겁니다》에 소개된 MIT의 행성 학자, 천체 물리학자 사라 시거의 이야기를 들어 보자. 그는 천재상이라 일컫는 맥아더 펠로십을 수상할 정도로 존경받는 학자다. 그런 그는 MIT에 오기 전까지는 남들과 다른 것 같아서 불편했다고 한다. 그는 지금 있는 곳에서 편안함을 느낀다고 한다. 사라는 어느 날 공원에 반려견을 데리고 산책 중이었다. 그런데 어떤 사람이 시간을 빼앗아서 당황했다고 한다. 그 사람이 말을 건 목적은 청원서에 서명을 해 달라는 것이었다. 사라는 그 사람이 그 목적을 말하기 전까지 시간을 너무 뺐었다고 지적했다. 대화에서 명확하고 핵심만 전달하기를 바란 것이다. 본질 외에 이것저것 고려하다 보면 이미 에너지가 고갈된다고 말한다. 이제는 잡담과 군더더기가 빠진 대화가 가능하다는 점. 만남을 위한 만남에 시간을 쓰지 않아도 된다는 점이 편하다고 말한다.[93]

외향인은 내향인의 대화 방식이 정 없다며 즐거움이 없다고 말할 때가 있다. 과연 그럴까? 행복과 대화에 관한 연구를 보자. 2010년 마티아스 멜과 연구팀이 행복한 사람과 그렇지 않은 사람의 대화를 분석했다. 흥미로운 점은 대화 형태가 달랐다는 것이다. 전체 참가자들의 통계를 내었을 때 의미 있는 대화가 35.5%, 잡담이 17.9%였다고 한다. 이 중 가장 행복한 사람은 대화에서 의미 있는 대화가 46%, 잡담은 10%였다. 반면에 가장 불행한 사람은 의미 있는 대화가 22%, 잡

---

93 제나라 네렌버스, (2021), 유별난 게 아니라 예민하고 섬세한 겁니다: 세상과 불화하지 않고 나답게 살아가는 법[Divergent Mind], (김진주, 역), 티라미수, pp.98-102 참고

담이 29%였다. 즉, 행복한 사람은 본질적이고 의미 있는 대화를 하고 싶어 한다는 것이다.[94] 내향인의 대화 스타일이 여전히 불행해 보이는가?

소소하지만 확실한 취미 생활

분명 한가한 듯한데 바빠 보이는 내향인. 마냥 있는 것 같은데 뭔가를 만들어 내는 내향인. 외향인의 눈에는 알 수 없는 수수께끼다. 물어보면 집에 간다고 하는데 뭔가를 하는 것 같기도 하다. 내향인 기준으로 재미있는 활동은 외향인이 생각하는 것과는 다르다. 대부분은 잔잔하며 심심해 보이는 것에도 내향인은 재미를 느낀다. 침묵, 깊은 대화, 카페에 앉아 그냥 있는 것 그 자체도 즐거워한다. 내향인이 좋아하는 평화로운 장소라면 어디든 재미를 찾을 수 있다. 주로 혼자 하거나 소규모로 할 수 있는 활동을 취미로 한다.

내향인은 편한 친구와 점심을 먹으며 한 주제에 관해 토론하고 분석하는 것을 좋아한다. 혼자 영화관에 가서 영화를 보며 몰입하는 것도 좋다. 웬일인지 영화관이 텅 비어서 몇 사람밖에 없다면 더욱 좋은 일이다. 미술관을 가거나 음악회를 가기도 한다. 밀린 책을 읽기도 하

---

94 Mehl, M. R. et al., (2010), Eavesdropping on Happiness: Well-Being Is Related to Having Less Small Talk and More Substantive Conversations, *Psychological Science 21*(4), 539-41, doi: 10.1177/0956797610362675 참고.

고 영어나 프랑스어 등 언어를 배우러 다니기도 한다. 베이킹을 즐기는 내향인도 있으며 혼자 여행을 다녀오는 내향인도 있다. 운동을 할 경우 공원을 혼자 걷거나 둘 또는 셋의 소규모로 할 수 있는 운동을 즐긴다. 주말 새벽 모두 잠든 시간 노트북으로 조용히 음악을 듣는 것도 소소한 재미가 있다. 내향인이 재미를 느낄 때는 집중하는 표정을 볼 수 있을 것이다.

필자의 경우 휴일에 집에서 1,000개 퍼즐을 푼다. 조금씩 그림이 나오며 모양이 맞춰지는 것이 꽤 재미있다. 다 맞추고 나면 다시 흩트려서 새로 맞추기 시작한다. 요즘 퍼즐 앱도 나와서 다양한 그림을 해 볼 수 있어서 참 좋다. 35개부터 1,200개 조각으로 선택할 수도 있어서 다양한 재미도 있다. 책을 읽으며 생각하는 것도 좋아하고 고양이와 그저 바라보고 있는 것만으로도 평화롭고 좋다고 생각한다. 때로는 혼자 카페에 앉아 시즌 신메뉴를 마셔 본다. 창밖을 보며 생각에 잠긴다. 지나가는 사람들의 옷차림, 자세 등을 구경하는 것도 좋다.

내향인 주로 찾아가는 곳은 카페인데 카페의 환경, 분위기, 특성을 좋아한다. 카페는 원래 생각을 위한 장소에서 시작했다. 커피 하우스만 해도 여러 작가와 예술가 등이 모여 살롱을 열고 토론하던 장이었다. 이런 카페에서 마음 맞는 사람들과 만나 영화에 대해 이야기하며 생각하는 것을 즐긴다. 이렇게 저렇게 내용을 뜯어보고 뒤집어 보며 깊이 파고든다. 더욱 친밀한 관계라면 소소한 잡담을 하기도 한다. 카페에 가 보면 무언가 열심히 하고 있는 내향인들을 볼 수 있을 것이다.

혼자 있는 시간에서 에너지를 재충전하는 것에 크게 행복을 느낀다. 성공한 내향인이라 해도 다르지 않다. 조용한 공간에서 재충전의 시간이 필요하다. 이러한 내향적인 행복을 추구하는 것은 건강과도 연결된다. 선천적으로 편안하고 안락한 행복을 추구하도록 설계된 사람들이다. 외향인 기준의 행복을 찾아다니면 오히려 내향인은 더 지치고 만다. 자연스레 내향인은 본질과 핵심만을 추구하고 군더더기를 빼는 것이다. 이러한 경향은 대화 스타일에도 묻어난다. 그렇다고 재미를 모르는 게 아니다. 취향이 다를 뿐이다.

PART 3

/

내향인을 위한
성공법

고독력, 혼자 생각하는
시간이 많다

세계적으로 업적을 남기거나 성공한 내향인들의 공통점은 고독의 시간을 즐긴다는 점이다. 뉴턴부터 워런 버핏까지. 모두 자기만의 공간에서 새로운 아이디어를 창조하고 세상을 움직인 사람들이다. 이름을 떨치지 않더라도 충분히 자기 분야에서 성공을 이룬 내향인들도 많이 있다. 이들은 번잡한 외부 세계에서 벗어나 자기만의 시간을 확보한다. 그 안에서 본질에 집중하고 자신을 발전시킨다. 목표를 향해 나아간다. 내향인이 성공할 수밖에 없는 이유, 고독의 힘에 대해 알아보자.

고독은 창조의 원천이다

애플의 첫 컴퓨터를 개발한 스티브 워즈니악의 이야기를 보자. 그가 그 일을 해내기까지 늘 혼자였다는 사실을 발견할 것이다. 독학으로 공부하며 디자인을 구상했다. 그리고 마침내 노력이 결실을 맺었을 때 혼자서 그 순간을 음미했다.[1] 회고록에서 그는 자신의 어린 시절을 회상하며 말했다. 아마 자신이 내향인이 아니었다면 그러한 일을 해내지 못했을 것이라고 했다. 내향적이었기 때문에 컴퓨터를 공부하고 푹 빠질 수 있었다고 말한다.[2] 지난날을 돌아보며 그는 조언했다. 창의적이고 뛰어난 결과물을 원한다면 혼자 일하라는 것이다.[3]

고독의 시간은 성격에 상관없이 누구나 필요한 부분이다. 어떤 일을 성공적으로 해내기 위해서는 혼자 고민하는 시간이 필요한 것이다. 고독은 신중하고 깊게 생각해 볼 힘을 준다. 《스틸니스》의 저자 라이언 홀리데이는 고독을 강조한다. 그는 삶이 끊임없이 사람으로만 가득하다면 결코 삶의 통찰력을 얻지 못한다고 지적한다.[4] 수학자 파스칼

1 스티브 워즈니악 & 지나 스미스, (2008), 스티브 워즈니악: 최초로 PC를 발명하고 애플을 설립한 괴짜 천재의 기발하고도 상상력 넘치는 인생 이야기[iWoz:Computer Geek to Cult Icon: How I Invented the Personal Computer, Co-Founded Apple, and Had Fun Doing It], (장석훈, 역), 청림출판, pp.187-199 참고.

2 스티브 워즈니악 & 지나 스미스, (2008), 스티브 워즈니악: 최초로 PC를 발명하고 애플을 설립한 괴짜 천재의 기발하고도 상상력 넘치는 인생 이야기[iWoz:Computer Geek to Cult Icon: How I Invented the Personal Computer, Co-Founded Apple, and Had Fun Doing It], (장석훈, 역), 청림출판, p.36-38 참고.

3 스티브 워즈니악 & 지나 스미스, (2008), 스티브 워즈니악: 최초로 PC를 발명하고 애플을 설립한 괴짜 천재의 기발하고도 상상력 넘치는 인생 이야기[iWoz:Computer Geek to Cult Icon: How I Invented the Personal Computer, Co-Founded Apple, and Had Fun Doing It], (장석훈, 역), 청림출판, pp.353-355 참고.

4 라이언 홀리데이, (2020). 스틸니스: 잠재력을 깨우는 단 하나의 열쇠[Stillness is the Key], (김보람, 역), 흐름출판 참고.

은 인간의 불행은 혼자 고요히 있지 못하는 점에서 비롯된다고 말했다.[5] 고독은 의미 있고 중요한 일을 가려내는 힘을 준다. 무언가의 본질을 발견할 때 내향인의 지혜는 발전한다.

고독을 즐기는 것은 내향인의 전형적인 강점이다. 내향인에게 혼자만의 시간은 창조를 낳고 새로운 힘을 충전하는 시간이다. 어떠한 과제가 주어졌을 때 정보를 깊이 있게 처리한다. 자료를 분석하고 재조합하며 가능성과 한계를 발견한다. 앞으로의 길을 계획하고 전략을 짠다. 외향인은 갇힌 것처럼 느끼는 상황에서도 내향인은 오히려 기쁘게 받아들인다. 외부의 방해가 없다는 것은 더없이 최적의 조건인 것이다. 가만히 두면 주어진 것 이상의 결과물을 만들어 낸다. 만유인력과 운동 법칙이 담긴 《자연철학의 수학적 원리》만 해도 그렇다. 뉴턴이 2년을 혼자 숙고하며 집필한 것이다.

내향인의 혼자 있는 성향이 성공의 키워드라는 점은 캘리포니아 버클리캠퍼스 연구팀의 연구를 보아도 그렇다. 연구팀은 수학, 과학, 작가, 건축 등 각 분야에서 성공한 사람들을 연구했다. 그 결과 흥미로운 점을 발견했는데 대다수가 내향인이라는 것이다. 사교 기술은 있으나 외향적이지 않았다고 지적한다. 어릴 때부터 혼자 지냈다는 사람들이

---

5 라이언 홀리데이, (2020). 스틸니스: 잠재력을 깨우는 단 하나의 열쇠[Stillness is the Key], (김보람, 역), 흐름출판, p.20 참고

많았다는 것이다.[6] 내향인은 혼자 일하는 것을 선호한다. 고독은 필수다. 고독은 생각하는 힘을 주고 내향인을 이끈다.

의도적 연습은 고독이 바탕이 된다

앤더스 에릭슨 박사는 고독의 시간이 필요한 또 다른 이유를 지적한다. 바로 '의도적인 연습'을 할 수 있는 시간이라는 것이다. 의도적인 연습이란 질적인 측면을 고려한 훈련을 말한다. 자신이 목표하는 바를 분명히 하고 정확한 노력을 쏟는 훈련이다. 이러한 훈련은 자신을 점검하여 나아가야 할 방향으로 정확하게 자신을 향상시킨다. 스스로 주도하며 끌어올린다. 이러한 의도적 연습은 성공의 핵심이다. 오직 고독의 시간에만 가능하다. 외부의 개입은 산만하게 만든다. 따라서 고독의 시간은 중요하다. 그는 다양한 분야에서 탁월한 성과를 성취한 사람들을 탐구하기 시작했다. 체스, 테니스, 피아노 등 여러 분야를 연구했다.

먼저 서베를린 음악 아카데미에서 전문 바이올리니스트를 관찰했다. 세 그룹으로 나눈 후 시간을 들여야 하는 과제를 줬다. 관찰 결과 유의미한 점을 발견했다. 뛰어난 두 그룹은 '혼자서 연습'하는 시간이 많았던 것이다. 최고 연주자는 7일 동안 24.3시간, 하루 3.5시간을 혼

---

6 Fiest, J. G. (1998), A Meta-Analysis of Personality in Scientivic and Artistic Creativity, *Personality and Social Psychology Review 2*(4), 290-309 참고.

자 연습했다. 3순위 그룹은 7일 9.3시간, 하루 1.3시간만 혼자 했다. 2배 이상 차이가 난다. 탁월한 연주자들은 혼자 연습하는 시간을 매우 중요시했다.[7] 에릭슨 박사는 다른 분야의 사람들에게서도 유사한 결과를 얻을 수 있었다. 체스 선수들을 연구한 결과 그들이 기술을 연마하는 방법 역시 고독이 중요했다.[8] 팀 스포츠 선수들도[9] 마찬가지였다.

앞서 살펴보았듯 고독은 깊게 생각하는 힘을 준다. 분석력과 통찰력을 부여한다. 즉, 내향인의 '숙고하는 시간'은 양질의 훈련을 하는 데 핵심이다. 내향인은 고독의 시간 동안 본질과 군더더기를 구분한다. 예리한 눈으로 목표를 바라본다. 문제에 대해 숙고하면서 개선점을 찾는다. 그러면서 끊임없는 연습을 통해 경지에 오른다. 고독의 시간이 늘어날수록 효과는 배가 된다. 내향인은 무작정 무언가에 뛰어드는 사람이 아니다. 뭐가 되었든 일단 하고 보는 방식은 거부한다. 그러한 것은 예상치 못한 상황으로 이끌 수 있기 때문이다. 더 나아가 목표와는 무관한 방향으로 갈 수 있다.

필자의 경우 단시간에 공무원 시험 3관왕을 할 수 있었던 이유도 고

---

7 Ericsson, K. A. et al., (1993), The Role of Deliberate Practice in the Acquisiton of Expert Performance, *Psychological Review 100*(3), 363-406 참고.

8 Charness, N. et al., (2005), The Role of Deliberate Practice in Chess Expertise, *Applied Cognitive Psychology 19*, 151-65 참고.

9 Ericsson, K. A. & Starkes, L. E., (2003), *Expert Performance in Sports: Advances in Research on Sport Expertise*, Human Kinetics, pp.67-71 참고.

독과 의도적 연습 덕분이다. 공무원 시험 공부에 중요한 것은 커리큘럼 외에 '자기만의' 공부 시간을 확보하는 것이다. 무엇이든 홀로 하는 시간을 통해서만 발전할 수 있다. 고독해야만 자신의 상황에 맞춰 지금 현 상황을 계속 개선할 수 있다. 합격이라는 목표를 향해 부족한 부분을 어떻게 보완할지 고민한다. 잘하는 것을 어떻게 유지할지 고민한다. 이처럼 고독은 성찰하고 깊이 생각하게 한다. 결국 독창적이고 창의적인 자기만의 방식으로 나아간다. 이 모든 것이 내향인이 가장 잘하는 것들이다. 내향인의 고독은 발전으로 가는 통로다.

생각하는 힘은 고독에서 나온다

머리를 맞대면 낫다? 정말 그럴까? 미네소타대 마빈 더넷 교수의 브레인스토밍 실험을 보자. 고독이 혼자 생각하는 능력에 중요하다는 점을 보여 준다. 혼자서 브레인스토밍을 할 때와 집단으로 했을 때 그 결과가 달랐다. 혼자서 했을 때 아이디어의 질적인 측면과 양적인 측면 둘 다에서 더 우수했다. 아이디어의 창고라 여겨지는 광고업계의 사람도 숙고하는 내향인 과학자들보다 더 나은 것은 없었다.[10] 이후 40년간의 연구에서 동일한 결과를 얻었다. 흥미로운 점은 사람이 많아질수록 브레인스토밍의 효과는 떨어졌다는 점이다.[11]

---

10 Dunnette, D. M., et al., (1963), The Effect of Group Participation of Brainstroming Effectiveness for Two Industrial Samples, *Jouurnal of Applied Psychology 47*(1), 30-37 참고

11 Mongeau, A. P. & Morr, C. M., (1999), Reconsidering Brainstroming, *Group Facilitation*

흔히 사람들이 많이 있고 함께할수록 무언가를 더 잘 해내리라 생각한다. 그러나 오히려 산만하게만 될 뿐이다. 외부 환경인 '사람'으로 주의가 분산된다. 동조의 압력(주위 의견이나 행동을 따라가려는 심리)도 존재한다. 행동경제학자 댄 애리얼리도 동일한 관점을 제시한다. 사람은 혼자 있는 시간 동안 문제를 더 잘 해결한다는 것이다. 타인의 시선이 존재하는 경우 과제 해결력은 오히려 낮아진다.[12] 고독이 생각하는 힘에 영향을 미친다는 것을 알 수 있다. 재미있는 점은 사람이 많아질수록 오히려 스스로 생각하는 능력을 덜 쓰게 된다.

하버드 대학 연구팀의 기억력 실험이 이를 보여 준다. 연구팀에 따르면 혼자 일하는 사람이 기억력도 더 뛰어나다고 한다. 동일한 이미지에 대해 같은 작업을 하고 있다고 생각한 팀보다 월등했다는 것이다. 인간은 같이 있을 때 노력을 덜 하는 경향이 있다.[13] 실제 성과는 고독할 때 더 좋게 나온다. 혼자 있는 시간이 늘어날수록 뛰어난 성과를 내는 것도 이러한 이유다. 내향인의 능력은 선천적이기도 하다. 에머리대 신경학자 그레고리 번스의 뇌 활동 연구를 보자. 혼자 과제를 수행할 때, 인지와 연관된 뇌 부위와 의사 결정과 연관된 전두엽이 연

1(1), p.14 참고

12 Ariely, D., (2008, November 19), What's the Value of a Big Bonus?, *New York Times*, https://www.nytimes.com/2008/11/20/opinion/20ariely.html 참고

13 심정우, (2021), *같이 있고 싶다가도 혼자 있고 싶어: 인간관계 때문에 손해 보는 당신을 위한 사회생활 수업*, 동양북스, pp.148-149 참고

계되어 활동한다.[14] 4장에서 살펴본바 내향인은 전두엽 쪽에 회백질 (신경 세포가 있는 부분)이 두껍다.

즉, 내향인은 타고나기를 혼자서 무언가를 수행할 때 그 능률이 배가 된다. 고독은 생각하는 힘에 필수적이다. 내향인은 고독을 좋아한다. 자연스럽게 혼자 생각하는 능력을 지닌다. 이는 능률과 성과로 이어진다. 그러므로 내향인은 성공할 수밖에 없다. 고독을 통해 자신의 분야에서 문제 해결 능력을 높이고 두각을 나타낸다. 깊이 사고하고 판단하며 종합적으로 보기 때문에 양질의 아이디어가 많이 나오게 된다. 팀별 과제나 업무보다 혼자 하는 것을 좋아한다고 해서 자신을 자책할 필요 없다. 내향인은 충분히 자기 분야에서 성공할 수 있다.

고독의 시간은 성격에 상관없이 성공을 하려면 필수적인 요소이다. 무언가에 대해 곰곰이 생각해 보는 시간은 필수적인 것이다. 내향인은 고독을 좋아한다. 그래서 외향인은 견디기 힘든 순간을 내향인은 흔쾌히 받아들일 수 있다. 의도적 연습을 한다. 분석하고 조정하며 목표를 향해 단련하는 것이다. 고독은 혼자 생각하는 힘을 준다. 사람들은 혼자 있을 때 더 뛰어난 결과물을 내놓는다. 내향인은 혼자서 일하기를 좋아하며 고독을 통해 생각하는 힘도 강하다. 고독은 강점이자 성공의 바탕인 것이다.

---

14 Berns, G., (2008), *Iconoclast: A Neuroscientist Reveals How to Think Differently*, Harvad Business Press, pp.59-81 참고.

학습력, 배움에 대한
열정이 넘친다

무언가를 물어보면 생각에 잠겨 침묵하는 모습을 보여 주는 내향인들. 사람들은 돌아서다가도 침묵 끝 흘러나오는 말에 놀란다. '어떻게 저런 것까지 알고 있지?'라는 표정과 함께. 내향인은 한 연구에 따르면 미술부터 통계학까지 다방면에 능하다고 한다. 이는 141명의 대학생에게 20개 과목을 테스트한 결과다.[15] 내향인은 심지어 무언가를 배운다는 생각이 없이도 학습한다. 시간이 지남에 따라 타인보다 더 많이 기억하고 이해력도 높다. 이번 주제에서는 내향인의 놀라운 학습력, 연구하는 특성을 살펴보자.

---

15 Rolfhus, E. & Ackeman, P., (1999), Assesing Individual Differences in Knowledge: Knowledge, Intelligence, and Related Traits, *Journal of Educational Psychology 91*(3), 511‒26 참고

배움에 진심인 사람들

내향인 중에는 자신의 전공과 다른 분야에서도 성공하는 사람들이 종종 있다. 분야에 대한 탐구와 공부로 난관을 뚫고 나아가기 때문이다. 문과를 전공했으나 전자 제품 영업 등에서 전공자 못지않게 두각을 나타내는 사람들이 그러하다. 전혀 알지 못하는 분야라 해도 내향인 특유의 연구하는 특성이 단단한 발판이 된다. 지식을 쌓고 깊이 파고들며 외우고 또 외운다. 내향인의 머리에 한번 뿌리내린 지식은 사라지지 않는다. 마침내 그 분야에서도 성과를 내는 사람이 된다.

내향인의 배움에 대한 열정은 어디든 발휘된다. 아는 것은 더 깊이, 모르는 것이면 더 열심히 공부하고 연구한다. 그 결과 다방면으로 똑똑하다. 어디서든 전문가가 된다. 자기 분야에서 탐구하는 내향인의 능력은 타인에게 신뢰감을 준다. 프로 의식을 빛나게 한다. 끊임없는 호기심은 더 나아가 세상에 없던 이론을 창조하기도 한다. 아인슈타인의 상대성 이론, 뉴턴의 만유인력처럼 말이다. 떨어지는 사과를 보고 진지하게 고민하는 내향인이 없었다면 어떻게 되었을까? 세상은 달랐을지도 모른다. 어쩌면 여전히 중력을 찾고 있을지도 모를 일이다.

세상에는 수많은 내향인이 존재한다. 탁월한 예술가, 과학자, 학자 등이 될 확률이 높다. 유전-환경 상호 작용설에 의하면 하나의 특성은 그 특성을 심화시키는 방향으로 흐른다. 내향인은 타고나기를 내면세계에 집중하고 두뇌를 쓰고 생각한다. 자연히 새로운 것을 찾아 나서기보다 계속해서 공부하고 연구하는 환경을 찾아가게 된다.[16] 이러한 환경은 다시 내향인의 특성이 빛을 발하게 만든다. 마침내 그 분야의 성공한 사람으로 자리 잡는다.

미국의 뛰어난 학생 모임인 파이 베타 카파에 내향인이 많은 것[17]도 이러한 결과일 것이다. "파이(Φ) 베타(B) 카파(K): 배움에 대한 열정이 인생의 안내자가 된다." 그리스어 문장 Φιλοσοφία Βίου Κυβερνήτης의 앞 글자만 딴 줄임말이다. 내향인이 다수를 차지하는 모임답지 않은가? 미시건 대학교 제리 밀러는 대학에 내향인이 많다고 말한다. 연구하고 정보를 파악하고 분석하는 곳이기 때문이다. 내향인은 서적과 논문을 읽고 때로는 실험을 하면서 아이디어를 발전시킨다.[18] 탐구와 열정으로 배움에 진심인 사람들이다. 이러한 내향인의 특성은 계속해서 스스로를 업그레이드한다.

---

16 수전 케인, (2013), *콰이어트: 시끄러운 세상에서 조용히 세상을 움직이는 힘*[Quiet: The Power of Introverts in a World That Can't Stop Talking], (김우열, 역), 알에이치코리아, pp.175-176 참고

17 수전 케인, (2013), *콰이어트: 시끄러운 세상에서 조용히 세상을 움직이는 힘*[Quiet: The Power of Introverts in a World That Can't Stop Talking], (김우열, 역), 알에이치코리아, p.258 참고

18 수전 케인, (2013), *콰이어트: 시끄러운 세상에서 조용히 세상을 움직이는 힘*[Quiet: The Power of Introverts in a World That Can't Stop Talking], (김우열, 역), 알에이치코리아, p.176 참고

독서는 정보의 원천

내향인의 뛰어난 학습력의 배경에는 독서가 있다. 내향인은 사람들과의 만남에서 정보를 수집하지 않는다. 그보다는 텍스트를 통해서 차분하게 학습한다. 걸러지지 않은 말보다 독서를 통해 정보를 얻는 것이다. 대부분은 직접적인 경험이나 사람의 말을 통해 배우는 것도 중요하다고 말한다. 그러나 모든 것을 부딪치며 배우기에는 인간의 삶은 유한하다. 비효율적이다. 사람들은 의미 없이 머릿속에 떠오르는 모든 것을 내뱉는 경우도 많다. 책은 작가의 생각을 정제된 언어와 구조로 제시한다. 내향인은 책을 통해 더 넓고 깊게 바라볼 수 있게 된다. 알렉산드리아 도서관에 소장된 50만 본의 책을 다 읽는다고 생각해 보자.

내향인에게 자산의 원천인 책은 아무리 읽어도 부족하다. 워런 버핏과 빌 게이츠의 책 사랑만 보아도 그러하다. 그들은 책 속에서 길을 찾았다고 말한다. 내향인은 책 속 인물과 정보들을 통해 세상을 향한 감각을 나름의 방법으로 체득한다. 빌 게이츠의 사례를 보자. 그는 하나의 주제에 대해 관련된 전문 서적을 적어도 5권 이상 읽는다고 한다. 바쁜 와중에도 반드시 1년에 2번 독서하는 시간을 갖는다. 마이크로소프트의 초창기 시절, 1980년대부터 생각주간(외부와 차단된 채 오로지 독서하는 시간)을 보냈다. 논문, 기사, 책 등 다양한 텍스트로 자신을 충전했다.

인사이드 빌 게이츠 다큐멘터리에서 그의 지인들은 빌 게이츠처럼 많이 아는 이를 알지 못한다고 말한다.[19] 일레인 아론 박사에 따르면 내향인은 심리학자들이 '의미 기억'이라고 부르는 기억에 뛰어나다.[20] 의미 기억이란 장기 기억의 일종이다. 개인의 주관적 경험에 대한 기억이 아니라 지식에 관련된 기억이다. 예를 들어 이론과 법칙, 문제 해결 전략, 동물 이름, 물건의 기능 등에 관한 것이다. 즉, 내향인은 머릿속에 다양한 지식이 들어있는 사람이다. 흔히 말하는 걸어 다니는 백과사전인 셈이다.

사람들은 흔히 경제적으로 여유가 있어 교양과 지식을 쌓는 데에 시간을 쏟는다고 생각한다. 실제로는 여유롭지 못해도 독서와 공연 관람 등 문화적 활동을 추구한다. 교양을 쌓는 것을 중요시한다. 반면에 사회경제적으로 풍요로워도 문화적 소양에 관심 없는 사람도 있다. 이는 BIG 5 모델 중 개방성 수치와 관련 있다. 연구자들 사이에서 개방성은 지적 자극을 추구하는 성격 특성으로 여겨진다. 언어 및 지식 기반 지능, 학력과 관련이 있다. 언어, 지식 기능은 전두엽과 관련된다.[21]

19 데이비스 구겐하임(Director), (2019), *인사이드 빌 게이츠*(원제: Insede Bill's Brain: Decoding Bill Gates)[다큐멘터리], Netflix 참고.

20 일레인 N. 아론, (2017), *타인보다 더 민감한 사람: 내 안의 잠재력을 깨우는 자기 발견의 심리학*[The Highly Sensitive Person], (노혜숙, 역), 웅진지식하우스, p.43 참고.

21 McCrae, R. R. & Costa, P. T., (1997), Conceptions and correlates of Openness to Experience, In R. Hogan, J. Johnson, & S. Briggs (Eds.), *Handbook of Personality Psychology*, San Diego: Academic Pres, 826-48 참고.

Kraaykamp, G. & Ejick, K. van, (2005), Personality, media preferences, and cultural

이러한 전두엽으로 많은 혈류를 보내는 사람은(혈류량이 많다는 것은 그 부분이 활성화 된다는 것이다) 바로 내향인이다.

고로 내향인은 책으로 고상한 척하는 것이 아니다. 타고난 뇌가 지식을 사랑하며 자연스럽게 책을 찾아간다. 그리고 책을 통해 세상을 바라본다. 책을 통해 내면을 다지고 다양한 정보를 습득한다. 기자상을 받기도 한 유능한 매리엄 시먼은 지식의 중요성을 지적한다. 정보 분석력과 핵심을 가려내는 분별력 기르기에 필수적이기 때문이다.[22] 프랑스의 황제 나폴레옹을 보면 잘 알 수 있다. 그는 항상 독서를 하며 기회를 포착하려 힘썼다고 한다. 나폴레옹의 학문적 능력을 지켜보던 상관은 그에게 중요한 일을 맡겼다.[23] 나폴레옹이 두각을 나타내는 발판이 된 것이다.

겸손과 과잉 학습이 내향인의 원동력

수많은 지식을 가진 내향인이라도 겉으로는 쉽사리 드러나지 않는

participation, *Personnality and Individual Differences 38*, 1675-88 참고.

DeYoung, C. G. et al., (2005), Sources of Openness/Intellect: Cognitive and neuropsychological correlates of the fifth factor of personality, *Journal of Personality 73*, 825-58 참고.

22 그렉 맥커운, (2014), *에센셜리즘: 본질에 집중하는 힘*[Essentialism: The Disciplined Pursuit of Less], (김원호, 역), 알에이치코리아, pp.104-105 참고.

23 탄원페이, (2020), *당신이 절대 버리지 말아야 할 것: 남다른 성공을 만드는 '내성적인 사람들'의 경쟁력*, (하은지, 역), 국일미디어, p.135 참고.

다. 대부분의 정보가 장기 기억 속에 저장되기 때문이다. 간혹 쉴 때도 막연하게 느끼는 내향인이 많다. 좋아하는 활동이나 잘하는 일을 쉽게 떠올리지 못하는 경우도 흔하다. 그래서 내향인은 더 많은 정보를 얻으려고 노력한다. 머릿속이 텅 비어 있다고 느끼는 것이다. 내향인은 민감하고 섬세하다. 만일 주변 환경에서 사람들 간 갈등이 존재한다면 이러한 현상이 심해진다. 스트레스를 처리하는 일에 에너지가 소모되어 버린다. 하려던 말조차 떠오르지 않게 된다. 이러한 경험을 몇 번 겪으면 머릿속이 비어 있는 듯한 순간을 방지하려 더욱 열심히 학습하고 머리를 채운다.

그럼에도 내향인은 잘 안다고 확신하기 전에 먼저 이야기를 하지 않는다. 여기서 잘 안다는 것은 내향인 기준이다. 내향인은 무엇이든 그에 대해 전반적으로 100% 알고 있어야 제대로 안다고 생각한다. 이유와 배경, 모든 맥락과 정보를 파악하여 거미줄처럼 엮어 파악한다. 스스로에 대한 기준이 엄격하다. 결국 자신이 얼마나 많이 알고 있는지 파악하지 못하는 경우가 대부분이다. 어떤 주제에 대해 질문을 받거나 이야기를 나누기 전까지 말이다. 해수 밑에 숨겨진 거대한 빙산처럼 직접 마주하기 전까지 보이지 않는 것과 같다. 자연스럽게 몸에 배어 있는 겸손은 내향인을 다시 또 깊이 연구하고 탐구하도록 만든다.

이러한 특성은 코넬 대학교의 저스틴 크루거와 데이비드 더닝 교수의 연구에서 잘 나타난다. 두 사람은 학생들의 언어 능력 테스트, 논리적 판단 테스트, 유머 소질 테스트를 실시했다. 세 가지 주요한 점에 그들은 주목했다. 첫째, 높은 점수를 기록할수록 자신을 과소평가하는 경향이 있다. 둘째, 낮은 점수를 받은 사람은 다른 사람들이 자신보다 낫다는 것을 몰랐다. 그들은 심지어 다른 사람들과 비슷하다고 생각했다. 셋째, 공부하고 학습할수록 자신을 알게 될수록 자신을 낮춘다.[24] 아는 것이 많아도 잘 모른다고 생각하는 내향인이 이에 해당하는 것이다.

내향인은 끊임없이 배우고 탐구하는 것이 너무나 당연하다. '이만하면 다 되었다'고 느끼지 않는다. 그래서 어떤 주제에 대해 먼저 이야기하지 않는다. 자연히 자신이 얼마나 많이 아는지 모른다. 다시 계속해서 더 공부한다. 수면 아래로 많은 지식을 쌓아간다. 이렇게 다소 과잉되지만 끝없는 학습을 통해서 자산을 만들어 나가는 것이다. 과잉 학습은 망각을 방지하기 위해 필요 이상으로 학습하는 것을 말한다. 세계적인 테너 루치아노 파바로티를 보자. 그는 60세가 넘어 수많은 경력에도 불구하고 언제나 첫 연습은 '아' 발성을 반복한다. 세계적인 피아니스트들은 악보를 보지 않고도 완벽할 수 있게 연습한다. 결코 '이제는 괜찮겠지'라고 생각하지 않는다. 내향인이 이와 같다.

---

24 마티아스 뇔케, (2017), *조용히 이기는 사람들: 나서지 않지만 강한 사람들의 태도*[Understatement: Vom Vergnugen unterschatzt zu werden], (이미옥, 역), 위즈덤하우스, pp.110-111 참고

내향인의 학습력은 자신조차도 깨닫지 못할 정도로 놀라운 힘이다. 배움에 대한 열정은 분야를 가리지 않는다. 배움을 통해 자신을 발전시킨다. 이러한 학습의 바탕에는 책이 있다. 텍스트를 통해 정보를 수집한다. 전두엽 활성도가 높은 내향인은 지적 자극을 필요로 한다. 즉, 내향인에게 책은 아무리 읽어도 부족하기 마련이다. 책을 통해 세상을 보는 눈과 본질을 가려내는 힘을 얻는다. 내향인은 잘 알지 못하면 드러내지 않고, 결과적으로 자신이 얼마나 많이 아는지 모른다. 모른다고 생각해서 또 배우고 과잉 학습까지 하게 된다. 겸손과 과잉 학습을 통해 조용히 자산을 쌓아 세상을 놀라게 한다.

직관력, 척 보면
그냥 다 안다

'척 보면 이거잖아?' 친구들의 어떻게 알았냐는 물음에 내가 으레 하던 대답이다. 내향인의 눈에는 핵심이 명확하게 보인다. 직관적으로 아는 것이다. 직관은 순간적으로 현상 전체를 파악하는 것을 뜻한다. 본능적으로 상황을 이해하는 능력으로, 예를 들어 어떠한 제안을 거절할지 받아들일지 바로 그 자리에서 판단하곤 한다. 처음 만난 사람과 몇 마디 말을 통해 그 사람이 어떤 사람인지도 금방 알아차린다. 앞서 살펴본 고독의 시간과 학습력은 이러한 직관력을 더 높인다. 이번 주제에서는 내향인의 직관력을 살펴보자.

유레카와 같은 순간들

내향인의 직관력은 한마디로 '유레카(깨달았다)'라고 할 수 있다. 유레카는 고대 그리스 학자 아르키메데스의 유명한 일화에서 유래했다. 어느 날 그는 왕관을 부수지 않고도 순금임을 알아내라는 명령을 받았다. 고민하다가 잠시 머리를 식히고자 목욕을 하러 탕에 들어갔다. 순간 물이 넘치는 것을 보고 문득 방법을 발견하였고 유레카를 외치며 뛰어다녔다. 그는 순간적으로 물체의 부력(물에 뜨는 힘)과 무게의 관계 등 모든 원리를 깨달았다. 내향인들도 이렇게 '그냥 아는' 순간이 많이 있다.

뉴턴도 떨어지는 사과를 보고 물체 간에는 서로 끌어당기는 힘이 있을 것이라 떠올린 것이다. 직관은 긴 시간 동안 관찰하고 축적된 경험 등을 통합해 분석한 것이 바탕이 된다. 보통의 생각하는 과정을 거친다.[25] 하지만 그 과정을 인식하지 못한 채 이해 단계에 도달하는 것이다.[26] 그래서 대개는 순간적으로 떠올랐다고 느낀다.[27] 직관은 높은 차원의 인식 능력이라고 여겨진다.[28]

직감 혹은 육감이라고 이야기되지만 조금 다르다. 직감과 육감은

---

25 린 A. 로빈슨, (2010), *직관이 답이다: 꿈을 명백한 현실로 바꾸어주는 직관의 힘*, (방영호, 역), 다음생각, pp.17-18 참고

26 린 A. 로빈슨, (2010), *직관이 답이다: 꿈을 명백한 현실로 바꾸어주는 직관의 힘*, (방영호, 역), 다음생각, p.20 참고

27 린 A. 로빈슨, (2010), *직관이 답이다: 꿈을 명백한 현실로 바꾸어주는 직관의 힘*, (방영호, 역), 다음생각, p.30 참고

28 린 A. 로빈슨, (2010), *직관이 답이다: 꿈을 명백한 현실로 바꾸어주는 직관의 힘*, (방영호, 역), 다음생각, p.16참고

오감을 바탕으로 한다.[29] 직관은 문제를 풀 때 바로 어떻게 풀어야 하는지 아는 것과 같다. 직감은 느낌을 따라 답을 찍는 것이다. 앞서 1장과 2장에서 살펴본 바와 같이 내향인은 혼자서 오래 생각하는 시간이 많다. 뛰어난 학습력도 지니고 있다. 게다가 섬세한 관찰력과 깊이 파고드는 분석력도 지니고 있다. 따라서 직관에 상대적으로 뛰어나다. 3장에서 살펴본 MBTI 16개 유형 중 INTJ는 유달리 직관이 발달한 유형이기도 하다. 한 가지 지식에 몰입하면 관련된 모든 것을 분석하는 타입이기 때문이다.

《낯가림이 무기다》의 저자 다가시마 미사토는 이러한 직관을 일명 낯가림 센서라고 부른다. 그에 따르면 억지로 하려고 하지 않아도 자연스럽게 주위를 파악할 수 있다. 사람들의 됨됨이, 관계 등을 단번에 꿰뚫어 보는 것이다.[30] '부처님 손바닥 안'이라는 말처럼. 척 보면 알기 때문에 간혹 알 필요도 없는 것을 자연스레 알게 된다. 때문에 내향인의 뇌는 과부하가 쉽게 오고 피로감과 스트레스를 금방 느끼기도 한다. 그렇지만 이러한 직관력은 이상한 조짐이나 위험을 단번에 알아보는 눈을 준다. 악의를 피하여 갈등과 마찰 상황을 마주치지 않게 한다. 내향인이 에너지를 보존하게 해 준다.

---

29 우치다 카즈나리, (2020), *직감이 무기가 된다*, (이정환, 역), 한빛비즈, pp.5-6 참고
　　카렌 살만손, (2011), *위대한 직감: 24시간을 이기는 1분*, (홍선영, 역), 예문, pp.22-23 참고
30 다카시마 미사토, (2015), *낯가림이 무기다: 소리 없이 강한 사람들*, (정혜지, 역), 흐름출판, pp.36-38 참고

사물을 꿰뚫어 보는 힘

내향인의 꿰뚫어 보는 힘은 보통 통찰력으로 이해되기도 한다. 통찰력은 사물이나 현상의 본질을 파악하고 미래를 예측하는 능력을 말한다. '빅 피처'를 보는 눈이다. 심리학자 마틴 셀리그만이 제시한 성격 강점 중 하나다. 내향인은 뛰어난 통찰력을 지니고 있는데, 왓슨-글레이저 비판적 사고 평가(Watson-Glaser critical thinking appraisal)가 반증한다. 왓슨-글레이저 평가는 기업이 고용과 승진 등에 주로 이용하는 평가법이다. 외향인보다 내향인이 높은 점수를 기록한다고 하며 내향인이 통찰력 관련 문제를 해결하는 데 뛰어났다고 한다.[31] 문제를 기존과 다른 방식으로 보며 결과를 내기 위해 어떤 것을 해야 하는지 아는 것이다.

기존의 것을 바탕으로 새로운 시각으로 보려면 광범위한 연상 작용이 가능해야 한다. 광범위한 연상은 뇌에서 분리된 의미 영역과 의미 처리 영역이 원활히 상호 작용해야 가능하다. 이는 높은 개방성 수치와 연관된다.[32] 높은 개방성 수치는 언어 및 지식 기반 지능 등 전두엽 활성화와 관련이 있다. 그러므로 내향인은 자연스럽게 문제 해결 능력

---

31 Moutafi, J. et al., (2003), Demographic and Personality Predictors of Intelligence: A Study Using the NEO Personality Inventory and the Myers-Briggs Type Indicator, *European Journal of Personality 17*(1), 79-84 참고.

32 대니얼 네틀, (2009), *성격의 탄생: 뇌과학, 진화심리학이 들려주는 성격의 모든 것* [Personality], (김상우, 역), 와이즈북, pp.218-219 참고.

에서 뛰어날 가능성이 높은 셈이다.

내향인은 문제를 마주하며 현재 무엇이 문제인지, 뭐가 필요한지 모두 알고 있다. 갈등의 핵심이 무엇인지, 자기 자신에 대해서 무엇을 원하는지 방향성을 잘 파악하고 있다. 그래서 놀라운 해결책을 내놓는 것이다. 다만 능력을 발휘하기 전 머릿속으로 큰 그림을 그리는 특유의 모습은 때때로 이해받지 못한다. 아무것도 하지 않는 것처럼 보이기 때문이다. 그러나 사물의 본질을 꿰뚫어 보는 힘은 분명한 내향인의 강점이다.

어떠한 상황이나 사물을 다각도로 돌려 보고 분해하며 숙고한다. 훌륭한 결과물을 만들어 낸다. 넓은 시야를 통해 본질과 곁가지를 구분하고 핵심을 겨냥한다. 따라서 불필요한 곳에 에너지를 낭비하지 않아도 된다. 어떤 상황에 놓여도 길을 잃지 않을 수 있다. 문제 해결뿐 아니라 더 나아가 체계를 재구성한다. 나름의 아이디어와 이론을 창조할 수 있는 바탕이 되기도 한다. 아인슈타인을 보면 알 수 있다. 내향인의 통찰은 학습력을 더욱 높여 준다. 학습력은 다시 통찰력을 강화한다. 보통은 몇 시간 며칠에 걸려 이해할 내용을 내향인은 단숨에 이해하는 것도 이러한 강점이 있기 때문이다.

뛰어난 예측력

마이크로소프트의 빌 게이츠는 깊은 통찰력과 판단력으로 유명하다. 그는 과학 기술에 대한 높은 이해와 자원 운용 능력으로 회사를 발전시켰다. 뛰어난 예측력으로 마이크로소프트가 가야 할 방향성을 구상했다. 가히 놀라울 정도다. 1995년에 출간된 《미래로 가는 길》을 살펴보자. 빌 게이츠가 바라본 미래가 아주 구체적으로 나타나 있다. 언젠가 가까운 미래에는 자신의 책상과 의자에서 모든 게 가능한 시대가 올 것임을 예측했다. 원격으로 비즈니스가 가능하고 전 세계 문화를 체험할 수 있을 것이라 보았다. 지금 있는 그 자리에서 쇼핑을 하는 날이 곧 온다고 했다. 멀리 사는 친척에게 사진도 보내는 시대도 예견했다.[33]

빌 게이츠의 예상은 이미 전부 현실이 되었다. 우리는 이제 대면하지 않고 줌으로 회의를 한다. 온라인으로 프랑스 루브르 박물관을 관람할 수 있다. 지하철 안에서 온라인 쇼핑을 하기도 한다. 메신저와 SNS로 사진을 공유할 수 있다. 자기 분야에서 성공한 내향인들은 이와 같은 뛰어난 예측력이 있다. 그 분야의 세밀한 점까지 정확히 꿰뚫어 보기 때문이다. 아주 미세한 변화와 트렌드를 파악하고 그에 대한 전략을 세운다. 그동안의 전문 지식과 새로운 정보를 종합하고 분석한

---

33 빌 게이츠, (1995), *미래로 가는 길*[The Road Ahead], (이규행, 역), 삼성, p.23 참고

다. 분야에서 자신이 가야 할 목표를 정확히 내다본다.

 높은 민감성을 가진 내향인은 세부적인 면을 더 잘 감지하는 경향이 있다. 특히 위험과 불안 요소를 예측하는 것에 뛰어나다. 직관적으로 위험한 일임을 파악하는 것이다. 그래서 다른 사람들은 생각지도 못한 것까지 철저하게 대책을 세우기도 한다. 내향인의 예측력은 위기 상황에서도 강력하다. 오히려 앞을 내다보고 전략적으로 생각하는 능력이 있다. 외부에 존재하는 여러 요소를 이해하고 그들의 상관관계를 분석한다. 그리고 그 요소들을 논리적으로 연결할 수 있다. 이를 통해 어떤 하나가 어떤 결과를 가져올지 알 수 있다.

 즉, 내향인은 나비 효과(초기치 민감성)에 대해 잘 알고 있다. 나비 효과는 나비 한 마리의 날갯짓이 지구 반대편의 태풍을 유발한다는 의미이다. 맨 처음의 작은 원인이 큰 결과를 불러올 수 있음을 말한다. 기상학자 로렌츠의 연구로 알려진 개념이다. 초깃값 0.506127 대신 0.506을 입력하니 전혀 다른 기후 패턴이 나왔다. 미미한 소수점 변화가 큰 기후 변화를 초래한 것이다. 내향인은 세상을 바라볼 때 이러한 효과를 예상한다. 모든 일이 연관될 수 있음을 염두에 둔다. 그래서 뛰어난 예측력을 발휘하여 성공할 수 있다.

 내향인은 내면에 축적된 지식과 이론, 다양한 정보를 바탕으로 사고한다. 이러한 사고 과정을때로는 인식하지 못하고 이해에 도달한다.

직관으로 '그냥 아는' 것 같은 순간이 존재하는 것이다. 이러한 직관은 통찰력과도 연결이 되는데, 통찰력은 본질을 파악하고 미래를 예측하는 능력이다. 문제 해결 능력에서 내향인은 새로운 시각과 아이디어를 보여 준다. 사물을 꿰뚫어 보고 순간적으로 이해하는 힘은 놀라운 예측력을 부여한다. 자기 분야의 변화를 파악하고 대책을 세워 목표로 나아간다. 미세한 요소가 어떤 변화를 불러올지 충분히 예상하여 대비하고 성공한다.

집중력, 특유의 몰입도로
최고의 성과를 낸다

무언가 뚱한 표정, 불러도 듣지 못하는 내향인이 있다면 그건 바로 집중하고 있기 때문이다. 내향인은 하나에 몰두하면 쉽사리 움직이지 않는다. 최근 내향인의 이러한 집중력은 귀한 자질이 된다. 사람의 평균 집중력이 8초대로 변했기 때문이다. 《조용히 이기는 사람들》에 소개된 〈인간이 집중하는 시간이 금붕어보다 짧다〉는 연구를 보자. 지난 10년간 평균 집중 시간은 12초에서 8초로 줄어들었다. 금붕어의 집중력은 9초라고 한다.[34] 빠르게 변화하는 세상에서 사람들은 8초도 길게 느끼는 것이다. 그러나 어떠한 성과를 내기 위해서는 이보다 훨씬 긴 시간의 집중력이 필요하다. 내향인의 강점인 집중력에 대해 알아보자.

---

34 마티아스 뇔케, (2017), 조용히 이기는 사람들: 나서지 않지만 강한 사람들의 태도[Understatement: Vom Vergnugen unterschatzt zu werden], (이미옥, 역), 위즈덤하우스, p.29 참고

No 멀티태스킹 Do 모노태스킹

연구에 따르면 사람의 뇌는 두 가지 이상의 일을 동시에 하지 못한다. 멀티태스킹은 없다는 것이다. 멀티태스킹이라고 생각되었던 것들은 실제로는 여러 가지를 왔다 갔다 하는 것일 뿐이다. 모노태스킹(mono 한 개+tasking 일)을 여러 개 놓고 번갈아 하는 것인 셈이다. 이렇게 번갈아 일하게 되면 오히려 생산성은 떨어진다. 실수할 확률은 50%로 높아진다고 한다.[35] 멀티태스킹은 존재하지 않으며 환상에 불과하다. 한 번에 한 가지 일을 집중하여 끝내고 다음 일로 순차적으로 넘어가는 것이 효과적이다.

사람들 대부분은 이러한 일을 매일 겪게 된다. 보고서를 작성하고 있다고 하자. 3 페이지 작성 중 전화벨이 울려 전화를 받는다. 다시 돌아와 쓰기 시작한다. 진행 중인 부분을 표시해 두었다고 해도 1 페이지부터의 작성 흐름이 끊기게 된다. 다시 검토 후 시작하는 와중에 다른 동료가 수다를 시작하거나 어떤 부탁을 한다고 하자. 다시 맥락이 끊기게 된다. 결국 보고서를 마무리할 때쯤이면 처음 의도했던 바와 다른 결과물이 나올 확률이 높아지는 것이다. 1 페이지의 내용과 마무리 내용이 연결되지 않을 가능성도 있다.

---

35 존 메디나, (2009), *브레인 룰스: 의식의 등장에서 생각의 실험까지*[Brain Rules: 12 Principles for Surviving and Thriving at Work, Home, and School], (정재승, 감수), 프런티어 참고

여러 일을 오가면 당연히 번잡하며 시간이 촉박한 경우 실수할 확률은 더욱 높아지기 마련이다. 내향인은 여러 개의 업무가 주어져도 한 번에 하나씩 순차적으로 일하는 방식을 유지한다. 일명 멀티태스킹이라고 하는 것이 효율적이지 않음을 진즉에 알고 있기 때문이다. 집중이 끊기는 것은 물론 이쪽저쪽 옮겨 다니면 하나에 쏟는 집중의 질이 떨어짐을 바로 안다. 또한 내향인의 뇌는 몰두할 때 흐르는 혈류 경로가 길고 복잡하다. 다른 것으로 초점을 옮기기도 쉽지 않다. 그러므로 일을 여러 개 벌이지 않는다. 일단 시작하면 끝까지 먼저 마무리를 짓는다. 하나에 집중하여 모노태스킹으로 일의 완성도를 높이는 것이다.

강력한 집중의 힘, 몰입

내향인은 방해받지 않고 깊게 집중하는 것을 선호한다. 그 일이 예술 작품을 만드는 것이든 계산과 논리 추론이든 상관없다. 완전히 몰두할 수 있기를 바란다. 단, 내향인이 말하는 집중은 단순히 관심을 가진다는 의미가 아니다. 무언가의 가능성을 살피고 계속 고민해 보는 것을 의미한다. 리처드 웨스트폴 박사가 소개한 뉴턴의 일화를 보자. 사람들이 어느 날 뉴턴에게 만유인력의 법칙에 대해 물었다. 뉴턴은 사람들의 물음에 계속해서 집중했다고 대답한다.[36] 한 가지에 몰두하

---

36 Westfall, R., (1980), *Never at Rest : A Biography of Isaac Newton*, Cambridge University Press 참고.

여 계속 혼자 고민하고 연구하면서 우주의 법칙을 찾아낸 것이다.

시간을 들여 고도로 집중하면 몰입에 도달할 수 있다. 몰입은 심리학자 칙센트 미하이칙센트가 제시한 개념으로 '플로(flow)'라고 부른다. 미하이칙센트 교수에 따르면 내향인은 집중력이 강하기 때문에 플로 상태에 들어가기 쉽다고 말한다.[37] 플로에 들어가면 지루함을 느끼지 않는다. 모르는 사이 몇 시간이고 지나가기도 한다. 불안도 느끼지 않는다. 계속해서 과제를 수행하는 것이 가능하고 며칠씩 쉬지 않아도 할 수 있다. 지진이 일어나도 모를 만큼 집중하게 된다. 완전히 몰두할 때 도달하는 상태다. 집중력이 강한 내향인은 언제든지 몰입에 이를 수 있는 이상적인 성향을 지닌 셈이다.

내향인은 집중할 때 아세틸콜린이 분비된다. 아세틸콜린은 부교감 신경계에 에너지를 보존하라는 메시지를 보낸다. 부교감 신경계를 통해 몸은 이완되어 편안해진다. 내향인이 더욱 파고들어 집중할 수 있는 환경이 된다. 결과적으로 장시간 앉아서 몰입할 수 있다. 이러한 몰입이 재능과 결합되면 내향인은 성공하여 최고 자리에 올라가기도 한다. 타이거 우즈, 마이클 조던이 그러한 사람들이다. 이들은 자기 일에 철저하게 집중하는 사람들이다. 또한 내향인의 집중력은 깊이 있는 사고를 촉진한다. 그래서 연구 분야에서 전문성을 발휘하는 사람도 많이

---

37 소피아 뎀블링, (2013), 나는 내성적인 사람입니다: 관계 중독 세상에서 나만의 생활방식을 지키며 조용하게 사는 법[The Introvert's Way], (이순영, 역), 책읽는수요일, p.100 참고

있다.

중요한 포인트에만 집중한다

내향인은 보통 한 분야에 몰두하여 놀라운 성과를 이뤄낸다. 물리학계의 아인슈타인, 예술계의 반 고흐 등이 그러하다. 모두 자기 분야에서 세상을 놀라게 했다. 다른 것에 주의를 빼앗기지 않고 한 우물에 집중하여 결과물을 만들어 낸 것이다. 다큐멘터리 〈워런 버핏이 된다는 것〉에서 소개한 성공을 위한 요소가 무엇인지 아는가? 바로 '집중'이다. 워런 버핏의 삶은 매우 단순하고 소박하다. 자신이 좋아하는 일 외에는 관심을 가지지 않는다. 시간을 귀하게 여기고 좋아하지 않는 것이나 못하는 것에 마음 쓰지 않는다. 그는 투자 수익을 올리는 것과 독서에 집중한다. 모든 에너지를 쏟는다.[38]

집중할 대상을 명확히 하는 것은 중요하다. 에너지의 낭비를 줄인다(내향인에게 특히 중요한 부분이다). 노력을 효과적으로 한곳에 쏟을 수 있다. 동종 업계에서 우수한 실적을 보여 주는 회사를 보자. 대표가 미디어에 나오지 않고 업무에 몰두한다. 히든 챔피언들이다. 경영학자 헤르만 지몬은 알려지지 않았지만 세계 시장 점유율이 1~3위인 기업에 주목했다. 이들은 기업의 집중력을 중시한다. 소수의 전문

---

38 피터 쿤하르트(감독), (2017), 워런 버핏이 된다는 것[다큐멘터리] (원제: Becoming Warren Buffet), HBO Documentary Films 참고.

화된 제품 생산 집중한다. 이렇듯 효과적인 어떠한 결과를 내기 위해서는 집중이 필요하다.

그럼에도 여전히 멀티태스킹에 매료되거나 집중할 대상을 선택하는 것을 망설이는 이유는 전부 다 가지고 싶기 때문이다. 이 이면에는 크게 두 가지가 있다. 매몰 비용 편향 효과와 소유 효과가 그것이다. 매몰 비용은 선택을 돌리더라도 회수할 수 없는 비용이다. 매몰 비용 편향 효과는 이러한 회수할 수 없는 비용에 집착하는 것이다. 계속하면 손해임을 알아도 이미 투자한 시간, 돈, 노력 때문에 지속한다. 회수할 수 없는 비용을 회수할 수 있다는 환상에 빠진다. '지금까지 쓴게 얼만데 반드시'라는 생각인 셈이다. 앞으로의 기대 상황과 회수할 수 없는 비용 둘 다 가지고 싶은 마음이다.

소유 효과는 이미 자신이 갖고 있는 것에 큰 가치를 매기는 경향이다. 경제학자 대니얼 카너먼은 커피잔 실험을 했다. 절반에게는 커피잔을 주고, 나머지 절반에게는 주지 않았다. 커피잔을 가진 그룹에 얼마에 팔겠냐고 하자 최소 5.25달러를 제시했다. 가지지 않은 그룹에 묻자 최대 2.75달러에 불과했다. 자신의 소유물에 필요 이상의 가치를 매기는 것이다.[39] 이는 자신이 맡은 업무나 일에 대해서도 마찬가지다.

---

39 Kahneman, D. et al., (1991), Anomalies: The Endowment Effect, Loss Aversion, and Status Quo Bias, *Journal of Economic Perspective* 5(1), 193-206, http://users.tricity.wsu.edu/~achaudh/kahnemanetal.pdf 참고.

그것이 중요하지 않고 자신에게 도움이 되지 않아도 미련을 버리지 못하는 것이다.

하던 것을 계속하려는 심리를 경계하고 이미 돌이킬 수 없는 것에 대해 냉정해야 한다. 그래야 자신의 소중한 자원인 시간과 노력을 제대로 쓸 수 있다. 우선순위는 내향인의 강점인 몰입을 강화한다. 분명한 목표를 향해 나아가게 해 준다. 그리고 그러한 결과는 성공적인 삶을 살 가능성을 높여 준다.

멀티태스킹은 존재하지 않으며 모노태스킹을 여러 개 번갈아 하는 것에 불과하다. 내향인은 특유의 집중력을 발휘하여 모노태스킹을 통해 성과를 만들어 낸다. 집중은 하나에 몰두하여 깊이 들여다보는 것을 의미한다. 몰두하는 상태는 플로로 이어진다. 재능 있는 분야에 몰입하게 되면 내향인은 성공에 가까워진다. 성공한 내향인들은 특히 한 곳에 집중하여 놀라운 성과를 보여 준다. 노력 쏟을 곳을 명확히 한다. 다른 것에 주의를 빼앗기지 않는 것이다. 빠르게 돌아가는 일터에서 이러한 집중력은 매우 중요하게 작용한다.

대비력, 모든 경우의 수를
생각하고 준비한다

'5분이면 됩니다', '내일까지 가능해요.' 주변을 보면 무조건 받아들이고 보는 사람들이 있다. 언제나 최선의 상황만을 생각하고 돌진한다. 하지만 뜻밖의 상황은 언제나 존재한다. 문제가 발생하면 약속을 지킬 수 없는 상황이 된다. 밤을 새워도 결과물을 제출하지 못할 수 있다. 혹은 결과물이 불완전할 수 있다. 보완하느라 끝맺지 못하고 시간을 더 써야 하는 상황도 발생한다. 내향인은 방식은 이것과 다르다. 모든 변수를 생각하고 그를 처리하는 시간적 여유까지 생각한다. 완충장치를 마련해 둔다. 이번 주제에서는 내향인의 대비 능력을 살펴보자.

꼼꼼하게 준비한다

새로운 문제나 상황을 마주할 때 내향인은 살피고 미리 생각하는 전략을 취한다. 새로운 프로젝트를 맡게 되었을 때 예상할 수 있는 모든 상황을 떠올려 본다. 세세한 부분까지 검토하고 대비한다. 긍정적이든 부정적이든 모든 가능성을 따져 본다. 철저하게 파고든다. 언제나 사전에 충분한 준비를 하는 것이다. 내향인은 우연에 운명을 걸지 않는다. 꼼꼼하게 만일을 대비할 뿐이다. 이러한 준비성은 어떤 어려움이 닥치더라도 앞으로 나아갈 힘을 준다. 실수를 줄여 주고 적절한 순간에 능력을 충분히 발휘할 수 있는 발판이 되어 준다.

흔히 그때그때 대응하면 되고 준비 없이도 모든 문제를 해결할 수 있다고 생각한다. 실제로는 그렇지 않다. 예상했던 상황이 발생하여 대응하는 것과 예상 밖의 상황에 대처하는 것은 그 결과가 다르다. 결과의 질적인 면에서도 차이가 있다. 준비하고 안 하고의 차이는 티가 나기 마련이다. 만일 한 번도 들어본 적도 없는 산에 간다고 하자. 낮은 산 정도라면 별 탈 없이 다녀올 수 있다. 그러나 만일 험하고 비탈이 심하여 암벽 등반과 같다면 준비 없이 가는 것은 위험한 상황이 된다. 조난 당할 경우 즉흥적으로 대처하는 것은 불가능하다.

《상처받지 않고 일하는 법》의 저자 제니퍼 칸와일러는 성공한 내향인 리더들에게서 공통점을 발견했다. 모두 준비성이 철저하다는 것이었다. 이들은 꼼꼼한 준비를 통해 새로운 기회도 만들 수 있다고 지적한다.[40] 준비되었다는 것은 닥치는 대로 일하는 것이 아니다. 일을 체계적으로 완수할 수 있다는 것이다. 이는 시간적으로 정신적으로 여유를 제공한다. 주어진 일을 좀 더 면밀히 살필 수 기회를 제공한다. 따라서 완성도가 높은 결과물을 만들어 내고 자기 분야에서 성장할 수 있는 계기가 된다.

부정적 감정 시스템의 활성화

내향인의 철저한 대비는 위험과 안전에 민감하도록 타고났기 때문이다. 내향인은 자극과 도파민을 줄이려고 한다. 따라서 외향인이 추구하는 사교, 칭찬 등 긍정적 감정 시스템으로는 동기 부여 확률이 낮다. 《성격의 탄생》에 소개된 한 연구를 살펴보자. 연구팀은 사람들에게 안 좋았던 과거 경험을 적게 한 후 즐거운 영화를 보여 주었다. 관찰 결과 흥미로운 점을 발견했다. 외향인은 기분이 매우 좋아진 반면 내향인은 기분이 조금 나아진 것에 그쳤다.[41]

또 다른 MRI 촬영 실험을 보자. 이 실험에서는 부정적 감정 관련

---

40 제니퍼 칸와일러, (2015), *상처받지 않고 일하는 법: 내성적인 사람의 일하는 방식은 달라야 한다*[The Introverted Leader], (원은주, 역), 중앙북스, p.54 참고

41 Larsen, R. J. & Ketelaar, T., (1991), Personality and susceptibility to positive and negative affective states, *Journal of Personality and Social Psychology 61*, 132-40 참고

Gross, J. J. et al., (1998), Relations between affect and personality: Support for the affect-level and affective-reactivity views, *Personality and Social Psychology Bulletin 24*, 279-88 참고

영상을 보여 준다. 그리고 긍정적 감정 관련 영상을 보여 주었다. 이후 혈액 신호와 뇌 영역을 살펴보았다. 외향인의 경우 긍정적 영상을 보았을 때 외향성과 관련된 영역이 활성화되었다. 내향인의 경우 효과는 미미했다. 내향인은 오히려 부정적 영상을 보았을 때 안전이나 불안과 관련된 뇌 영역이 활성화되었다. 여기서 부정적 감정은 걱정, 슬픔, 공포 등이다.[42] 즉, 내향인은 안전과 편안함 등에 신경 쓰도록 특화된 것이다. 잠재적 위험을 경계하고 혹시 모를 문제를 찾아내는 것은 당연한 일인 셈이다. 이러한 특성은 예상치 못한 어려움에 빠져도 현명하게 대처하도록 해 준다. 더 나아가 내향인을 성공으로 이끈다.

심리학자 가브리엘 외팅겐에 따르면 주의하고 조심하는 사람들이 목표에 근접한다고 한다. 현실에는 목표를 달성하는 데에 수많은 방해 요소가 있다는 것을 정확히 안다는 것이다. 실패를 걱정하고 그 걱정 때문에 대비하고 노력한다. 낙관적 전망은 순간의 기분은 좋게 한다. 하지만 전체적으로는 도움이 되지 않는다. 노력의 필요를 느끼지 못하기 때문이다.[43] 스티븐 하이네 교수는 캐나다와 일본인을 대상으로 과제 수행 과정을 관찰했다. 창의력 점수가 낮다고 했을 때 일본인은 더 열심히 과제를 수행했다. 점수가 좋지 않다는 부정적 피드백에 대해서

---

42 Canil, T., (2004), Functional brain mapping of Extraversion and Neuroticism: Learning from individual differences in emotion processing, *Journal of Personlity 72*, 1105-31 참고.

43 마티아스 뇔케, (2017), *조용히 이기는 사람들: 나서지 않지만 강한 사람들의 태도*[Understatement: Vom Vergnugen unterschatzt zu werden], (이미옥, 역), p.48 참고.

더 향상되어야 할 필요를 느껴 노력한 것이다.[44]

위험 회피 전략-리스크를 고려한다

내향인은 자연히 무슨 일이든 안전 확보를 우선시한다. 일단 해 보는 것은 내향인 사전에 없다. 목표 달성에서 눈에 보이는 리스크는 물론 잠재된 리스크도 고려하여 대비한다. 보통 사람들은 계획을 세우고 목표를 정할 때 지나치게 낙관적으로 보는 경향이 있다. 다른 결과를 생각하지 않는다고 한다. 그러나 어떤 일에 대한 준비라는 것은 단순히 필요한 것을 챙기는 것이 아니다. 위험을 예측하고 대비하는 것도 포함된다. 점점 복잡해지는 사회에서 성공하려면 이는 더욱 필수적이다.

2008년 금융 위기에도 건재한 바우포스트 그룹이 이러한 점을 잘 보여 준다. 그룹 대표 세스 클라먼은 위험을 회피하는 전략으로 높은 성과를 올렸다. 당시 대부분의 투자자가 헤지펀드에서 손을 뗄 때 그는 그룹 자산을 220억 달러까지 높였다. 거의 두 배를 기록한 것이다. 클라먼은 FUD에 기반한 투자가 성과를 불러 왔다고 말한다. FUD는 fear(공포), uncertainty(불확실성), doubt(의심) 세 가지를 말한다. 그

---

44 리처드 니스벳, (2004), 생각의 지도: 동양과 서양, 세상을 바라보는 서로 다른 시선[The Geography of Thought: How Asians and Westerners Think Differently...and Why], (최인철, 역), 김영사, pp.59-60 참고.

는 투자에서 나중에 후회하는 것보다 미리 걱정하고 대비하는 것이 좋다고 말했다.[45]

이글캐피털 매니지먼트의 설립자 보이킨 커리는 그를 조심스러운 성향을 지닌 사람이라고 보았다. 보이킨은 그의 전략에 대해 분석력 차원의 문제가 아니라고 말한다. 클라먼의 기질에 따른 결과라고 보았다.[46] 리스크를 고려하는 내향인의 전략은 실수할 가능성을 줄인다. 위험 가능성을 낮춤으로써 그로 인한 시간과 에너지 소모 또한 줄일 수 있다. 결과적으로 불안을 통제하는 것이다. 내향인 중 간혹 너무 사소한 것까지 신경 쓰는 것 같아 고민할 때도 있을 것이다. 그러나 걱정할 필요 없다. 내향인은 그동안의 경험에 비추어 가장 체계적으로 나아가고 있을 뿐이다.

필자의 경우 〈우리말 겨루기〉 700화에서 우승할 수 있었던 것도 안정 지향적으로 임했기 때문이다. 당시 〈우리말 겨루기〉는 답을 맞힐

---

45 Charles, K., (2010, June 11), Klarman Tops Griffin as Investors Hung for 'Margin of Safety', *Bloomberg BusinessWeek*, https://www.bloomberg.com/news/articles/2010-06-11/klarman-tops-griffin-as-hedge-fund-investors-hunt-for-margin-of-safety-#xj4y7vzkg 참고.

Fabrikant, G., (2007, May 13), Manager Frets Over Market but Still Outdoes It, *New York Times*, https://www.nytimes.com/2007/05/13/business/yourmoney/13klar.html 참고.

46 수전 케인, (2013), *콰이어트: 시끄러운 세상에서 조용히 세상을 움직이는 힘*[Quiet: The Power of Introverts in a World That Can't Stop Talking], (김우열, 역), 알에이치코리아, pp.268-269 참고

경우 점수가 누적되고 틀릴 경우 감점이 되는 시스템이다. 필자는 감점되지 않는 것을 목표로 했다. 만일 틀려서 감점된다면 다음 문제에서 만회할 수 있다는 보장이 없었다. 모르는 문제가 나올 수 있었다. 아는 문제여도 다른 사람이 더 빨리 맞출 경우도 존재했다. 또한 문제수가 한정되어 있어서 점수를 많이 잃을 경우 만회는 해도 우승은 보장할 수 없었다. 모든 상황을 고려하여 전략을 세운 덕분에 우승할 수 있었다.

최악의 시나리오까지 생각해 둔다

내향인은 모든 경우의 수를 준비한다. 언제나 플랜 B가 있다. 내향인은 긍정이든 부정이든 모두 포함해 여러 시나리오를 준비한다. 단 하나의 선택지만 두지 않는다. 사람은 누구나 예상과 다르면 당황하기 마련이다. 당황하면 실수하게 되고 이는 상황을 더 악화시킬 수 있다. 내향인은 허둥대는 것을 원치 않는다. 따라서 미리 최악의 시나리오까지 생각해 두는 것이다. 단단히 무장한 다음 시작한다. 우려되는 상황은 어떻게든 해소하고 진행하려 노력한다. 여러 변수를 고려하는 것이 중요하다는 것은 두 남극 탐험가의 사례를 보면 잘 알 수 있다.

바로 로알 아문센과 로버트 팔콘 스코트 두 사람이다. 남극에 도달한 최초의 사람이라는 목표는 동일했지만 결과는 서로 판이했다. 아문센은 모든 돌발 상황을 고려했지만 스코트는 최상의 시나리오만 가정했기 때문이다. 아문센은 추운 날씨에 온도계가 고장 날 것을 우려했다. 그래서 온도계를 4개나 준비했다. 식량도 넉넉하게 3톤을 준비했다. 귀환길을 위한 보급품을 비축하고 표시도 철저히 해 두었다. 20개 깃발을 1마일 간격으로 꽂았다. 길을 잃어도 바로 찾을 수 있도록 한 것이다. 반면에 스코트는 온도계를 1개 가져갔고 그마저도 망가졌다. 식량은 1톤밖에 마련하지 않았다. 귀환길 보급품 역시 비축해 두긴 했지만 단 1개의 깃발만 꽂았다. 탐험의 결과는 극과 극이다. 최상의 시나리오만 생각한 스코트 팀은 배고픔과 동상 등으로 전원 사망했다. 아문센 팀은 성공적으로 탐험을 마쳤다.[47] 예기치 못한 상황은 언제든 발생한다. 내향인은 이를 아주 잘 알고 있다. 따라서 그러한 돌발 상황까지 모두 고려하여 계산에 넣는 것이다. 돌발 상황이 발생하면 대처할 수 있고 발생하지 않는다면 여유를 누려도 좋을 일이다.

더구나 일상을 살아가면서 예상외의 일은 그 폭이 크지 않다. 조금만 생각해 보면 알 수 있는 일인 것이다. 그러므로 가능성이 있다고 생각되는 상황을 대비해 두는 것은 오히려 성공의 바탕이 된다. 실수를 줄일 수 있다. 일에 대한 센스가 되기도 한다. 어떤 순간이 와도 대처할 수 있는 유능한 사람이 되는 것이다. 자신이 걱정이 많은 사람이라고 자책할 필요 없다. 늘 그랬던 것처럼 차분하게 현실적으로 접근하면 된다. 가능성을 열어 두고 문제를 보는 내향인은 어느새 훌륭한 성

---

47 Huntford, R., (1999), *The Last Place on Earth: Scott and Amundsen's Race to the South Pole*, New York: Modern Library 참고.

과를 내는 사람이 되어 있을 것이다.

내향인은 새로운 상황을 마주할 때 먼저 깊이 살펴보고 예상되는 모든 가능성에 대비한다. 작고 세세한 부분까지 검토하고 준비한다. 이러한 특성은 내향인이 부정적 감정 시스템에 따라 대처하도록 타고 났기 때문이다. 위험을 경계하고 문제를 찾아내어 불안을 통제하는 것이다. 이는 위험 회피 전략으로 연결된다. 안전 확보를 우선시하는 것이다. 리스크를 최소화하는 방향으로 움직인다. 긍정적, 부정적 상황을 모두 고려하여 시나리오를 준비한다. 최악의 시나리오를 염두에 둔다. 모든 가능성을 열어둠으로써 뛰어난 성과를 내는 발판이 된다.

끝장력, 내 사전에
포기란 없다

조앤 K. 롤링의 《해리 포터》, 수잔 콜린스의 《헝거게임》, J.R.R. 톨킨의 《반지의 제왕》. 이 작품들의 공통점은 무엇일까? 바로 시리즈물로 수천 쪽이 넘어가는 소설들이다. 이러한 대규모 연작 소설을 완성하려면 인내심과 끈기가 필요하다. 내향인은 차분하게 장시간 견딜 수 있다. 오히려 견디기보다 오랜 시간을 집중할 수 있다는 것을 즐거워한다. 끝의 끝까지 해내고야 마는 힘이 있다. 대부분 안 되겠다고 고개를 저을 때 마지막까지 남아서 해결한다. 조금만 더를 외치며 포기하지 않고 결국엔 해결한다. 내향인의 끝장력을 살펴보자.

끈기, 물고 늘어지는 힘

심리학자들은 50명의 사람에게 복잡한 퍼즐을 주고 풀게 했다. 관찰 결과, 외향인은 중간에 포기하는 경향이 높다는 걸 발견했다.[48] 레이븐 표준 매트릭스 검사에서도 유사한 결과가 나타났다. 레이븐 검사는 5가지 세트의 문제가 있다. 뒤로 갈수록 점점 어려워지도록 구성되어 있다. 외향인의 경우 처음 두 세트는 빨리 잘 해결하는 경향을 보였다. 내향인은 오히려 어려운 뒤의 세 세트에서 훨씬 좋은 점수를 기록했다. 가장 어려운 마지막 세트에서 외향인은 포기하는 모습을 보였다.[49]

심리학자 제럴드 매슈스는 기질에 따라 문제를 대하는 방식에 차이가 있다고 말한다. 외향인은 정확성보다는 신속하게 해결하는 것을 택한다. 대신 실수할 확률이 높으며 쉽게 포기하는 경향이 있다. 반면에 내향인은 해결할 때까지 문제와 씨름한다고 한다.[50] 내향인은 쉽게 포기하지 않는다. 끈기로 끝까지 해결하려고 노력한다. 한번 정하면 오래 그리고 깊이 파고드는 경향이 있다. 이러한 특성은 내향인이 문제를 해결하는 원천이 된다. 원하는 목표를 달성할 때까지 꾸준히 나아갈 수 있게 해 준다.

---

48 Cooper, C. & Taylor, R., Personality and Performance on a Frustrating Cognitive Task, *Perceptual and Motor Skills 88*(3), p.1384 참고

49 Mohan, V. & Kumar, D., (1976), Qualitative Analysis of the Performance of Introverts and Extroverts on Standard Progressive Matrices, *British Journal of Psychology 67*(3), 391-97 참고

50 수전 케인, (2013), *콰이어트: 시끄러운 세상에서 조용히 세상을 움직이는 힘*[Quiet: The Power of Introverts in a World That Can't Stop Talking], (김우열, 역), 알에이치코리아, p.259 참고

내향인 아인슈타인은 사람들의 물음에 다음과 같이 말했다. 자신은 똑똑한 것이 아니라 다른 사람들보다 문제를 좀 더 오래 고민했을 뿐이라고 한다.[51] 내향인은 내버려 두면 이것저것 생각한다. 가능성을 생각하고 과거 경험과 대조해 보기도 한다. 문제를 뜯어보고 해체하고 계속해서 고민해 보는 것이다. 시간이 흐를수록 방법의 가짓수는 늘어난다. 해결 가능성도 커진다. 결국 해낼 수 없을 것 같던 것도 해내고야 마는 사람이 내향인이다. 이는 내향인인 장기 프로젝트에 적합한 이유가 된다.

굳은 의지, 무너지지 않는 힘

내향인의 굳은 의지는 성공을 향하는 힘이 된다. 힘들어도 굴하지 않고 무너지지 않는다. 외부 환경에 대항할 힘이 없어도 포기하기보다 초인적인 의지로 버텨낸다. 자신이 결정한 계획을 실현할 때까지 노력하는 것이다. 더크워스 교수는 집념이 높은 사람들을 연구하면서 흥미로운 점을 발견했다. 공통점을 발견했는데 모두 높은 목표를 추구한다는 것이었다. 단순히 돈을 벌기 위한 것이 아니라 그 이상의 신념이 포기하지 않게 만든다고 보았다. 더크워스 교수는 의도적 훈련을 한 경험이 많을수록 강한 의지를 지녔음을 발견했다.[52]

---

51 탄원페이, (2020), 당신이 절대 버리지 말아야 할 것: 남다른 성공을 만드는 '내성적인 사람들'의 경쟁력, (하은지, 역), 국일미디어, p.97 참고

52 이태우, (2021), 내향적 직장인, 길을 찾다: 조용하지만 강한 힘을 깨우는 비밀, 미래와 사람,

유명한 셀리그만 교수의 한 실험을 보자. 바로 학습된 무기력에 관한 실험이다. 통제 불가능한 상황이 지속되었을 때 저항을 그만두고 무기력에 빠진다는 연구이다.[53] '개'를 유기체로 실험했는데, 셀리그만 교수는 연구를 진행하면서 주목할 점을 또 하나 발견했다. 힘든 상황에서도 끝까지 포기하지 않은 개가 있었던 것이다. 그는 3분의 1 정도에 해당하는 되는 이 끈질긴 개체를 계속해서 관찰했다. 셀리그만 교수는 똑같은 고통을 받아도 대응하는 방식이 다르다는 것을 알아차리고 연구를 사람들의 케이스로 확장했다. 사람들 역시 서로 비슷한 경험을 하더라도 그에 대한 반응이 달랐다. 그는 실패에서 배우고 포기하지 않는 사람이 존재한다는 것을 발견했다. 버텨내면 성장할 수 있다고 믿으며 최선을 다해 보려고 한다는 것이다.[54] 내향인 중 비범형 내향인이 이와 비슷하다. 비범형 내향인은 전문 분야에서 특히 뛰어난 내향인이다. 정신력이 매우 강한 개척자로 여겨진다. 자신의 능력과 지식으로 세상을 바꾸는 사람들이며 빌 게이츠가 이에 해당한다. 강력한 신념을 지닌 내향인으로 한계를 뛰어넘는 능력을 보여 준다.

이처럼 내향인은 굳은 의지로 원하는 바를 쟁취하는 사람들이다. 모든 에너지를 집중하여 역경을 견뎌낸다. 좌절하지 않고 불평 없이

p.319 참고

53 Seligman, M. E. P., (1972), Learned Helplessness, *Annual Review of Medicine 23*(1), 407-12, doi:10.1146/annurev.me.23.020172.002203 참고

54 이태우, (2021). *내향적 직장인, 길을 찾다: 조용하지만 강한 힘을 깨우는 비밀* 미래와 사람, p.325-326 참고

목표를 달성할 날을 위해 버텨내는 것이다. 텍사스대 제니퍼 필립스와 로버트 가첼 교수의 연구가 이를 증명한다. 내향인이 실제로 고통을 견디는 힘이 강하다는 점을 발견한 것이다. 40년간의 연구를 모아 본 결과 자극에 대한 반응에서 외향인과 내향인의 차이가 존재했다. 그들은 내향인이 결코 호들갑 떨지 않았다고 말한다. 고통을 받아들이고 꾹 참는 경향을 보였다.[55] 내향인은 무너지지 않는 의지의 사람들인 것이다.

인내, 기다리는 힘

내향인은 버티면서 적당한 때를 기다린다. 당장 눈앞의 만족감에 타협하지 않는다. 자신을 절제한다. 즉, 내향인은 인내심과 자기 조절 능력을 지니고 있다. 애플의 첫 컴퓨터를 개발한 스티브 워즈니악은 혼자서 연구하고 컴퓨터를 개발하기까지의 과정을 통해 인내심을 배웠다고 회상했다. 그는 인내심이 커리어에서 핵심적인 능력이라고 말한다.[56] 조급해하지 않고 집중하면서 완벽하게 해낼 때까지 노력한 것이다.

---

55 도리스 메르틴, (2016), 혼자가 편한 사람들: 내성적인 당신의 잠재력을 높여 주는 책[Leise gewinnt], (강희진, 역), 비전코리아, pp.92-93 참고

56 스티브 워즈니악 & 지나 스미스, (2008), 스티브 워즈니악: 최초로 PC를 발명하고 애플을 설립한 괴짜 천재의 기발하고도 상상력 넘치는 인생 이야기[iWoz:Computer Geek to Cult Icon: How I Invented the Personal Computer, Co-Founded Apple, and Had Fun Doing It], (장석훈, 역), 청림출판, pp.46-47, 108 참고

이렇게 목표를 달성할 때까지 기다릴 수 있는 것은 '만족지연'이 가능하기 때문이다. 내향인은 외향인보다 만족을 지연하는 데에 뛰어나다고 한다. 이러한 특성은 높은 시험 점수와 소득 등 모든 문제와 관련된다.[57] 만족 지연은 내향인의 뇌와 관련되기도 한다. 랜디 버크너 교수에 따르면 내향인의 전두엽 회백질(신경 세포 분포 부분)이 더 두껍다.[58] 상대적으로 더 활성화되어 있다는 것이다. 《콰이어트》에 소개된 연구를 보자. 연구팀은 즉시 받을 수 있는 보상과 2~4주 후 큰 보상 중에 선택하게 했다. 지금 받기를 선택한 사람의 뇌 스캔을 살펴보자 보상에 관여된 부분이 활성화되었다. 2주 후에 받기로 한 사람은 전전두엽 피질이 활성화되었다.[59] 이와 유사한 또 다른 실험에서 즉각적인 보상을 택한 사람은 외향인이 다수였고, 참고 기다린 사람은 내향인이 다수였다.[60] 즉, 내향인이 만족 지연에 더 뛰어날 확률이 높은 것을 보

57 Lehrer, J., (2009, May 18), Don't, *The New Yorker*, https://www.newyorker.com/magazine/2009/05/18/dont-2 참고

Hirsh, B. J. et al., (2010), Positive Mood Effects on Delay Discounting, *Emotion 10*(5), 717-21 참고

데이비드 브룩스, (2012), 소셜 애니멀[The Social Animal: The Hidden Sources of Love, Character, and Achievement], (이경식, 역), 흐름출판 참고

58 Bushak, L., (2014, August 21), The Brain Of An Introvert Compred To That Of An Extrovert: Are They Really Different?, *Medical Daily*, https://www.medicaldaily.com/brain-introvert-compared-extrovert-are-they-really-different-299064 참고

59 McClure, S. et al., (2004), Separate Neural Systems Value Immediate and Delayed Monetary Rewards, *Science 306*, 503-7 참고

60 Hirsh, B. J. et al., (2010), Positive Mood Effects on Delay Discounting, *Emotion 10*(5), 717-21 참고

여 준다.

아주 유명한 실험인 마시멜로 테스트도 살펴보자. 컬럼비아대 월터 미셸 교수가 진행한 관찰 실험이다. 아이들에게 마시멜로를 15분 동안 그대로 두면 하나를 더 주겠다고 제안한다. 자제력 있던 아이가 성인이 되었을 때 어떻게 되었는지 추적 관찰했다. 연구 결과, 참을성이 많은 아이가 성인이 되어서도 성공한다는 것을 발견했다. 학교 성적도 좋았으며 유능한 사람이 되었다.[61]

눈앞의 즉각적인 보상에 흔들리지 않는 것이 성공에 중요하다는 것을 밝혀낸 것이다. 연구에서 보듯이 내향인은 만족 지연을 할 확률이 높다. 이는 목표에 다다를 때까지 기다릴 힘이 있다는 것이다. 이를 좀 더 강화하기 위해서는 목표를 정확히 규정하고 방해 요소를 파악해야 한다. 성공의 핵심은 자신을 절제할 줄 아는 자기 규제이다. 내향인은 오래 고민하고 문제를 들여다봄으로써 명확하게 인지할 수 있다. 그리고 인지하는 순간 지금 당장 받을 수 있는 보상이 일시적인 것임을 안다. 그렇기에 참고 때를 기다려 성공을 쟁취한다.

---

61 나이토 요시히토, (2019), 소심해도 잘나가는 사람들의 비밀: 인생이 술술 풀리는 긴장 제로의 심리학, (강수연, 역), 알에이치코리아, p.207 참고.
월터 미셸, (2015), 마시멜로 테스트: 스탠퍼드대학교 인생변화 프로젝트[The Marshmallow Test], (안진환, 역), 한국경제신문 참고.

추진력, 밀고 나아가는 힘

내향인은 자신의 목표를 매우 소중하게 생각한다. 한 번 목표를 정하면 그 방향으로 우직하게 밀고 나간다. 내향인은 행동하기 전에 신중히 판단할 뿐 결심을 굳히면 누구보다 목표를 향해 전진한다. 꾸준히 그리고 묵묵히 나아간다. 마크 저커버그, 앙겔라 메르켈 총리 등 모두 조용히 자신의 목표를 달성한 내향인들이다. 목표가 정해지면 반드시 달성한다. 흔들리지 않는다. 그렇기에 마지막 순간에 빛을 발할 수 있는 것이다. 커리어는 천천히 상승할지라도 한번 입지를 굳히면 오래갈 수 있다.

UCLA 앤더슨 경영 대학원 코린 벤더스키와 네하 파리크 샤 교수의 연구를 보자. 그들은 프로젝트팀에 새로 들어온 내향인과 외향인의 성과를 조사했다. 전체적으로 살펴본 결과 외향인은 주변의 쏟아지는 기대에 미치지 못했다. 반면에 내향인은 점차 주목받으며 결국 외향인을 앞서가는 경향을 드러냈다.[62] 처음의 기대보다 우수한 능력을 입증해 낸 것이다. 2013년 노벨상 수상 작가 앨리스 먼로도 이러한 경우에 해당한다. 그의 첫 작품은 36세에 나왔다. 그는 언론을 조심하고 조용한 삶을 선호한다. 그 때문에 그간 과소평가받았다. 그러나 먼로는 캐나다의 가

---

62 Bendersky, C. & Shah, P. N., (2012), The Downfall of Extraverts and Rise of Neurotics: The Dynamic Process of Status Allocation in Task Group, *The Academy of Management Journal 56*(2), 387–406, doi: 10.5465/amj.2011.0316 참고.

장 유명한 작가가 되었다. 러시아 대문호 안톤 체홉에 비교되기도 한다.

와튼스쿨의 애덤 그랜트 교수는 내향인은 결의와 그 힘이 강하다고 말한다. 연구에서 내향인은 쾅쾅거리는 소리가 나더라도 계속 일을 진행하는 모습을 보였다. 반면에 외향인은 쉽게 주의력이 흩어졌다고 한다. 그랜트 교수에 따르면 외향인이 초반에 더 월등한 성과를 보였다. 그러나 무언가 그들 앞을 지나가거나 할 때면 집중력이 사라진다는 것을 알 수 있었다.[63] 내향인은 원하는 길, 목표가 있으면 꿋꿋이 걸어간다. 주변에 휩쓸리지 않는다. 타협하고 싶은 순간이 찾아와도 결단코 포기하지 않는 것이 내향인이다.

성격마다 문제를 대하는 방식은 다르다. 내향인은 문제를 끝까지 물고 늘어지는 끈기가 있다. '조금 더'를 외치며 파고들어 문제를 해결한다. 또한 어려움이 닥쳐도 꿋꿋이 버티는 굳은 의지가 있다. 포기하지 않고 견딘다. 실제로 고통에서도 꾹 참는 경향이 있다. 이렇게 참고 버티며 때를 기다리고 인내한다. 눈앞의 만족에 타협하지 않는다. 오래 시간을 들여 고민하면서 목표를 명확히 하고 방해 요소를 파악한다. 일시적인 것에 흔들리지 않고 기다릴 수 있다. 그리고 마침내 목표를 향해 나아가며 성공을 거머쥔다.

---

63 수전 케인, (2013), *콰이어트: 시끄러운 세상에서 조용히 세상을 움직이는 힘*[Quiet: The Power of Introverts in a World That Can't Stop Talking], (김우열, 역), 알에이치코리아, pp.260-261(수전 케인이 애덤 그랜트 교수와 2010.7.7. 직접 인터뷰한 내용) 참고

절제력, 차분히 생각한 후
단 한 번의 결정타를 날린다

2001년 6.8 규모의 강진이 시애틀에서 발생했다. 그때 빌 게이츠는 윈도우 XP를 시연 중이었다. 청중들은 동요하며 아수라장이 되었다. 천장 조명이 그의 바로 옆으로 떨어지기도 했다. 그는 사람들과 달리 차분하게 주변을 둘러보고는 단 아래로 내려왔다고 한다. 사람들은 그의 모습이 인상적이었다고 말했다.[64] 내향인은 동요하지 않고 언제나 살펴본다. 판단력을 상실하는 순간 문제 해결과는 멀어지며 더 수렁에 빠지기 마련이다. 문제를 정확하게 파악하고 상황을 반전시킬 수 있는 자질, 내향인의 차분함에 대해 살펴보자.

---

64 심정우, (2021), 같이 있고 싶다가도 혼자 있고 싶어: 인간관계 때문에 손해 보는 당신을 위한 사회생활 수업, 동양북스, pp.127-128 참고

행동하기 전에 생각한다

심리학자 제럴드 매슈스는 내향인은 실행하기 전에 주의 깊게 생각하는 경향이 있다고 말한다.[65] 내향인은 행동으로 옮기기 전에 심사숙고한다. 생각하지 않고 무턱대고 저지르지 않는다. 충동적으로 일을 벌이지 않는다. 행하기 전에 다양한 가능성을 생각해 보는 것이다. 수많은 '만약에'를 머릿속에 품고 있다. 문제를 곰곰이 입체적으로 바라본 후 준비가 되기를 기다린다. 그러므로 그 결과물은 사람들을 놀라게 한다. '어디서 그런 걸 떠올리는 거야?' 같은 생각을 떠오르게 한다.

내향인이 행동으로 옮기기 전 숙고하는 과정을 거친다는 것은 실험을 통해서도 알 수 있다. 리처드 하워드 교수의 실험을 살펴보자. 그는 내향인과 외향인에게 복잡한 미로 여러 개를 주고 풀게 했다. 실험 결과, 내향인이 더 정확하게 푼다는 것을 발견했다. 그들이 차례로 푸는 과정을 관찰한 결과 흥미로운 점을 발견했다. 내향인은 과제를 해결하기 전에 주어진 시간을 더 많이 쓴다는 것이다.[66] 내향인은 어떠한 문

---

65 수전 케인, (2013), *콰이어트: 시끄러운 세상에서 조용히 세상을 움직이는 힘*[Quiet: The Power of Introverts in a World That Can't Stop Talking], (김우열, 역), 알에이치코리아, p.259 참고

66 Howard, R. & McKillen, M., (1990), Extraversion and Performance in the Perceptual Maze Test, *Personality and Individual Differences 11*(4), 391-96 참고
Weinman, J., (1987), Noncognitive Determinants of Perceptual Problem-Solving Strategies, *Personality and Individual Differences 8*(1), 53-58 참고

제에 맞닥뜨렸을 때 어떻게 나아갈지 이리저리 생각해 본 후 문제에 접근한다. 다양한 방법을 시도했을 때의 결과까지 예측해 보고 그중 최선을 고른다.

사람들은 흔히 무언가를 어떻게 실행할지에만 사로잡힌 나머지 주변을 보지 못한다. 사태를 정확하게 파악하지 못하는 것이다. 이는 자신의 목표를 부정확한 방향으로 이끌 뿐만 아니라 더 많은 문제를 만들어 낼 수 있다. 무작정 미로에 들어갔다가는 주어진 시간 내에 달성하지 못하고 길을 잃는 셈이다. 실행하려는 계획이나 목표를 판단했을 때 좋지 못하다면 일단 멈춰야 한다. 다시 숙고하며 냉정하게 평가해야 한다. 변경하거나 포기하는 것도 고려해야 한다. 내향인은 신중하게 생각하는 과정을 통해 문제를 좀 더 상세하게 들여다보고 오히려 정확하고 신속하게 끝낼 수 있다.

불확실성에 걸지 않는다

많은 학자들에 따르면 뇌는 두 가지 시스템으로 작동한다. '행위 활성화 시스템'과 '멈춤 확인 시스템' 두 가지다. '행위 활성화 시스템'은 새로운 사물이나 상황에 우선 접근하게 만든다. 대담하게 곧장 돌진하도록 만든다. 반대로 '멈춤 확인 시스템'은 한발 뒤로 물러나 위험을 경계하도록 만든다. 조심스럽고 신중하게 행동하며 새로운 것을 과거의 경험이나 현재 보유한 지식 등과 비교한다. 이해할 때까지 뒤로 물러나 기다리는 것이다.[67] 내향인은 알지 못하는 대상이나 문제에 무모하게 접근하지 않는다.

내향인은 결정을 내리기 전 모든 정보와 의견을 수집한다. 특히 리더는 조직이 나아갈 방향성과 해결해야 할 문제들에 대해 성급한 결론을 내려서는 안 된다. 진지하게 고민하고 종합적으로 판단해야 하는 사람이다. 이러한 리더의 자질을 갖춘 사람의 예로 워런 버핏을 들 수 있다. 그는 신중한 사고와 위험성 신호에 따라 행동한다. 그는 자기 자신과 회사에 수십억 달러를 안겨 줬다. 그는 주변에 동조하지 않고 신중하게 판단하기로 유명하다. 1997년 7월 앨런&코 투자은행은 콘퍼런스를 열었다. 당시는 과학 기술 붐이 한창이던 때로 새로운 투자자들도 많았다고 한다. 저자 앨리스 슈뢰더에 따르면 워런 버핏도 콘퍼런스에 참석했다. 하지만 그는 확연히 달랐다고 한다. 모두 수익 전망이 불확실한 회사들에 대해 흥분하고 있을 때 그는 동참하지 않았다. 워런 버핏은 수많은 자료를 토대로 위험 신호를 감지했다. 그런 신호가 어떤 의미인지 그는 숙고했다. 사람들은 그가 이번에는 기회를 보지 못한다고 안타까워했다. 그러나 다음 해 버핏의 경고는 현실이 되었다.[68] 내향인은 함부로 모험하지 않는다. 불확실성에 걸지 않는 것이

---

67 일레인 N. 아론, (2017), *타인보다 더 민감한 사람: 내 안의 잠재력을 깨우는 자기 발견의 심리학*[The Highly Sensitive Person], (노혜숙, 역), 웅진지식하우스, pp.76-77 참고

68 앨리스 슈뢰더, (2021), *스노볼*[The Snowball: Warren Buffett and the Business of Life], (이경식, 역), 알에이치코리아 참고

다. 항상 신중하고 조심스럽게 판단하고 행동으로 옮긴다. 확실한 것을 알아낼 때까지 기다린다.

이성적으로 행동한다

내향인의 강점 중 하나는 절제하고 이성적으로 행동한다는 점이다. 섬세하지만 그 감정을 격한 방식으로 표현하지 않는다. 머릿속이 복잡해도 일희일비하지 않는 것이다. 심리적으로 동요하지 않고 평정심을 유지한다. 이러한 차분함은 내향인을 충분히 성공으로 이끈다. 투자은행의 투자자 64명을 대상으로 진행된 연구 결과도 이를 뒷받침한다. 안정된 내향인이 가장 좋은 성과를 기록했다.[69] 감정의 기복 없이 정서적으로 안정감을 유지하는 것은 원하는 바에 다가가게 해 준다.

내향인의 차분함은 과열된 분위기를 잠재우고 상황을 바로 볼 수 있게 해 준다. 예를 들어 부서 간에 분쟁이 생겼다고 하자. A 부서와 B 부서 직원 간에 분쟁이 발생했다. 이에 B 부서의 부장이 나타나 따지고 있는 상황이다. 이를 조정하는 사장의 입장에서 화를 내고 소리친다고 해서 문제가 해결될까? 오히려 A 부서와 B 부서 사람들의 분위기만 해칠 뿐 정작 해결해야 할 문제는 그대로 남아 있게 된다. 오히려 기다렸다가 차분하게 무슨 상황인지 묻는 것이 분란을 잠재우고 해결

---

69 O'Creevy, F. M., (2005), *Traders: Risks, Decisions, and Management in Financial Markets*, Oxford University Press, pp.142-43 참고

책을 찾는 길이 된다. 이성적인 대응은 윽박지르거나 고함치는 것으로 아무것도 얻을 수 없다는 것을 보여 준다.

내향인은 모두가 흥분한 상황에서 조용하고 평온하게 의문을 던지는 사람이다. 차분함은 상대의 감정을 직접적으로 받아내지 않으면서 문제의 핵심을 꿰뚫게 한다. 상황에 휘말리지 않게 한다. 레드 헤링(red herring)에 빠지지 않게 해 준다. 레드 헤링은 혼란을 유도해 문제의 핵심이 아닌 것에 집중하게 만드는 것을 의미한다. '큰 목소리'에 이끌려 가지 않도록 해 주는 것이다. 감정적으로 부딪히면 이성적 판단이 흐려진다. 그러한 상황에서 내향인의 차분함은 문제의 본질로 돌아가게 해 주는 힘이 있다.

스스로가 조용하고 목소리를 내지 않는 사람이라고 해서 걱정하거나 좌절할 필요 없다. 격정적으로 반응하거나 쉽게 흥분하는 상대방은 내향인의 냉철함에 놀란다. 나아가 자신들을 가볍게 보지 않을까 오히려 걱정한다. 침착함은 상황을 조절하고 원하는 바를 도출할 수 있는 힘을 준다. 조용하고 조곤조곤한 말투와 분위기는 진정성을 보여 준다. 내향인은 감정에 호소하는 말을 하지 않는다. 객관적으로 상황을 바라본다. 공식 석상에서 조용하고 절제된 말로 안정감을 주는 메르켈 총리가 이를 잘 보여 준다.

위기 상황에 냉철하다

돈 가버 박사에 따르면 내향인은 경고 신호에 더 집중하는 성향이 있다.[70] 냉정하게 자신을 조절하면서 불리한 상황에서 자신을 보호할 수 있다. 자신을 다스리는 데 훨씬 뛰어나다. 상황을 제대로 인식하면서 현명하게 대처한다. 감정적으로 동요하지 않는 특성이 위기 상황에서 더욱 빛을 발하는 것이다. 존 브레브너와 크리스 쿠퍼 교수는 내향인이 어떠한 상황에 맞닥뜨리면 '조사하도록' 설계되었다고 지적한다.[71] 어떠한 상황에서도 이성을 잃지 않고 깊이 생각한다.

위스콘신대 조셉 뉴먼의 흥미로운 실험을 보자. 화면에 나타나는 숫자를 보고 버튼을 누르는 게임을 진행한다. 좋은 숫자라고 정한 숫자가 나올 때 버튼을 누르면 점수를 얻는다. 나쁜 숫자에 버튼을 누르면 감점된다. 이 실험에서 주목할 점은 버튼을 누르기 전보다 '누른 후'에 어떤 행동을 하는가이다. 내향인은 감점 사실을 인지한 순간 다음 단계 진행을 늦춘다. 그리고 그 전 상황을 되짚어 본다. 이는 외향인이 생각

---

70 수전 케인, (2013), *콰이어트: 시끄러운 세상에서 조용히 세상을 움직이는 힘*[Quiet: The Power of Introverts in a World That Can't Stop Talking], (김우열, 역), 알에이치코리아, p.244 참고

71 Brebner, J. & Cooper, C., (1978), Stimulus-or response-induced excitation. Acomparison of the behavior of introverts and extraverts, *Journal of Research in Personality 12*(3), 306-311, https://doi.org/10.1016/0092-5566(78)90057-0, http://www.sciencedirect.com/science/article/pii/0092656678900570 참고

하지 않고 더 빨리 행동하려는 것과는 대조적이다.[72] 뉴먼 교수에 따르면 부정 피드백이 존재할 경우 속도를 높이는 것은 결정적 과오라고 지적한다. 위기 상황에서는 차분히 상황을 보는 것이 중요한 것이다. 뉴먼은 실험에서 외향인에게 강제로 멈추게 한 후 다시 진행하게 해 보았다. 그러자 그들도 내향인만큼 높은 점수를 기록했다. 그에 따르면 내향인은 위기가 닥치면 흥분 상태를 제거하도록 설계되었다고 한다. 어떤 상황에서든 상황을 탐색하는 기질을 타고났다고 지적한다.[73] 목표에 집중할 때 경계심도 같이 높아지도록 설계되어 있는 셈이다. 내향인은 과열되는 즉시 브레이크를 밟는다. 혹시 모를 문제들을 고려한다.

스스로를 제어한다

문제 상황에서도 차분함을 유지하는 것은 내향인이 충동 조절에 뛰어나다는 점을 보여 준다. 외향인은 부정 피드백을 목표 달성의 방해물로 생각하고 멈추지 않는다. 눈앞에 있는 곤경에 뛰어든다는 것이다. 조셉 뉴먼 교수는 내향인이 보상을 낮잡아 보도록 프로그램되었다

---

72 Patterson, C. M. & Newman, J., (1993), Reflectivity and Learning from Aversive Events: Toward a Psychological Mechanism for the Sndromes of Disinhibition, *Psychological Review 100*, 716-36 참고

73 수전 케인, (2013), *콰이어트: 시끄러운 세상에서 조용히 세상을 움직이는 힘*[Quiet: The Power of Introverts in a World That Can't Stop Talking], (김우열, 역), 알에이치코리아, p.257(수전 케인이 2008.11.13. 직접 인터뷰한 내용) 참고

고 말한다.[74] 보상에 현혹되기보다 스스로를 제어한다는 것이다. 충동성(성실성이라고도 한다)은 BIG 5 모델에서 어떠한 행동을 그만둘 수 있는지 아닌지를 나누는 지표다. 이러한 충동성 조절에는 전두엽이 관련된다.

히로시마 대학 슈지 아사히 교수팀의 실험을 보자. 연구팀은 사람들에게 '고우--노 고우' 과제를 주고 뇌를 촬영, 관찰했다. X를 제외한 문자가 화면에 나타나면 버튼을 누르면 된다. X가 나타났을 때는 누르면 안 된다. 실험이 시작되자 사람들의 전전두엽피질(충동을 제어)이 활성화되기 시작했다. 실험 결과, 가장 활성도가 높았던 사람은 충동성 수치가 가장 낮았던 사람이었다.[75] 즉, 전두엽 활성도가 클수록 성실하고 이성적이라는 의미다.

앞서 살펴보았듯 내향인은 전두엽 부분이 특히 활성화된 사람들이다. 따라서 스스로를 차분하게 제어하는 힘이 강한 사람인 셈이다. 위기라고 판단되거나 눈앞에 장애물이 있을 때 현재 상황을 통제하고 조절한다. 차분하게 현실을 직시한다. 내향인은 자신의 차분함 때문에

---

74 수전 케인, (2013), 콰이어트: 시끄러운 세상에서 조용히 세상을 움직이는 힘[Quiet: The Power of Introverts in a World That Can't Stop Talking], (김우열, 역), 알에이치코리아, p.257(수전 케인이 2008.11.13. 직접 인터뷰한 내용) 참고

75 Asahi, S. et al., (2004), Negative coreelation between right prefrontal activity during response inhibition and impulsiveness: An fMRI study, *European Archives of Psychiatry and Clinical Neuroscience 254*, 245-51 참고

지루한 사람으로 보일까 걱정하기도 한다. 실제로는 그렇지 않다. 바쁘게 돌아가는 사회에서 묵직하게 중심을 잡아 주는 역할을 한다. 수많은 내향인 리더를 보자. 그들이 보여 주는 태도는 오히려 신뢰감을 만든다. 내향인의 침착함은 길을 잃지 않고 목표에 다다르게 해 준다.

자기 조절 능력은 우리가 '포커페이스'를 유지하는 데도 큰 역할을 한다. 설령 초조하거나 화가 나더라도 감출 수 있는 것이다. 분위기를 부드럽게 만들고 상황을 바꿀 수 있다. 결과적으로 상대방으로 하여금 적대적으로 인식하지 않게 한다. 중립적인 의견을 전달함으로써 상대가 다시 한번 생각하게 만든다. 타인의 감정에 발맞춰 반응하는 순간 문제 해결은커녕, 사태는 걷잡을 수 없이 악화된다. 그로 인한 에너지 소모는 엄청나다. 내향인은 그것을 안다. 내향인은 스스로를 제어함으로써 문제 해결에 오히려 빠르게 다다른다.

어떤 상황에서도 처음부터 끝까지 절제하며 차분한 내향인은 그 자체로 빛을 발한다. 감정에 휩쓸리지 않고 이성적으로 현 상황을 바라본다. 내향인의 차분함은 문제의 본질에서 벗어나지 않게 않게 해 주며 냉철하게 판단하도록 한다. 위기 상황에서는 돌진하지 않고 흥분 상태를 제어한다. 브레이크를 밟고 문제와 상황을 살펴본다. 이러한 충동 조절은 전두엽과 관계가 있다. 그러한 전두엽이 많이 활성화되는 것이 내향인이다. 따라서 침착하게 문제를 잘 해결할 확률이 높은 사람들이다. 성공한 내향인 리더들에게서 보듯이 내향인의 침착함은 신뢰를 줄 수 있다.

분석력, 타고난 재능으로
모든 방향에서 문제를 바라본다

내향인은 사소하게는 물건 하나를 사도 계속해서 장단점을 비교하며 분석한다. 디자인, 색상, 평판, 내구성, 쓰임새 등 모든 측면을 분석한다. 이처럼 내향인은 하나의 주제를 깊이 있게 파고들어 여러 방면에서 바라본다. 관련된 데이터를 철저히 분석하는 것이다. 자신의 관심 분야에 집중하면서 확실하게 꿰뚫어 본다. 내향인이 간혹 괴짜처럼 느껴지는 것도 이러한 이유 때문이다. 겉보기에는 허술한 듯하면서도 철저한 논리와 분석력을 지니고 있어 사람들을 놀라게 만든다. 이번 주제에서는 내향인의 분석력을 살펴보도록 하자.

전방위적으로 분석한다

내향인은 어떤 일에 대해 앞으로 발생할 결과와 영향 등 모든 것을 정확하게 분석한다. 한 가지 일에 대한 모든 측면을 고려한다. 관련된 분야의 모든 정보를 수집한다. a부터 z까지 끌어모아 통합하고 재조합하며 분석한다. 이를 바탕으로 일이 흘러갈 방향을 추론하는 것이다. 내향인은 '알파와 오메가(일의 시작과 끝)'를 아는 능력을 지녔다. 내향인은 괜찮아 보이는 상황도 다시 한번 본다. 더 객관적으로 속속들이 분석하는 것이다. 미처 확인하지 못한 것은 없는지 돌아본다.

하버드 대학 신경 과학자 팀은 내향인의 전전두엽이 더 활성화되어 있음을 알아냈다.[76] 전전두엽은 사전 계획, 의사 결정, 분석 등을 담당한다. 타고난 분석력은 현재 상황과 목표 간의 간극을 인지한다. 방법을 찾고 그 방법의 결과도 세세하게 생각한다. 즉, 내향인은 '메타인지(초인지)'를 활용하는 셈이다. 메타인지는 발달심리학자 존 플라벨이 제시한 이론으로 자기 생각을 판단하는 능력을 말한다. 어떤 것을 알고 어떤 것을 모르는지를 판단하여 무언가를 배우기에 얼마나 걸리는지 어려운지 쉬운지 다 알 수 있다.

이렇게 사물이나 현상에 대해 다각도로 인지가 가능하기 때문에 통합적으로 분석할 수 있다. 한 주제에 대한 서로 다른 데이터를 종합해 보는 것이다. A라는 주제에 대해 b, c, d 등 개별 연구가 있다고 가정하자. 이 b+c+d를 통합하여 주제 A를 살펴보는 방법이다. 종합적인

76 Bushak, L., (2014, August 21), The Brain Of An Introvert Compred To That Of An Extrovert: Are They Really Different?, *Medical Daily*, https://www.medicaldaily.com/brain-introvert-compared-extrovert-are-they-really-different-299064 참고.

시야로 바라보는 것이다. 그래서 다른 사람이 미처 떠올리지 못한 생각을 떠올린다. 결정과 판단을 가볍게 내리지 않는다. 다른 사람들보다 많은 시간을 들여 철저하게 살피는 것이다. 때문에 내향인은 독창적이고 뛰어난 결과물을 내놓을 수 있다.

〈우리말 겨루기〉 2인 대결 문제를 풀 때였다. '○○ ○○조○하○'가 낱말 퍼즐 가로 문제 중 하나였다. 다른 문제를 푸는 와중에 보자마자 답을 알았다. 분석 과정을 굳이 풀이하자면 다음과 같다. 카테고리 중 관용에 해당한다. 마지막은 '하다'로 끝나는 관용구, 총 '8글자', '완전한 문장'으로 끝나며, '단문'으로 되어 있다. 이와 관련된 모든 것을 떠올려 봤다. 내가 아는 모든 것을 종합해 보았다. 그리고 차례가 되자 버튼을 누르고 바로 답을 맞힐 수 있었다. 정답은 '간이 조마조마하다'였다. 내향인의 통합적이고 전방위적인 인지와 분석력은 강력한 강점이다.

실패에서도 배운다

사람들은 실패를 통해 개선점을 찾고 이 과정에서 성장한다. 노터데임대 수잰 나스코 교수에 따르면 과거의 실패는 더 나은 미래를 준비하게 한다. 학생들을 대상으로 두 차례 시험을 실시한 결과 첫 시험에서 낮은 점수를 기록한 학생 대부분이 두 번째에서 높은 점수를 받았다. 반대로 처음에 좋았던 학생은 떨어졌다고 한다.[77] 시드니 대학교의 웬디 정 교수의 실험도 살펴보자. 그는 소방관 59명에게 위기 상황 대처를 훈련했다. 일부에게는 성공 사례만 가르쳐 준다. 나머지에게는 실패 사례도 가르쳤다. 이후 특정 화재 사건을 주고 어떻게 대처할지 평가했다. 성공 케이스만 공부했던 소방관은 적절한 조치 방법을 5.08개밖에 고르지 못했다. 반면 실패했던 사례도 공부했던 소방관은 7.22개까지 골라냈다.[78] 사례를 모으면 모을수록 더 많은 정보를 확보하고 더 적절하게 대처할 수 있다. 목표를 명확하게 설정할 수 있게 해 주고 필요 조건을 더 빠르게 찾아낼 수 있다. 그렇지 않다면 과거의 실수를 또 반복하게 된다. 흔히 계속해서 같은 행동을 한다고 하는 것은 실패에 대한 분석이 되지 않았기 때문이다.

내향인은 모든 정보와 지식, 기억을 동원하여 분석한다. 특히 장기 기억(평생 보존도 가능한 형태의 기억)이 뛰어나 실패 경험을 오래 기억한다. 자연스럽게 새로운 목표를 설정하거나 어떤 과제를 수행할 때 이를 반영한다. 실패로부터 학습된 내용을 포함하는 것이다. 오래전 실패 경험까지 저절로 떠올라 스스로를 과소평가하는 경우도 있으나 그럴 필요 없다. 내향인은 새로운 계획을 세우는 과정에서 그러한 경

---

77 나이토 요시히토, (2019), 소심해도 잘나가는 사람들의 비밀: 인생이 술술 풀리는 긴장 제로의 심리학, (강수연, 역), 알에이치코리아, p.171 참고

78 나이토 요시히토, (2019), 소심해도 잘나가는 사람들의 비밀: 인생이 술술 풀리는 긴장 제로의 심리학, (강수연, 역), 알에이치코리아, p.173 참고

험을 철저하게 분석한다. 타고난 특유의 분석력으로 같은 내용을 반복하지 않고 발전하는 것이다.

내향인은 새로운 정보를 받아들일 때 과거, 현재의 정보와 경험과 비교하고 기대치와 비교해 본다. 조셉 뉴먼 박사는 내향인이 스스로 자문하는 경향이 있다고 지적한다. '이렇게 예상했던가?', '이렇게 될 수밖에 없나?'라고 묻는다는 것이다.[79] 예상대로 되든 예상대로 되지 않든 주변에서 무엇이 일어나고 있는지 샅샅이 돌아본다. 다시 미래의 경험을 추론하고 예측하며 깊이 고민한다. 내향인은 이러한 과정을 통해 점점 성장하며 앞으로 나아간다. 결국 자신의 목표에 다다르게 된다.

뛰어난 논리력

정보를 모아서 통합적으로 분석하기까지 그 바탕에는 논리적 사고가 뒷받침한다. 셜록 홈즈를 떠올린다면 바로 이해될 것이다. 앞서 살펴본 다양한 내향인 타입들 중 NT 기질(직관력과 사고력이 뛰어남)에게 특히 발달되어 있다. 내향인은 타고난 논리력 덕분에 복잡한 인과 관계를 쉽게 나눠서 볼 수 있다. 따라서 계획을 행동으로 실행했을

---

79 수전 케인, (2013), *콰이어트: 시끄러운 세상에서 조용히 세상을 움직이는 힘*[Quiet: The Power of Introverts in a World That Can't Stop Talking], (김우열, 역), 알에이치코리아, p.257(수전 케인이 2008.11.13. 조셉 뉴먼 교수와 직접 인터뷰한 내용) 참고

때 성공할 확률이 높아진다. 이러한 역량은 문제 해결 능력에 중요한 열쇠가 된다. 내향인이 외향적인 사회에서도 충분히 빛을 발하는 이유가 된다.

회사에서 중요한 것은 성과다. 이러한 성과는 외부 환경의 문제를 해결하느냐에 달려있다. 환경의 변화를 감지하고 대응할 수 있느냐가 중요한 것이다. 사람들은 서로 머리를 맞대고 파이팅을 외치는 기합이 문제 해결에 핵심이라고 생각한다. 그러나 실제는 그렇지 않다. 외향인 상사가 프로젝트팀의 단합을 위해 회식을 한다고 해서 문제가 해결되지 않는다. 팀 내의 분위기는 좋아져도 해결해야 할 문제는 그대로 남아 있는 것이다. 분석력과 그 바탕에 논리력이 없다면 문제는 해결되지 않는다.

내향인의 논리적 사고는 '계획 오류'를 방지한다. 계획 오류는 경제학자 대니얼 카너먼이 1979년에 처음 제시한 용어다. 어떤 일을 할 때 걸리는 시간을 실제보다 적게 예상하는 경향을 말한다. 계획 오류는 심지어 경험해 본 것도 실제 시간보다 짧게 예측한다. 집에서 지하철역까지 검색했을 때 최단 시간이 15분이라고 하자. 그러나 실제는 15분이 아니다. 횡단보도를 건너는 데 걸리는 시간 외에 신호를 한 번 놓치면 다시 기다리는 시간도 있다. 눈앞에서 버스를 놓칠 경우 기다리는 시간도 포함된다. 역에서 에스컬레이터나 계단을 내려가는 시간도 계산해야 한다. 어플의 최단 시간은 평균 보폭에 맞춰져 있지만 본인의 보폭은 다를 수 있다. 눈이나 비라도 오는 날이면 모두 느리게 움직이므로 여유 시간을 더 넣어야 한다. 내향인은 일의 발생 가능성과 다양한 결과의 인과 관계를 추측하고 분석한다. 때문에 실패의 가능성(여기서는 지각일 것이다)을 줄이고 좋은 결과를 낼 수 있게 된다. 듀크대 연구팀에 따르면 사람들이 내리는 결정의 40%는 무의식적이라고 한다.[80] 구체적으로 분석하는 것이 아니라는 의미다. 내향인의 논리적 분석은 불필요하거나 무의미한 혹은 실패를 가져올 결정을 배제할 수 있다. 한층 더 성공에 가까워지는 것이다.

내향인은 한 가시 사안에 대해 타고난 분석력으로 모든 측면을 파악한다. 깊이 파고들고 주어진 정보를 모두 활용한다. 특히 장기 기억에 뛰어나 과거의 실패 경험도 내향인은 판단 자료로 삼는다. 문제를 해결하거나 새로운 상황에 맞닥뜨릴 때, 목표를 설정할 때 실패로부터 배운 사실을 반영하는 것이다. 이러한 분석력의 바탕에는 특유의 논리적 사고력이 존재한다. 그에 따라 복잡한 인과 관계도 쉽게 나눠서 인식한다. 내향인은 현실을 보지 못하는 계획 오류에 빠지지 않으며 불필요한 실패를 반복하지 않는다.

---

80 Neal, T. D., Wood, W. & Quinn, M. J., (2006), Habit: A Repeat Performance, *Current Directions in Psychological Science 15*(4), 198-202, http://web.archive.org/web/20120417115147/http://dornsife.usc.edu/wendywood/research/documents/Neal.Wood.Quinn.2006.pdf. 참고.

고요함, 세상에서 가장 강한 침묵의 힘을 쓸 줄 안다

'오늘 눈 온다는데, 뭐 먹을까?' 외향인들의 잡담을 들으며 내향인은 조용히 듣고 있다. 사람들은 내향인의 침묵에 소극적이고 낯가림이 심하다고 말한다. 내향인 스스로도 말수가 적음에 스트레스받기도 한다. 그러나 모두가 말하기 바쁜 세상에서 침묵은 귀중하다. 말뿐인 말을 하지 않고 숙고를 거친 후 나오는 내향인의 말은 힘을 가진다. 혼잡한 세상에서 주목하는 한마디가 된다. 말이 많으면 오히려 위험에 빠지고 휩쓸려 방향성을 잃어버릴 수 있다. 이번 주제에서는 내향인의 강한 침묵의 힘에 대해 알아보자.

침묵은 분별력이다

간디가 조용히 자신의 목표를 추구할 수 있었던 바탕에는 그의 침묵에 있었다. 그가 쓴 편지에는 무저항 덕분에 분란에 휘말리지 않았다고 기록되어 있다. 자제하는 것이 자신의 큰 힘이라고 여겼고 생각을 함부로 드러내지 않았다. 무신경하게 말이 나가지 않도록 절제했다고 회상했다. 간디는 세상에는 말하고 싶어서 견디지 못하는 사람들이 많다고 지적한다. 또한 그들의 말속에는 어떤 유용함도 존재하기 어렵다고 말한다. 시간 낭비라는 것이다. 간디는 침묵은 어지러운 세상에서 자신을 지켜주는 방패였다고 말한다. 진실을 분별하게 해 주었기 때문이다.[81]

내향인의 침묵은 빠르게 돌아가는 세상 속에서 중심을 잡아 준다. 무의미한 말에 휩쓸리어 방향성을 잃는 일을 방지하는 것이다. 침묵은 잠시 멈추어 판단하게 만든다. 필터링을 거치지 않은 말이 무의식적으로 나오는 일을 막는다. 어리석은 행동과 말을 피할 수 있게 해 준다. 많은 사람이 말실수로 인한 오해로 갈등을 빚는다. 불필요한 곳에 시간과 에너지를 소모하게 되는 것이다. 내향인은 안다. 시간은 누구에게나 똑같이 주어지는 것이고 한정되어 있다는 것을 누구보다 잘 안다.

내향인은 목표와 현실 사이에서 해야 할 것들과 이에 쏟아붓는 시간을 고려한다. 군더더기에 신경을 쏟지 않는다. 영양가 없는 말 앞에서 단호하게 자리를 지킨다. 침묵으로 핵심을 구별하는 것이다. 그리

---

81 수전 케인, (2013), *콰이어트: 시끄러운 세상에서 조용히 세상을 움직이는 힘*[Quiet: The Power of Introverts in a World That Can't Stop Talking], (김우열, 역), 알에이치코리아, p.306 참고

하여 허튼 일에 휘말리지 않는 것을 중시한다. 말을 함부로 하지 않아 갈등의 씨앗을 부르지 않는다. '이렇게 해야 한다', '저렇게 해야 한다' 하며 목소리 높이지 않는다. 말 한마디로 모든 것을 잃는 사람을 수없이 봤기 때문이다. 내향인은 그런 모험은 하지 않는다. 침묵은 내향인에게 분별력을 주고 방패가 된다.

침묵은 전략이다

내향인의 침묵은 정교하다. 나서지 않고 의도를 드러내지 않는다. 침묵은 겉으로 드러난 것보다 더 많은 것을 내포한다. 성급하게 패를 보여 주는 것이 아니다. 히든 챔피언과 같다. 히든 챔피언은 시장 지배력이 있지만 알려지지 않은 기업이다. 눈에 띄지 않아 견제받지 않는다. 어느 순간 자신의 목표에 도달해 있다. 내향인은 조용한 곳으로 한 발 물러나 계획했던 모든 것을 이룬다. 승진이나 성공 등 보상에 목마른 사람들을 상대하지 않아도 되기 때문이다. 내향인의 침묵은 불필요한 위협을 차단한다.

내향인의 침묵을 알아보지 못하는 외향인은 자신들의 추측으로 틈새를 메우려 시도한다. 수줍다거나 생각이 없다거나 나름의 해석으로 판단한다. 그러나 내향인은 생각과 의견을 멋대로 표출하지 않는다. 침묵으로 다 지켜본다. 상대방이 어떤 사람인지 알아보는 것이다. 개인적인 감정을 마구잡이로 쏟아 내면서 타인을 괴롭게 하지 않는다.

화가 나더라도 놀라움을 금치 못해도 침묵으로 자제한다. 상대방이 사람을 대하는 방식을 살펴보는 것이다. 특히 그들이 자기 자신보다 약자라고 판단하는 사람에게 어떻게 행동하는지 살펴본다. 상대가 정중하다면 내향인 또한 정중하다. 그렇지 않다면 그저 공손한 미소로 경계를 그을 뿐이다.

침묵은 내향인의 뛰어난 직관력, 분석력과 결합되어 그 효과가 배가 된다. 침묵하지 않았을 때 발생 가능한 시나리오를 떠올린다. 상대방의 반응과 예견되는 교류, 갈등 그리고 그 과정에서의 시간과 에너지 소모를 본다. 이후의 대처와 앞으로의 관계 등 모든 것을 분석했을 때 침묵을 택하는 것이다. 어쩌면 테드 창의 소설《당신 인생의 이야기》에 나오는 헵타포드 언어(문장을 시작할 때 끝을 안다는 특징이 있다)와 비슷할지도 모른다. 내향인의 침묵에는 모든 것이 담겨 있고, 그 모든 것으로 꿰뚫어 본다.

침묵의 끝에는 힘이 실린다

외향인은 침묵을 불편해하고 무슨 말이든 해서 '공백'을 메우려고 한다. 말이 많은 사람은 미주알고주알 걸러지지 않은 모든 말을 쏟아낸다. 중요한 내용인지 고려하지 않는다. 재미있는 내용인지 생각하지 않는다. 떠오르는 그대로 빠짐없이 이야기할 뿐이다. 정말로 중요한 정보라면 그렇게 떠들지 않을 것이다. 이들은 그저 궁금증 많은 사람들이 따르길 원하고 인정 욕구가 클 뿐이다. 그러나 내향인은 아무 말이나 하지 않는다. 말을 위한 말은 하지 않는다.

내향인의 침묵은 중요하다. 문제에 대해 깊이 생각해 보고 있다는 의미이기 때문이다. 충분히 숙고하여 나온 말은 핵심을 관통한다. 일단 말을 하고 보는 사람은 진지할 때가 드물다. 어떠한 역할에 심취해서 들떠 있으며 감정 표출과 감정 기복이 많다. 직장에서는 이러한 사람을 신뢰하기는 힘들다. 처음에는 열정적으로 보일지 모르나 시간이 지날수록 회사와 조직의 의미 있는 발전을 끌어내기는 힘들다.

내향인은 생각이 정리된 다음에 말을 한다. 그래서 제시한 의견에는 알맹이가 있다. 조심스럽게 표현하는 의견에는 힘이 들어간다. 말을 아끼기 때문에 신용을 얻는다. 뒷받침할 수 없거나 논리적이지 않은 말은 하지 않는다. 즉흥적으로 대처할 수 없다고 해서 걱정할 필요 없다. 침묵 후에 하는 말에는 모두가 주의를 기울인다. 정보의 홍수 속에 불확실성은 더욱 높아졌다. 사람들은 화려한 말보다 단순한 한마디에 주목한다. 말에 무게가 실리는 것이다. 고요함은 무기가 된다.

내향인은 침묵을 통해 중심을 잡는다. 무의미한 말에 휩쓸리지 않는다. 침묵은 갈등을 부르지 않고 소모적인 일에 시간 낭비하지 않게 한다. 침묵은 하나의 전략이기도 하다. 내향인의 침묵에는 수많은 의미가 담겨 있다. 불필요한 위협을 차단한다. 나름의 해석으로 낮잡아

보는 그 행동을 통해 내향인은 지켜본다. 조용히 경계를 긋는다. 침묵 끝에 나오는 말은 무게가 있다. 함부로 드러내지 않는다. 숙고를 거친 내향인의 말은 본질을 짚어 내고 주목을 받는다.

독립성, 혼자 NO라고 말할 수 있는
리더가 될 수 있다

원하는 바를 향해 꾸준히 나아가는 사람, 비바람에도 쉬지 않는 사람이 내향인이다. 현 상황과 위치가 다른 사람의 눈에는 아무리 좋을지라도 안주하지 않는다. 자신이 원하는 것이 아니라면 언제든지 진짜 원하는 것을 향해 갈 수 있는 사람이다. 내향인은 흔들리지 않고 자기 길을 가는 사람이다. 이는 외부 환경으로부터 독립적이기 때문이다. 혼자만의 공간, 시간뿐만 아니라 주관도 뚜렷한 사람이다. 내향인은 세상의 유혹에 굴하지 않는다. 원하는 바가 있다면 그 소신을 지키는 사람들이다. 이번 주제에서는 내향인의 독립성에 대해 살펴보자.

보상에 흔들리지 않는다

내향인은 사람들이 흔히 생각하는 보상에 크게 구애받지 않는다. 아무리 뛰어난 실력이 있다고 해도 그를 활용해 '좋은 일자리를 얻는 것'에 크게 열광하지 않는다. 내향인은 무언가에 크게 기대하는 것이 없다고 해도 좋다. 지금이 자유롭고 편하다면 개의치 않는다. 돈과 지위를 위한 억지 경쟁을 하는 것을 좋아하지 않는다. 사람들이 말하는 물질적 부, 결혼, 친구 등을 긍정적으로 인식한다. 하지만 중요하게 여기지 않는다.

좋은 직업을 가지는 것, 결혼을 하는 것, 나이가 들어 맞이할 최후의 순간 등을 생각해 본다. 그랬을 때 인생을 통틀어 본다면 어떤 것도 크게 별다를 바가 없으며 연연할 것도 없다고 여긴다. 있으면 좋지만 없다고 초조해하진 않는다. 또한 흔히 말하는 '(사람을 통한) 기회'를 찾지 않음을 스스로도 알고 있다. 그러나 이대로도 괜찮다고 여긴다. 타인에게 피해를 주는 것도 아니며 불필요하고 복잡한 인간관계는 더 싫기 때문이다. 내향인은 동기 부여가 되는 지점이 다르다. '외향적인 보상'이 내향인을 미소 짓게 하지는 못한다.

외향적인 보상은 긍정 감정 시스템을 기반으로 한다. 긍정 감정 시스템은 타인의 관심, 물질적 부를 추구하고 얻을 때 활성화된다.[82] 얻음으로써 흥분하고 기쁨을 느끼는 것이다. 이러한 것에 반응성이 낮다고 해서 불행한 것은 아니다. 기쁨의 반대는 슬픔이 아니라 기쁨이 없

---

82 대니얼 네틀, (2009), *성격의 탄생: 뇌과학, 진화심리학이 들려주는 성격의 모든 것* [Personality], (김상우, 역), 와이즈북, p.109 참고

는 제로 상태이다.[83] 따라서 내향인은 별로 매달리지 않는 것이다. 경제학적 관점에서 볼 때 이는 지극히 타당하다. 내향인이든 외향인이든 보상을 얻는 것에는 동일한 비용이 든다. 그러나 거기에서 얻는 측면에서 내향인은 제로가 된다.

보상 체계와 내향인의 뇌

외향인의 보상 체계에서 작용하는 뇌 영역의 신경 전달 물질(신경 세포 간 정보를 전달하는 물질)은 도파민이다. 도파민은 흥분과 쾌락이 예상될 때 분비된다. 뇌가 도파민에 반응성이 높을수록 보상 추구 경향은 강해진다.[84] 도파민에 관한 한 실험을 보자. 연구팀은 쥐들의 뇌의 도파민 활동을 자극해 보았다. 관찰 결과 쥐들은 배고파 지칠 때

83 대니얼 네틀, (2009), *성격의 탄생: 뇌과학, 진화심리학이 들려주는 성격의 모든 것* [Personality], (김상우, 역), 와이즈북, pp.114-115 참고.

Diener, E. & Emmons, R. A., (1985), The independence of positive and negative affect, *Journal of Personality Social Psychology 50*, 1031-8 참고.

84 Schultz, W. et al., (1992), Neuronal activity in monkey ventral striatum related to the expectation of reward, *Journal of Neuroscience 12*, 4595-610 참고.

Depue, R. A. & Collins, P. F., (1999), Neurobiology of the structure of personality: Dopamine, facilitaton of incentive motivation, and extraversion, *Behavioral and Brain Sciences 22*, 491-520 참고.

Berns, G. et al., (2001), Predictability modulates human brain response to reward, *Journal of Neuroscience 21*, 2793-8 참고.

Montague, P. R. & Berns, G., (2002), Neural economic and the biological substrates of valuation, *Neuron 36*, 265-84 참고.

까지 아무것도 없는 우리 안을 뛰어다녔다고 한다.[85] 대니얼 네틀 교수에 따르면 내향인은 이러한 보상 체계에 반응이 약하다. 보상을 인지하더라도 자신의 길에서 벗어나지 않는다고 한다.[86]

보상중추가 작용하는 방식은 외향인 뇌의 혈류 흐름을 따른다. 내향인이 주로 사용하는 혈류 경로는 외향인과 다르다. 자연히 보상 체계에 덜 민감하게 반응한다. 더불어 내향인은 도파민 자극에 민감한 뇌를 가지고 있다. 특히 내향인은 전두엽 회백질이 두껍다(더 많이 활성화된다).[87] 이러한 전두엽에는 도파민에 민감한 세포들이 많이 분포되어 있다.[88] 자연히 자극을 줄이는 방향, 도파민을 줄이는 방향을 추구하게 된다. 부와 명예 같은 보상에 크게 반응하지 않게 되는 것이다.

이는 내향인이 한눈팔지 않고 자신의 굳은 신념을 지키는 원동력이 된다. 소신을 지키며 앞으로 나아갈 수 있는 것이다. 중요한 의사 결정에 앞서 일관되게 자기 생각을 지키는 힘이다. 다수의 압력과 수많은

85 Zhou, Q. -Y, & Palmiter, R. D., (1995), Dopamine-deficient mice are severely hypoactive, adipsic and aphagic, *Cell 83*, 1197-209 참고

86 대니얼 네틀, (2009), *성격의 탄생: 뇌과학, 진화심리학이 들려주는 성격의 모든 것* [Personality], (김상우, 역), 와이즈북, pp.114-122 참고

87 Bushak, L., (2014, August 21), The Brain Of An Introvert Compred To That Of An Extrovert: Are They Really Different?, *Medical Daily*, https://www.medicaldaily.com/brain-introvert-compared-extrovert-are-they-really-different-299064 참고

88 심정우, (2021), *같이 있고 싶다가도 혼자 있고 싶어: 인간관계 때문에 손해 보는 당신을 위한 사회생활 수업*, 동양북스, p.145 참고

유혹에도 흔들리지 않는다. 이러한 독립성은 집중하고 나아가는 힘을 준다. 다른 사람들에게 신뢰감 준다. 굳이 목청을 높이지 않아도 귀 기울이게 만든다. 자연스럽게 타인의 마음을 움직일 수 있는 것이다. 신뢰감을 줄 수 있다는 것은 직업적 성공에 크게 영향을 미친다.

내향인은 스스로 강한 사람

내향인은 외부 보상이 아니라 내면세계를 따른다는 것은 실험을 통해서도 증명되었다. 코넬대의 리처드 A. 데퓨와 유푸 교수의 연구를 보자. 연구팀은 내향인과 외향인 70명을 무작위로 두 그룹으로 나누었다. 한 그룹에는 메틸페니데이트(리탈린이라고도 하며 도파민을 촉진한다)를 투여했다. 다른 그룹에는 가짜 약을 투여했다. 3일간 투여하고 그다음 날부터는 투여하지 않았다. 사람들이 즐거운 비디오 영상과 환경에 어떻게 반응하는지 관찰했다. 연구 결과 내향인과 외향인의 반응 차이가 크게 나타났다. 리탈린을 투여받은 그룹의 외향인은 도파민 수치가 높아지면서 바로 집중도와 활동성이 증가했다. 외향인은 진짜 약이든 가짜 약이든 중단 후에도 비슷한 상태를 유지했다. 보상이 제거되었음에도 보상을 있을 것이라는 기대감에 반응성이 크게 나타난 것이다.

파블로프의 개 실험을 떠올리면 된다. 음식을 줄 때 반복적으로 종소리를 들려주면 음식 없이 종소리만 들어도 개가 침을 흘리는 반응을 보인다. 도파민 약물을 주지 않아도 비디오 영상을 보면 도파민이 수치가 높아지고 활동성이 좋아지는 것이다. 그러나 투약받은 내향인은 반응이 낮거나(수치가 약간만 상승) 전혀 반응을 보이지 않았다. 투약을 중단하자 도파민 수치가 상승했을 때의 반응도 전부 사라졌다. 내향인은 외부 환경과 자극에 따라 움직이지 않는다는 것을 보여 준다. 리처드 교수는 개인의 뇌의 차이가 행동 방향을 결정한다고 알려 주는 결과라고 지적한다.[89] 내향인에게 흔히 말하는 '외향적 보상'이 동기 부여 요소가 되지 못하는 것을 알 수 있다. 내향인에게 가장 강력한 동기 부여는 내면세계이다. 의미와 지식 추구, 그로 인한 발전이 강력한 동기 부여가 되는 것이다.

내향인은 옳고 그름에 대한 자신만의 기준이 존재한다. 누구에게도 속하지 않는다. 무엇을 하든 스스로 결정한다. 자신을 존중하며 독립성을 잃지 않는다. 의지와 상반되는 행동을 하지 않는다. 내향인은 내면의 가치 기준을 따라 홀로 걷는 사람들이다. 이를 고집으로 오해해서는 안 된다. 내향인은 좋은 의견은 언제나 수용한다. 어디까지나 줏대 없는 것이 아니라 중심을 잘 잡고 행동한다는 것이다. 의지가 없는 것도 아니다. 많은 연구에 따르면 발전이 사람에게 가장 강력한 동기 부여다.[90] 내향인은 외부적 요인에 반응하지 않을 뿐 가장 강력한 동

---

89 피터 홀린스, (2018), *혼자 있고 싶은데 외로운 건 싫어: 남들보다 내성적인 사람들을 위한 심리수업*[The Science of Introverts], (공민희, 역), 포레스트북스, pp.76-80 참고

90 그렉 맥커운, (2014), *에센셜리즘: 본질에 집중하는 힘*[Essentialism: The Disciplined Pursuit

기 부여 요인을 지니고 있다.

인정이 필요하지 않다

사람은 누구나 타인으로 인정을 받고 싶어 한다. 그러나 내향인에게는 중요한 문제가 아니다. 외부의 인정은 있으면 좋고 아니어도 그만인 것이다. 오히려 관심을 받는 것을 불편하게 여기기도 한다. 특히 주도형 내향인과 비범형 내향인은 더욱 독립적이다. 주도형 내향인은 내향인 중 가장 냉철한 유형으로 언제나 이성을 잃지 않는 타입이다. 비범형 내향인은 전문분야 외에는 크게 관심을 두지 않는 내향인이다. 스스로 판단하기를 좋아한다. 타인의 견해를 따르기보다 현상이나 물건 그 자체에 따라 행동한다.

내향인은 자신의 가치 판단을 중요시한다. 다른 사람들에게 굳이 잘 보이려 애쓸 필요를 느끼지 않는다. 자유로우며 타인의 비판이나 어떠한 행동에도 흔들리지 않는다. 무시할 수 있는 힘이 있다. 자신의 삶을 원하는 방향으로 이끌어 갈 수 있다. 내향인은 자신의 능력을 자랑할 필요도 느끼지 못한다. 자신감이 없어서도 겸손해서도 아니다. 그저 스스로 떠벌리지 않도록 타고났을 뿐이다. 특히 주도형과 비범형 내향인은 칭찬을 바라지도 또 그렇게 행동하지도 않는다. 허풍과 허세

---

of Less], (김원호, 역), 알에이치코리아, p.258 참고

는 더더욱 싫어한다. 외부의 칭찬이나 인정 같은 동기가 없어도 스스로의 기준에 따라 수준 높은 결과물을 내놓는 사람들이다.

내향인은 외부가 아니라 자기 자신에게 바라는 것이 많은 사람이다. 내면의 높은 기준은 언제나 최상을 추구한다. 때문에 외부의 박수갈채는 큰 의미를 갖지 못한다. 스스로가 내린 평가가 더 중요한 것이다. 오히려 과시하고 내세우는 행동을 알아주지 않을까 안달복달하는 행동으로 여긴다. 내향인은 내면의 가치를 높이 산다. 눈에 보이는 것만으로 판단하는 사람은 오히려 멀리한다. 타인의 인정이 아니라 스스로의 인정에 따라 움직이는 사람들이다. 세계적인 부호 워런 버핏은 자신만의 득점표에 자부심을 느낀다. 그는 세상은 자기 자신을 따르는 사람과 무리를 따르는 사람으로 나뉜다고 지적했다.[91]

다수의 압력에 굴하지 않는 독립성

에머리 대학교의 그레고리 번스 교수는 다수의 압력이 얼마나 위험한지에 관한 실험을 했다. 혼자서 과제를 수행할 때 오답률은 13.8%였다. 집단으로 과제를 수행하자 오답률은 41%로 상승했다. fMRI로 뇌를 촬영하자 집단의 압력 때문에 생각을 바꾼 것이 드러났다. 의사결정에 관련된 전두엽은 비활성화되고 인지와 관련된 부분이 활성화

91 앨리스 슈뢰더, (2021), 스노볼[The Snowball: Warren Buffett and the Business of Life], (이경식, 역), 알에이치코리아 참고

되었다. '모르니까 따라가야지', '다들 A라고 하니까'가 아니다. 처음부터 자신이 그렇게 생각했다고 여기는 것이다. 사람들은 '우연히' 같은 답에 도달했다고 말했다고 한다. 이는 집단이 일종의 향정신성 약물과 유사하다는 의미다[92](향정신성 약물은 흥분제, 억제제, 환각제다). 인지에 영향을 미친 셈이다. 이 실험에서 번스 교수는 또 다른 흥미로운 점을 발견했다. 집단의 압력에도 불구하고 정답을 맞힌 사람들이 존재했다는 것이다. 이들의 뇌를 촬영한 결과 편도체가 활성화되어 있었다고 한다. 편도체는 두려움과 불안을 담당한다. 거절의 두려움을 안고 정답을 맞힌 것이다. 번스 교수는 이를 '독립의 고통'이라고 칭했으며 중요한 의미를 지닌다고 보았다.[93] 내향인은 이러한 편도체가 발달해 있고 반응성이 높다. 내향인이 자신의 의지로 흔들리지 않고 나아가는 이유, 정신적으로 독립적인 이유가 이것이다.

내향인이 위험을 무릅쓰고도 독립성을 유지하는 것은 생존을 위한 것인지도 모른다. 프린스턴대 타르니타 교수의 점액 곰팡이는 연구는 흥미로운 점을 시사한다. 점액 곰팡이는 환경이 풍부할 때는 단일 세

---

92 안현진, (2020), *월요일이 무섭지 않은 내향인의 기술*, 소울하우스, p.126

93 Berns, G., (2008), *Iconoclast: A Neuroscientist Reveals How to Think Differently*, Harvad Business Press, pp.59-81 참고.
Blakeslee, S., (2005, June 28), What Other People Say May Change What You See, *New York Times*, https://www.nytimes.com/2005/06/28/science/what-other-people-say-may-change-what-you-see.html 참고.
Berns, S. G., et al., (2005), Neurobiological Correlates of Social Conformity and Independance During Mental Rotation, *Biological Psychiatry 58*, pp.245-53 참고.

포로 존재한다. 그러나 위기에 처하면 뭉치는 전략을 구사한다. 연구팀은 이보다 더 흥미로운 점을 발견했다. 3분의 1은 모이지 않고 '외톨이'로 남는 것이었다. 이는 선택에 의한 것이라 한다. 외톨이는 어떠한 결점도 없었다. 이들의 자손을 실험한 결과 일부는 모이고 다른 일부는 떨어뜨려 놓는 것을 발견했다. 연구팀은 이상적인 조건을 만들어도 항상 외톨이가 생긴다는 점에 주목했다. 놀라운 점은 무작위가 아니며 유전적 특성을 보이고 있었다는 점이다. 타르티나 교수는 집단행동은 하나가 타격을 받으면 집단 전체가 위험해진다고 지적한다. 뒤로 물러나 있는 외톨이는 다수가 피해를 받을 때 전체가 무너지지 않도록 하는 역할이다. 그는 생물체가 똑같이 행동하지 않는 것에는 중요한 포인트가 있다고 말한다. 외톨이는 동식물에 모두 존재한다는 것이다. 큰 무리에서 떨어진 작은 무리들, 같은 시기가 아니라 앞서 자라거나 뒤에 자라거나 하는 식물들 모두가 그렇다.[94] 모두가 절벽을 향해갈 때 누군가는 막아야 할 마지막 판도라 상자가 내향인인지도 모른다.

내향인은 태고부터 사람들의 적응하라는 압력에 굴하지 않았다. 내향인으로 지금까지 존재한다. 생존에 불리했다면 살아남지 못했을 것이다. 내향인은 타인의 판단에 의존하거나 휘둘리지 않는다. 모두가

---

94 심재율, (2020년 3월 25일), '외톨이'가 항상 존재하는 이유는–사회를 유지하는 데 중요한 역할 담당. *사이언스타임즈*, https://www.sciencetimes.co.kr/news/%EC%99%B8%ED%86%A8%EC%9D%B4%EA%B0%80-%ED%95%AD%EC%83%81-%EC%A1%B4%EC%9E%AC%ED%95%98%EB%8A%94-%EC%9D%B4%EC%9C%A0%EB%8A%94/

잘못된 길을 갈 때 휩쓸리지 않는다. 자신만의 나침반을 따라 나아가는 사람이다. 자기 주관이 확실한 사람들이다. 내향인 중 ISTP은 가장 싫어하는 것이 집단과 규칙에 매이는 것이다. 스스로 결정하고 행동한다. 내향인의 독립성은 빠르게 돌아가는 세상에서 중심을 잡아 주는 강력한 강점이다.

내향인은 외향적인 보상에 흔들리지 않는다. 의미 부여를 하지 않는다. 도파민에 민감한 뇌는 자극을 줄이고 외향적인 보상에 움직이지 않게 한다. 크게 반응하지 않는다. 내향인은 자신의 가치 판단을 중시하며 스스로를 존중한다. 타인의 인정이 없어도 언제나 최상의 결과물을 내놓는다. 이러한 독립성은 다수의 압력 앞에 무너지지 않게 한다. 즉, 모두가 Yes를 외칠 때 위험을 무릅쓰고라도 No라고 외치며 자기 생각을 지키는 힘이다.

관찰력, 민감하게 세상의
미세한 변화를 잡아낸다

꼼꼼히 체크하는 내향인은 위급한 경우에 큰 역할을 한다. 아주 사소한 부분도 놓치지 않고 체크하기 때문이다. 일레인 아론 박사는 내향인을 학자에 비유한다. 성급함을 경계하여 무리를 지키는 사람이라 말한다. 내향인은 관찰하면서 다른 사람들이 지나치는 정보를 수집하고 중요한 무언가를 알아낸다. 아주 사소한 부분까지 샅샅이 보면서 필요한 부분을 채워 넣는다. 다른 사람들은 보지 못하는 핵심을 파악해 낸다. 이번 주제에서는 내향인의 뛰어난 관찰력에 대해 살펴보자.

뛰어난 눈썰미

내향인은 미세한 부분도 잘 포착하는 예리한 관찰력을 지녔다. 외부 자극에 민감하게 반응하기 때문이다. 자극에 신중하게 접근하고 인간관계든 사물이든 어떠한 상황이든 사소한 정보도 놓치지 않는다. 내향인의 전형적인 관찰력을 보여 주는 대목이 있다. 바로《셜록 홈즈》의 〈보헤미아 왕국의 스캔들〉 편에서 홈즈의 모습이다. 실존 인물은 아니지만 그의 관찰력을 보자. 편지지의 재질과 의뢰인의 차림새 등을 통해 사건을 단번에 알아낸다. 내향인은 세밀한 관찰력에서 유의미한 정보를 얻을 수 있는 사람이다.

내향인은 아주 사소한 것에도 주의를 기울인다. 목소리 톤, 말의 습관, 어휘 사용, 제스처, 시선의 움직임, 옷차림 등 모든 것을 파악한다. 디테일에서 필요한 정보를 얻는다. 내향인은 의도하지 않아도 뇌가 자동적으로 일한다. 이러한 무수히 많은 정보를 종합적으로 처리한다. 이러한 정보들이 모이면 중요한 순간에 결정적인 역할을 한다. 관찰만으로 정보 수집이 가능한지 의아하다면 다음의 사례를 보자. 영어에는 RP(received pronunciation, 용인된 발음) 영어가 있다. 옥스퍼드 영어 BBC 영어로도 불린다. 현재는 거의 보기 힘들지만 RP는 신분과 교양의 척도를 보여 주는 것으로 여겨졌다. 즉, 한 사람의 말에는 많은 정보가 담겨 있다.

내향인은 그걸 놓치지 않는다. 어떠한 사물을 관찰한다면 컬러와 질감, 형태 등에서 다방면으로 정보를 수집한다.《셜록 홈즈》에서 홈즈가 왓슨 박사에게 하숙집 계단 수를 묻는 장면이 있다. 홈즈는 총 계단 수가 17개라는 것을 알려 주며 주의 깊이 관찰하는 것이 중요하다고 말한다. 즉, 내향인은 그냥 보는 것이 아니라 관찰하고 있다. 이러한 내향인의 관찰력은 무엇보다 미세 표정을 읽어 내는 데 큰 역할을 한다. 《표정의 심리학》의 저자 폴 에크먼 박사에 따르면 미세 표정은 사람들이 감정을 숨기거나 연기할 때 무의식중에 드러나는 표정이다. 아주 짧은 순간에 나타났다가 사라진다. 내향인은 그 순간을 포착한다.

에크먼 박사는 사람들이 표정을 꾸며낸들 관찰력이 좋은 사람의 눈을 속일 수 없다고 말한다. 사람이 의식적으로 노력해도 미세근육까지 제어하지 못한다. 예를 들어 뒤센 미소가 있다. 뒤센 미소는 진짜 행복을 느낄 때 나오는 웃음이다. 보통은 입가 주변을 이용한 미소를 짓는다. 그러나 진정으로 기쁨을 느낄 때 눈가 근육까지 움직인다는 것이다. 폴 에크만 박사는 19가지 미소 중 하나만 진짜 즐거워서 웃는 것임을 밝혀냈다.[95] 내향인의 예리한 눈은 이러한 미세한 움직임을 잡아낸다. 상대의 숨겨진 생각을 볼 수 있는 것이다.

잘못된 정보를 잡아낸다

내향인의 탁월한 관찰력은 인간관계뿐 아니라 모든 면에 적용된다. 특히 업무 면에서 이러한 관찰력은 빛을 발한다. 내향인은 위험이나 경고 신호에 민감하게 반응한다. 한 연구에 따르면 내향인은 외향인보

---

95 폴 에크만, (2020), *표정의 심리학: 우리는 어떻게 감정을 드러내는가*[Emotions Revealed: Recognizing Faces and Feelings to Improve Communication and Emotional Life], (허우성&허주형, 역), 바다출판사 참고

다 잘못된 기억에 예리하게 반응한다고 한다.[96]

2016년 미시간 대학 언어학 연구팀의 연구도 살펴보자. 연구팀은 사람들이 메일의 맞춤법에 어떻게 반응하는지 관찰했다. 일부 메일에는 실수 없이, 나머지 메일에 문법적 실수를 일부 집어넣었다. 이후 메일의 작성자에 대한 질문지를 주고 답하게 했다. 질문지는 '작성자가 꼼꼼하고 믿을 만한 사람인가' 등으로 구성되었다. 연구 결과 내향인은 문법적 실수가 있는 메일의 작성자를 좋게 평가하지 않았다. 꼼꼼하지 않고 신뢰할 만하다고 여기지 않았다.[97] 충분히 검토하지 않았다고 생각하는 것이다. 간혹 사람들은 이런 모습을 두고 깐깐하다고 치부한다. 그러나 어떠한 의도가 있는 것이 아니라 내향인의 눈에는 그냥 보일 뿐이다. 매의 눈을 가졌을 뿐이다. 내향인은 수천 페이지가 되는 문서 더미에 묻혀 있어도 미세한 오타를 포착한다.

아주 사소한 부분을 잡아내는 것은 업무에서 매우 중요한 자질이다. 회사 매출을 좌지우지할 수도 있기 때문이다. 쉽게 금융이나 회계 쪽에 종사한다고 하자. 0 하나가 얼마나 중요한지 잘 알 것이다. 또한 오타라면 다행이지만 25개 주문을 250개로 잘못 썼을 때의 결과는 어떻

---

96 소피아 뎀블링, (2013), *나는 내성적인 사람입니다: 관계 중독 세상에서 나만의 생활방식을 지키며 조용하게 사는 법*[The Introvert's Way], (이순영, 역), 책읽는수요일, p.203 참고

97 피터 홀린스, (2018), *혼자 있고 싶은데 외로운 건 싫어: 남들보다 내성적인 사람들을 위한 심리수업*[The Science of Introverts], (공민희, 역), 포레스트북스, pp.22-23 참고

게 되겠는가. 이렇듯 잘못된 정보에 민감하고 디테일도 잘 잡아내는 특성은 업무에서 큰 재능이 된다. 내향인의 관찰력은 미세한 차이를 찾아내야 하고 조심성, 정확성이 필요한 곳에 특히 중요하다.

내향인은 사소한 것 하나도 그냥 지나치지 않는다. 모든 것에서 모든 정보를 끌어낸다. 옷차림, 행동, 말투 어느 것 하나 놓치지 않고 데이터를 모으는 것이다. 사람의 미세 표정을 놓치지 않고 숨겨진 정보도 찾아낼 수 있다. 또한 위험과 경고 신호에 민감하여 잘못된 정보를 잘 찾아낸다. 0 하나, 오타 하나, 아주 미세한 오차도 잡아낼 수 있다. 작은 숫자 하나가 다른 결과를 가져올 수 있는 만큼 이러한 관찰력은 직업적 성공의 바탕이 된다.

전문성, 진심으로 몰입해
완벽주의를 뽐낸다

심리학자 칼 융, 아인슈타인, 찰스 다윈, 워런 버핏, 마크 저커버그 모두 자기 분야에 성공한 내향인들이다. 이들은 모두 자기 분야에서 전문 지식을 지니고 있다. 끊임없이 연구하고 분석하며 내실을 다진 사람들이다. 이들의 전문성은 사람들을 움직이고 신뢰를 끌어낸다. 주목하게 만든다. 처세 기술이 아니라 모두 자신의 능력과 자질로 자신을 증명한 사람들이다. 분야의 최고가 된 사람들이다. 내향인의 깊이 사고하고 연구하는 특성은 전문성을 쌓는 데 큰 자산이다. 이러한 전문성은 성공의 바탕이 된다. 이번 주제는 내향인의 전문성에 대해 살펴보자.

일에 진심이다

내향인은 자신의 일에서 장인 정신을 발휘하는 사람이다. 대부분

완벽주의를 추구하여 철저하고 꼼꼼하게 해낸다. 자기 분야만큼은 빈틈없다. 현재 문제에 대해 깊이 생각하고 해결하기 위해 누구보다 열심히 노력한다. 자연스럽게 광범위한 전문가적 지식을 보유한다. 전문적 지식 덕분에 타인의 허황된 말이나 입에 발린 소리에 넘어가지 않는다. 모든 시스템과 체계가 어떻게 돌아가는지 알고 있다. 그래서 자신만의 견해와 전문적 판단이 가능하다. 이러한 견해는 독창적이기까지 하며 뛰어난 성과로 이어진다.

최근 실시된 '옥스퍼드 행복 프로젝트'를 살펴보자. 조사 결과에 따르면 내향인이 더 일을 좋아한다고 한다.[98] 내향인은 일에 진심인 사람들이다. 난관에 부딪히더라도 꿋꿋이 이겨내며 일 그 자체를 좋아한다. 때때로 일을 삶에서 가장 중요하게 여기기도 한다. 하나를 시작하면 몰두한다. 꼼꼼하게 따지고 면밀하게 분석한다. 끝까지 제대로 해내고야 만다. 자기 분야에서 자신의 능력을 확인하는 것을 좋아한다. 최상의 해결책에 대한 믿음으로 언제 어디서든 모든 것을 해낸다.

내향인의 자기 분야에 대한 확신과 전문성은 성공의 바탕이 된다. 잡지 〈보그〉의 편집장 안나 윈투어, 마이크로소프트의 빌 게이츠를 보면 알 수 있다. 내향인은 일에 진심으로 몰입한다. 이 때문에 '사람들과 어울려야 한다', '잡담은 좋은 것이다' 같은 말을 이해하지 못한다.

---

98 마티 올슨 래니, (2006), *내성적인 사람이 성공한다*[Introvert Advantage: How to Thrive in an Extrovert World], (박윤정, 역), 서돌, p.142 참고

내향인에게 직장은 일하러 가는 곳이기 때문이다. 정다운 인사는 좋지만 필요 이상의 잡담은 산만하게 여긴다. 무엇이 되었든 방해받지 않고 작업에 몰입하기를 바란다는 것이다. 일터다운 일터를 원한다.

실력으로 승부한다

실제로 직장에서 궁극적으로 중요한 것은 사교성이 아니라 일과 성과다. 자신의 가치를 증명하는 것은 실제적으로 보이는 결과물이다. 전문성을 갖춘 사람은 어디든 인정을 받기 마련이다. 이를 위해서는 자신의 일을 완전히 마스터하는 것이 중요하다. 간혹 모임이라면 뭐든 참석하여 사람들과 어울리는 것을 최우선으로 여기는 사람이 있다. 그렇게 해야 성공한다고 생각하는 것이다. 그러나 그 분야에 오래 있던 사람이라면 상대를 알아본다. 단지 겉으로 말하지 않을 뿐이다.

자기 분야에서 베테랑으로 인정받는 것이 성공으로 가는 길이다. 끊임없이 새로운 기술과 학문을 연구하고 경력을 쌓으면 좋은 입소문을 탄다. 명의(뛰어난 의사)라고 불리는 의사들을 보면 쉽게 이해될 것이다. 미국 ABC 방송국의 진행자 다이언 소여의 사례를 보자. 소여는 미국 프로그램 〈굿모닝 아메리카〉를 맡고 있으며 에미상(미국 방송계 최고 권위 시상식) 수상자이다. 그녀의 전문가다운 태도와 프로의식은 유명하다. 인터뷰할 대상을 철저히 조사하고 예리한 질문을 던

진다. 이러한 전문성은 그녀를 그 분야의 최고로 만들었다.[99]

내향인의 탐구력과 학습력, 철저한 일 처리는 충분히 전문성을 높여 준다. 실력으로 승부한다. 미국 실리콘 밸리의 능력 있는 사람들 모두 자신의 작업물로 자신을 증명한다. 이들의 진정한 힘은 실력에 있다. 결국 아이디어와 눈에 보이는 성적표가 좋으면 사람들은 따라오기 마련이다. 내향인이 어떠한 것에 마음을 쏟을 때 그것은 사람들의 마음을 움직인다. 베토벤, 아인슈타인, 마더 테레사 등을 보면 알 수 있다. 자신이 중요하게 여기는 분야에 그 노력을 쏟아부었다. 그 결과 세상을 변화시킬 수 있었던 것이다.

내향인 모두 각자의 자리에서 최고될 수 있는 자질을 충분히 지니고 있다. 문제에 정확하게 접근하고 깊이 파고든다. 탐구 정신으로 관련된 사항을 모두 파악하며 창의적인 해결책을 내놓는 힘이 있다. 이를 바탕으로 수준 높은 성과를 이룰 수 있는 것이다. 이를 위해서는 자신이 맡은 일을 열정으로 대해야 한다. 자신의 분야의 새로운 정보를 익히고 절대적 전문가가 되도록 노력하자. 필자가 일하는 곳은 해마다 법령이 계속 개정되는 경우가 있어 이를 알고 있는 것이 중요하다. 그에 따른 업무 처리도 달라지기 때문에 필자는 새로운 직무 연수를 받는 것을 중요하게 여긴다.

---

99 마티 올슨 래니, (2006), *내성적인 사람이 성공한다*[Introvert Advantage: How to Thrive in an Extrovert World], (박윤정, 역), 서돌, pp.45-46 참고.

전문성에서 나오는 권력

사람들은 내향인에게 외향적인 모습이 없어서 권력 있는 사람이 되기 힘들다고 생각한다. 하지만 그렇지 않다. 내향인 특유의 강점과 잠재력을 잘 활용한다면 얼마든지 가능하다. 미국의 존 F. 케네디는 카리스마 있는 인물로 손꼽힌다. 그는 타인과 대화하는 것보다 책을 읽는게 더 좋은 내향인이다. 그는 진지함, 전문성, 설득력을 중요하게 생각했다.[100] 내향인의 장인 정신과 전문성은 권력의 바탕이 된다.

미국의 심리학자 프렌치와 레이븐의 권력 이론을 통해 이를 좀 더 살펴보자. 권력은 그 원천에 따라 총 5가지 유형으로 분류된다. 합법적 권력, 보상적 권력, 강압적 권력, 준거적 권력, 전문적 권력이 그것이다. 합법적 권력은 직위, 직책을 근거로 한다. 사장, 임원 등 명확하게 규정된 공식적인 타이틀에서 오는 것이다. 타이틀을 잃으면 소멸한다. 보상적 권력은 교육, 칭찬, 평가 등 보상을 줄 수 있는 능력을 보유한 상급자에게서 나온다. 보상은 점점 커져야 만족하는 특성이 있으며 능력이 사라지면 역시 힘을 잃는다. 강압적 권력은 위협과 처벌에서 나온다. 비인간적 분위기를 조성할 우려가 있다. 준거적 권력은 인간적 매력, 호감 등을 바탕으로 한다. 사람들이 리더를 좋아할 때 발생한다. 전문적 권력은 전문성에서 나온다.

---

100 도리스 메르틴, (2016), *혼자가 편한 사람들: 내성적인 당신의 잠재력을 높여주는 책*[Leise gewinnt], (강희진, 역), 비전코리아, p.200 참고

이 전문적 권력을 좀 더 살펴보자. 어떤 사람이 길에 쓰러져 있다고 하자. 누군가 달려오면서 그대로 두라고 지시한다. 이윽고 '제가 의사입니다'라고 하는 순간 사람들은 모두 그 사람의 말을 듣게 된다. 그 사람의 전문가적 지식을 존중하고 따르는 것이다. 이것이 전문적 권력의 핵심이다. 내향인의 힘은 자기 분야에 대한 끊임없는 연구와 전문적 지식에 있다. 충분히 권력 있는 사람이 될 수 있는 것이다. 또한 나머지 유형과 달리 전문적 지식은 지속적이며 경력이 쌓일수록 효과는 커진다. 타인에게 신뢰를 줄 수 있다. 노력을 통해 얼마든지 더 향상될 수 있는 부분이기도 하다.

내향인의 전문성은 자기 분야에서 최고가 될 수 있는 바탕인 셈이다. 경영 이론가 짐 콜린스의 연구 결과, 최고 성과를 이룬 기업에는 '레벨 5 지도자'가 있다. 이들은 강력한 프로 의식과 전문성을 중요하게 생각하는 리더들이다. 콜린스에 따르면 이들은 자기 일에 적합한 자질을 갖추기 위해 끊임없이 노력한다고 말한다.[101] 즉, 내향인도 얼마든지 리더십 있고 권위와 카리스마를 가진 사람으로 성공할 수 있다. 더불어 시간을 더할수록 강력한 힘을 발휘할 수 있다. 존경받는 권위자로 성장하는 것이다.

내향인은 맡은 일에 철저하고 장인 정신을 발휘한다. 일을 즐기며

---

101 짐 콜린스, (2021), 좋은 기업을 넘어 위대한 기업으로[Good to Great: Why Some Companies Make the Leap...and Others Don't], (이무열, 역), 김영사, pp.35-75 참고

누구보다 몰두하고 진심으로 임하는 사람들이다. 이러한 프로페셔널한 모습은 자신의 가치를 증명하기에 충분하다. 자신의 일을 마스터하여 분야에서 베테랑이 된다. 좋은 입소문을 타게 되면 성공으로 이르게 된다. 전문성은 시간이 갈수록 향상되는 부분이며 지속적이고 신뢰와 존경을 불러온다. 결과적으로 충분히 리더십, 권위, 카리스마를 갖춘 성공한 사람이 될 수 있다.

감지력, 타고난 민감한 안테나로
일의 흐름을 읽는다

내향인은 민감성 덕분에 수집하는 수많은 단편적 정보에서 전체적인 그림을 그릴 수 있다. 감춰진 심리나 분위기를 바로 파악하기 때문이다. 이를 바탕으로 신중하게 그리고 적절한 순간에 던지는 말에는 힘이 실린다. 주의를 집중시키는 힘이 있다. 또한 예의 있고 상대를 배려하는 느낌도 준다. 비즈니스 매너와 에티켓이 중요한 직장 생활에서 이는 중요한 장점이다. 상황을 파악하게 하는 민감성은 내향인 스스로를 지키는 힘이 된다. 이번 주제에서는 내향인의 민감성에 대해 알아보자.

행간을 읽는다

내향인의 섬세한 신경계는 모인 데이터를 깊이 분석하고 아주 작은 차이도 감지한다. 이를 통해 타인의 심리와 주변의 관계를 읽어 낼 수 있다. 상대방과 몇 마디만으로 어떤 사람인지 파악할 수 있다. 대화에서 표현되지 않은 행간의 의미를 아는 것이다. 신경 과학자 매슈 리버먼 박사는 내향인이 단서 해독에 더 뛰어나다고 말한다. 그는 다양한 연구를 수행한 결과 내향인이 사회적 단서를 더 잘 파악한다는 것을 발견했다.[102] 내향인은 겉으로 드러난 것뿐만 아니라 숨겨진 정보도 포착한다.

내향인의 행간을 읽는 능력은 매우 중요한 강점이다. 〈뉴욕타임즈〉의 칼럼니스트 토머스 프리드먼은 다른 사람들이 포착하지 못하는 정보를 해석할 수 있어야 한다고 지적한다.[103] 그는 사람들에게서 직접적으로 언급되지 않는 무언가를 포착하는 것이 중요하다고 말한다. 〈시애틀의 잠 못 이루는 밤〉, 〈해리가 샐리를 만났을 때〉 등 다수의 유명한 작품 시나리오를 쓴 노라 에프론의 일화를 살펴보자.

에프론이 언론학 기초를 수강하던 때의 일이다. 선생님 찰리 심스는 자신이 들려주는 이야기에서 언론 기사의 첫머리를 써보라고 했다. 이야기 내용은 '교장 선생님이 모두에게 다음 주 목요일 세미나에 참석하라고 했다는 것'이었다. 그 세미나에는 인류학자 등 유명 인사가

---

102 수전 케인, (2013), *콰이어트: 시끄러운 세상에서 조용히 세상을 움직이는 힘*[Quiet: The Power of Introverts in a World That Can't Stop Talking], (김우열, 역), 알에이치코리아, p.363 참고.

103 그렉 맥커운, (2014), *에센셜리즘: 본질에 집중하는 힘*[Essentialism: The Disciplined Pursuit of Less], (김원호, 역), 알에이치코리아, p.100 참고.

참여할 예정이라는 것이었다. 에프론을 비롯한 학생들은 육하원칙(언제, 어디서, 누가, 무엇을, 어떻게, 왜)에 따라 작성했다. 찰리 심스는 살펴본 후 다음 주 목요일에는 수업이 없다는 것이 핵심이라고 지적했다. 에프론은 이때의 일을 회상하며 본질을 해석하는 힘이 필요하다고 말한다.[104] 눈에 보이는 것만을 포착하는 것을 넘어서야 한다는 것이다.

내향인의 행간을 읽는 힘이 바로 이것이다. 어떤 상황이 의미하는 바를 포착한다. 또한 그 의미가 중요한 이유도 이해한다. 여러 정보를 종합하고 인과 관계를 파악한다. 숨겨진 중요한 그 무엇을 찾아낸다. 상대의 의도를 꿰뚫는다. 내향인은 이러한 강점을 통해 상황을 통제하고 위험한 지뢰를 피할 수 있다. 내향인은 모든 것을 듣고 모든 것을 본다. 동시에 관계가 없는 것은 빠르게 제외한다. 지나치기 쉬운 중요한 부분은 더 깊이 파고든다. 결과적으로 상황이 엉뚱한 방향으로 흐르는 것을 막아주고 사람들로부터 신뢰를 얻는다.

---

104 Ephron, N., (2013, June 18), The Best Journalism Teacher Iever Had, *Northwest Scholastic Press*, www.nwscholasticpress.org/2013/06/18/the-best-journalism-teacher-i-ever-had/#sthash.ZFtUBv50.dpbs. 참고
그렉 맥커운, (2014), *에센셜리즘: 본질에 집중하는 힘*[Essentialism: The Disciplined Pursuit of Less], (김원호, 역), 알에이치코리아, pp.95-97 참고

날카로운 감지력

내향인의 민감한 특성은 수많은 정보를 빠르게 흡수하게 해 준다. 그래서 다른 사람이 느끼지 못하는 부분까지 알아챌 수 있다. 외향인은 어떤 장소에 들어서면 사람을 본다. 내향인은 무의식적으로 분위기와 그곳의 상황을 감지한다. 화목한지 냉랭한지, 정적인지 따뜻한지 모두 파악할 수 있다. 그래서 주변에 갈등이 존재하거나 긴장감이 감돌면 버거워한다. 뛰어난 안테나 덕분에 일어나는 일들을 또렷하게 아는 것이다. 자연스럽게 누가 무엇을 원하는지 읽어 낸다.

무뎌지고 싶어도 어떠한 장소가 꺼림칙하다든가 편안하다든가를 손에 잡히듯 알 수 있다. 대부분의 사람도 뭔가 평소와 다르다는 것 정도는 안다. 그러나 내향인에게는 그러한 분위기가 좀 더 훤히 눈앞에 보인다. 특히 상대방이 적대적이거나 악의를 교묘하게 감추어 알 수 없다고 하자. 내향인은 그래도 선명하게 감지할 수 있다. 미세한 변화와 차이, 단서를 아는 것이다. 예리한 감지력은 자리를 피하여 사건 사고에 휩쓸리지 않게 해 준다. 구설에 휘말리지 않을 수 있다.

감지 능력은 같이 시너지 효과를 낼 수 있는 좋은 동료를 알아보는 눈이 되기도 한다. 이메일만 읽고도 내용에 숨겨진 마음을 읽어 낼 수 있다. 아무것도 말하지 않는 상대의 쓴웃음에서 많은 것을 알 수 있다. 상황을 원만하게 이끌어 가고 사람 간 관계를 잘 조정할 수 있다. 또한 아름다움과 추함을 가리는 탁월한 심미안이 되기도 한다. 내향인 스스로는 피곤하게 느끼기도 하지만 이러한 능력은 타고난 강점이다. 남들에게 보이지 않는 것을 볼 수 있는 것은 선물인 셈이다.

판의 흐름을 읽는다

서로가 만족할 만한 해결책을 찾으려면 상대방의 진정한 의도를 파악할 수 있어야 한다. 이를 위해서는 판을 읽는 힘이 중요하다. 그러나 사람들은 대부분 자기주장이 강하거나 요란한 사람에게 주의를 빼앗기기 쉽다. 겉으로 보이는 것에 혹하여 상황을 제대로 보지 못하고 끌려갈 가능성이 높아지는 것이다. 내향인은 철저히 전체적인 시야에서 맥락을 놓치지 않는다. 돌아가는 상황과 그 상황의 배경을 읽어 낸다. 상대를 관찰하고 분석하여 움직이게 할 포인트를 찾아낸다.

내향인은 갈등 속에 존재하는 다양한 논점을 발견한다. 여러 방면으로 살펴보고 분석한다. 마주하는 상황을 명쾌하게 해석한다. 마치 체스를 두는 것과 같다. 상대가 관심을 두는 것은 무엇인지, 그에 대한 반응 방식은 어떠한지 판단한다. 규칙을 찾아내고 행동과 반응 패턴 등을 유형화한다. 디테일을 포착하여 관계의 본질을 찾아낸다. '이 사람들의 관계는?', 'A가 B를 바라보는 관점은?', 'A에 대한 B의 시각은?', '친해 보이는데 미묘하게 위화감(조화되지 않고 어딘지 맞지 않는 느낌)이 드는 이유는?' 내향인은 이 모든 것을 바라본다.

판을 읽음으로써 내향인은 상대가 생각한 대로 움직이지 않을 수 있다. 무엇을 피해야 할지 안다. 특히 이상할 정도로 편을 가르는 사람을 조심할 수 있다. 내 편인지 적인지 이분법으로 나누려는 사람을 피할 수 있는 것이다. 즉, 내향인은 분위기와 환경 변화를 빨리 알아챈다. 신중하게 분석하여 사람들의 진짜 동기를 알 수 있다. 이러한 판을 읽는 힘은 내향인이 중심을 잡고 스스로가 정한 목표를 향해 나아가게 해 준다. 내향인은 불리해 보이는 상황일지라도 전략적으로 나아갈 수 있다.

예리하게 관찰하고 특징을 찾아 날카롭게 파고든다. 빈틈을 찾아 허점을 겨냥한다. 상대방이 거침없고 행동이 클수록 더 잘 읽을 수 있다. 내향인 특유의 상황을 보는 힘은 그 자체로 강점이 된다. 판을 이끄는 힘이 된다. 내향인은 마주한 환경을 해독하고 읽음으로써 문제의 본질을 꿰뚫는다. 전체를 바라보는 감각을 지닌 셈이다. 주의를 산만하게 하는 레드 헤링(붉은 청어-냄새가 고약해서 주의를 흐트러뜨리는 것)에 빠지지 않는다. 상대방의 진정한 의도를 알아내고 윈-윈으로 갈 수 있게 한다.

내향인은 사람이든 사물이든 혹은 상황이든 주도면밀하게 분석한다. 아주 미세한 부분도 정확하게 알 수 있다. 미묘한 변화에서 유의미한 단서를 찾아낸다. 행간을 읽는 것이다. 겉으로 드러난 말 뒤에 가려진 정보를 파악한다. 민감한 감지력 덕분에 어떠한 장소의 분위기를 볼 수 있고 위험을 알아챌 수 있다. 이는 내향인이 스스로를 보호하는 힘이 된다. 더 나아가 민감성은 상황의 맥락과 배경을 파악하고 판을 주도할 수 있는 강력한 강점이 되기도 한다.

자아 성찰, 끊임없이 자신을 점검하고 삶의 본질을 추구한다

Reflection(상, 물에 비친 모습, 거울, 성찰)은 디즈니 애니메이션 〈뮬란〉의 유명 ost다. 주인공 뮬란은 이 노래를 부르며 자신에 대해 진지하게 고민한다. 내면의 모습과 세상에서의 역할에 대해 깊이 생각한다. 내향인의 모습을 잘 대변해 주는 장면이지 않을까. 〈미녀와 야수〉의 주인공 벨 역시 어딘가에 있을 세상을 꿈꾸며 책을 사랑한다. 마을 사람들 눈에는 누구와도 어울리지 않고 마음이 다른 데 있는 수수께끼의 사람일 뿐이다. 내향인은 한 발은 세상에 딛고 다른 한 발은 먼 곳을 보는 사람이다. 자신을 성찰하고 삶의 의미를 추구하며 한 걸음씩 나아간다. 이번 주제에서는 누구보다 치열하게 삶에 대해 고민하는 내향인의 모습을 살펴보자.

결이 다른 목표 추구

내향인이 살면서 추구하는 목표는 흔히 외향인이 생각하는 목표와 다르다. 보통 예술과 관련된 활동이나 과학적 탐구 등에 관심을 가진다. 물질적인 것보다는 좀 더 높은 차원의 목표를 추구하는 것이다. 승진, 성과금과 같은 것에 대한 소망은 평범하고 일반적이다. 그보다는 그 이상의 정신적인 가치를 추구한다. 의미와 지식을 추구하며 외적 기준보다는 내면의 자신만의 기준을 따라간다.

미국의 전 부통령 앨 고어는 이러한 내향인의 모습을 잘 보여 준다. 그는 수십 년간 지구 온난화를 알리기 위해 노력했다. 그의 전직 보좌관에 따르면 앨 고어는 전형적인 내향인이다. 100명이 넘는 행사장에 다녀올 때면 휴식이 필요하다고 말한다. 앨 고어 자신도 사람들을 만나는 것보다는 토론에서 힘을 얻는다고 한다.[105] 그는 하버드 대학에서 들었던 온실가스 효과와 화석 연료의 관계를 의회 사람들에게도 알리려 했다. 그러나 사람들은 귀 기울이지 않았다. 앨 고어는 강렬한 자극이어야 반응하는 의원들을 설득하기 위해 다른 방법을 생각했다. 할리우드 특수 효과를 사용하여 다큐멘터리 영화 〈불편한 진실〉을 만들었다. 앨 고어에게 환경 문제는 정치적 차원의 문제가 아니었다. 사

---

105 Remnick, D., (2004, September 13), The Wilderness Campaign, *The New Yorker*, https://www.newyorker.com/magazine/2004/09/13/the-wilderness-campaign 참고.

명과 같았고 양심의 문제였다.[106]

내향인은 중에는 사회적 변화를 빠르게 감지하고 이해하는 섬세한 사람들이 있다. 윤리적이고 더 나은 세상 만들기에 기여하는 능력을 지녔다. 이처럼 내향인은 어떤 물질적 성공을 목표로 하기보다 하고 있는 일 그 자체를 좋아한다. 그 안에서 성장하고 무언가 변화가 생기는 것을 보면서 즐거워하는 사람들이다. 자신이 좋아하는 일이라면 진심인 사람들이다. 얼마든지 하드 워커(hard worker)가 될 수 있다. 일이 힘들다고 생각하지 않는 것이다. 오히려 업무를 수행하면서 즐거워하고 즐긴다. 그 결과 기회가 오면 확실한 능력을 발휘한다.

융은 내향인을 다음과 같이 묘사한다. 내향인은 내면세계 존재의 증인이다. 매혹적이고 다채로운 삶이 겉에만 존재하는 것이 아니라는 점을 알게 해 준다. 시대에 눈멀기를 거부하는 사람들이다. 내향인의 삶은 많은 것을 가르쳐 준다. 삶의 다른 가능성을 제시한다.[107] 내향인도 충분히 목표 지향적이다. 다만 외향인과 그 결이 다를 뿐이다. 초점과 시선이 다른 곳을 향할 뿐이다. 외향인은 승진과 성과금 등 외적인

---

106 수전 케인, (2013), *콰이어트: 시끄러운 세상에서 조용히 세상을 움직이는 힘*[Quiet: The Power of Introverts in a World That Can't Stop Talking], (김우열, 역), 알에이치코리아, pp.233-235 참고

107 소피아 뎀블링, (2013), *나는 내성적인 사람입니다: 관계 중독 세상에서 나만의 생활방식을 지키며 조용하게 사는 법*[The Introvert's Way], (이순영, 역), 책읽는수요일, pp.88-89 참고

보상을 추구한다. 내향인은 단순히 물질적 목적보다는 세상을 변화시키려는 높은 목적의식을 지녔다.

자아 성찰, 전체적인 시각에서 자신을 바라보기

내향인의 공통적인 특성은 언제나 성찰을 한다는 것이다. 내향인은 혼자 있는 시간을 통해 자신에 대해 생각하고 인생의 문제를 고민한다. 스스로 정한 목표를 다시 한번 생각한다. 어디까지 왔는지 어디로 가야 할지 살핀다. 지금까지의 시간을 돌아보며 그러한 시간이 주는 의미를 생각한다. 내향인은 눈앞에 보이는 현상 그 자체에 크게 의미를 두지 않는다. 사물이나 현상 뒤에 있는 본질을 중요하게 생각하는 것이다. 지금을 살아가되 언제나 눈에 보이는 것 이상에 주목한다.

자아 성찰은 내향인이 진실로 중요하게 생각하는 것이다. 자신을 안다는 것은 나침반과 같다. 내향인의 강점을 끌어올리고 꿋꿋이 나아갈 바탕이 된다. 정말 원하는 것을 파악하고 이상을 실현할 수 있도록 집중력을 준다. 이를 통해 충만하고 풍요로운 느낌을 받는다. 그래서 자유롭게 제 갈 길을 가면서도 지치지 않는다. 성찰을 통해서 성장한다. 더 나아가 정말로 숭고한 일을 해내는 내향인도 많이 있다. 넬슨 만델라, 마틴 루터 킹, 마더 테레사 같은 사람들이 존재한다.

내향인은 자신을 중심으로 주변을 탐색하고 입체적으로 바라본다.

자아 성찰을 통해 인간은 큰 우주의 일부에 지나지 않는다고 생각하기도 한다. 그래서 자연과 환경, 동식물에 대한 존중과 경외심이 있다. 내향인은 모든 것이 유기적으로 연결된 것을 안다. 자신의 행동이 미치는 영향을 생각한다. 내향인에게 성찰은 자신의 신념을 만들고 스스로가 있을 곳을 찾아내게 한다. 내향인을 한 차원 높은 무언가를 향해 걸어가게 만든다. 융의 말처럼 세상에 눈멀지 않게 해 주는 힘이다. '나'라는 개인을 넘어 인간이 추구해야 할 것, 나아가야 할 방향을 제시해 주는 밑바탕이 되는 것이다.

사명감, 열정의 근원

돌아보고 생각하면서 언제나 사물의 그 너머를 추구하는 내향인. 이러한 성향은 인생 경로의 모든 면에서 나타난다. 스티브 워즈니악이 홀로 컴퓨터를 개발할 수 있었던 배경을 보자. 그는 자신에게 전자 기기를 향한 열정이 있었다고 회상했다. 그리고 그 열정의 바탕에는 아버지의 가르침이 있었다. 엔지니어는 삶을 변화시키는 사람이고 세상의 열쇠라는 것이었다.[108] 이러한 사명감은 내향인에게 동기 부여가 된다. 동기 부여는 에릭슨이 강조한 의도적 연습의 요소 중 하나다.[109]

---

108 스티브 워즈니악 & 지나 스미스, (2008), *스티브 워즈니악: 최초로 PC를 발명하고 애플을 설립한 괴짜 천재의 기발하고도 상상력 넘치는 인생 이야기*[iWoz:Computer Geek to Cult Icon: How I Invented the Personal Computer, Co-Founded Apple, and Had Fun Doing It], (장석훈, 역), 청림출판, p.16 참고

109 수전 케인, (2013), *콰이어트: 시끄러운 세상에서 조용히 세상을 움직이는 힘*[Quiet: The

의도적 연습은 필요 이상의 수준을 넘어 한계를 뛰어넘도록 훈련하는 것이다. 사명감은 힘든 훈련을 견디는 열정을 부여한다.

스티브 잡스와 존 스컬리의 일화를 보면 사명감을 잘 이해할 수 있다. 스티브 잡스는 애플의 발전에 필요한 인재를 영입하려고 애썼다. 1983년 당시 경영과 마케팅에 뛰어난 존 스컬리의 영입에 심혈을 기울였다. 존 스컬리는 펩시콜라의 젊은 CEO였다. 잡스가 여러 번 시도했으나 스카우트가 쉽지 않은 인물이었다. 잡스는 만나서 그의 마음을 움직이는 말을 던졌다. "당신은 평생 설탕물을 팔 건가요? 아니면 세상을 바꾸겠습니까?" 이후 애플로 이직했다고 한다.[110]

사람에게는 사명감이라는 게 존재한다. 사명감은 사람을 움직이게 하고 세상에 기여하게 한다. 사명감이 없다면 좋은 성과도 없다. 《죽음의 수용소에서》의 저자 빅터 프랭클은 수용소에서 지켜본 인간의 심리를 정리했다. 그는 아우슈비츠 수용소에서 살아남은 정신과 의사다. 후학에게 전해 주고 싶다는 일념으로 고난의 와중에서도 연구를

Power of Introverts in a World That Can't Stop Talking], (김우열, 역), 알에이치코리아, p.135 참고.

110 원문은 "Do you want to sell sugar water for the rest of your life or come with me and change the world?"이다.
Gallo, C., (2016, November 26), How Steve Jobs And Bill Gates Inspired John Sculley To Pursue The 'Noble Cause', *Forbes*, https://www.forbes.com/sites/carminegallo/2016/11/12/how-steve-jobs-and-bill-gates-inspired-john-sculley-to-pursue-the-noble-cause/?sh=1a879f9c232b 참고.

했다. 그리고 삶의 의미와 목적을 강조하는 로고테라피를 발전시켰다.

사명감은 어떠한 일이나 직업에서 수입 외에 보람과 의미를 찾는 것이다. 내향인은 이러한 삶의 의미를 찾아 정신적인 목표를 추구한다. 스티브 워즈니악의 엔지니어로서의 열정은 충분히 세상을 바꿀 힘을 가진 것이었다.

의미 있는 삶, 무엇을 남기고 싶은지 고민한다

빅터 프랭클은 사람이 절망적인 상황을 마주하면 두 부류로 나뉜다고 보았다. 묵묵히 견디며 인격을 지키는 사람과 그렇지 않은 사람으로 나뉜다. 그는 수용소와 같은 절망적인 상황에서도 고귀한 인격을 유지하는 사람들이 있음을 보았다. 그들의 공통점은 삶의 목적과 의미를 추구한다는 것이었다. 내일이 어떻게 될지 모르는 상황에서도 흔들리지 않았다. 세상을 사는 이유와 삶의 목표가 분명했던 것이다. 의미 있는 대화를 나누는 사람이 행복한 사람이라는 마티아스 멜의 연구도 맥을 같이한다. 삶의 의미를 추구하는 것은 중요하다는 점을 알 수 있다.

내향인은 외부 세계를 판단하고 그에 대한 반응으로 부정적 감정 시스템을 활용한다. 부정적 감정 시스템은 불안과 안정감 등을 판단한다. 그런데 그러한 판단 기준은 내향인 자기 자신에게도 적용된다.

즉, 잘못된 인생 경로를 밟고 있는 것은 아닌지 걱정한다. 자신이 제대로 살고 있는지 늘 궁금해한다. 이러한 고민은 내향인의 삶을 풍요롭게 한다. 삶의 의미를 성찰하게 해 준다. 이러한 성찰은 빅터 프랭클이 말하는 '흔들리지 않는 힘'이 바탕 된다. 고매한 사람으로 살아가게 한다. 내향인은 고귀하고 수준 높은 삶의 기준을 유지할 자질을 지닌 셈이다.

본질을 추구한다는 것은 일에서의 성공만을 의미하는 게 아니다. 궁극적인 목적은 의미 있고 만족스러운 삶도 포함된다. 삶의 비전을 추구하는 것이다. '얼마나 바쁘게 사는가'가 삶을 평가하는 척도가 아니다. 단지 이력서의 칸을 채우기 위한 무수한 이력은 사양한다. 내향인은 사색을 즐기고 휴식을 취하며 인생의 중요한 사람들과 시간을 보낸다. 자기 분야에서 의미 있는 경력을 추구한다. 이는 결국 영향력을 인정받는 행복한 삶으로 이어진다. 자신에 대해 고민하고 성찰하는 내향인은 원하는 바를 충분히 자각하고 얻을 수 있다.

삶의 의미를 추구한다는 것은 보통 보상 추구와는 무관한 활동들과 관련된다. 보상받기보다 세상에 주기를 원하는 어떠한 행위다. 자신의 일에 열정으로 임한다. 일이 기여하는 바를 끊임없이 고민한다. 이 자체에서 즐거움을 얻는다. 이는 역경의 상황에 놓여도 좌절하지 않게 만든다. 오히려 역경을 거울삼아 더 높이 더 멀리 내다보며 흔들리지 않는 힘을 받는다. 즉, 삶의 목적과 의미 추구를 통해 내향인은 성장한다. 따라서 다채롭고 행복한 삶을 살 가능성이 커지는 셈이다.

스스로를 성찰하며 인생에 대해 고민한다. 눈에 보이는 것 이상을 추구하면서 숭고한 삶을 살기도 한다. 깊이 생각하면서 눈에 보이는 그 너머를 추구한다. 사명감과 그 열정으로 놀라운 결과물을 만들어 낸다. 세상을 움직인다. 그럼에도 항상 자신이 제대로 나아가고 있는지 걱정하며 삶의 의미를 찾는다. 이러한 의미 추구는 내향인이 흔들리지 않게 해 준다. 높은 기준에 시선을 고정하고 고귀한 삶을 살 수 있는 바탕이 된다. 일의 성공뿐만 아니라 풍요로운 삶을 살게 되는 것이다.

내향인의 삶을 응원하며

독자들 중에는 이 책에 소개된 요소들을 가지고 있지 않다고 느끼는 사람도 있을 수 있다. 하나만 해당된다고 여길 수도 있다. 내향인이라 해도 각자의 장점은 다 다르다. 지구 상에는 약 80억 인구가 존재하지 않던가. 그중에 50%라고 해도 40억 인구다. 또한 몇몇 자질은 시간과 노력이 필요한 부분도 존재한다. 나비는 날개를 지녔지만 고치에서 나와 바로 날 수 없다. 젖은 날개가 마르기까지 기다리고 날갯짓도 몇 번 해 봐야 한다. 새들도 날개를 지녔다고 해서 바로 날 수 없다. 비행 연습을 한 후에야 가능하다. 내향인은 이미 수많은 장점을 지니고 있다. 다만 스스로 알지 못할 뿐. 알았다면 이제부터 강점을 갈고 닦는 데 시간과 노력을 들이면 된다. 어느 순간 전문성과 능력이 한층 성장한 자신을 보게 될 것이다.

그 외에 필요한 기술은 배우면(내향인이 잘하는 방식) 된다. 전혀 성격의 문제가 아니니 걱정하지 말라. 외향인 마가렛 대처의 사례를 보자. 영화 〈철의 여인〉에서 마가렛 대처는 보이스 트레이닝을 받는다. 리더로서 좀 더 힘 있는 전달력을 지니기 위해서 그녀는 노력했다.[1] 내향인도 필요하다면 뭐든 '배우면' 된다. 그것이 가장 큰 무기이니 말이다. 내향인도 얼마든지 크고 작은 성취를 해낼 수 있다.

다양한 경험을 하고 여러 시험을 거치며 든 생각은 하나다. 목표를 이루는 데 중요한 것은 성격이 아니다. 결국 시간과 노력 그리고 그 목표에 대한 애착이라는 생각이 든다.

이 책을 쓰기까지

이 책을 집필하며 다시 한번 나 자신을 돌아볼 수 있었고 좋은 공부를 하는 계기가 되었다. 수많은 서적을 읽으며 그동안 증명하고 설명하고 싶었으나 그러지 못했던 나의 성격에 대해 이해할 수 있는 시간이 되었다. 그리고 어느 한 주제에 파고들어 탐구한다는 것은 내향인에게 그 자체로 행복이다. 책을 쓰면서 체력적으로 힘들기도 했지만 그만큼 또 의미 있고 충만한 시간이었다. 또 하나의 여정에 매듭을 지으며 더 단단한 내향인으로 또 한 걸음 내디딜 수 있게 되었다.

책을 쓰고 완성하기까지 곁에서 지지하고 도와주신 모든 분들께 감사를 전한다.

---

1 필리다 로이드(감독), (2012), 철의 여인(원제: The Iron Lady)[영화], 필라멘트 픽쳐스 참고

PART 1 내향인도 잘 살 수 있는 이유

남인숙. (2019). *사실, 내성적인 사람입니다: 오늘도 사회성 버튼을 누르는 당신에게*. 21세기북스

남주현. (2020년 06월 09일). 유통가 영역파괴...1인가구 노리는 대형마트 VS 대용량 판매하는 편의점. *이투데이*. https://www.etoday.co.kr/news/view/1903886

낸시 앤코위츠. (2010). *내성적인 당신의 강점에 주목하라: 내성적인 당신에게 잘 맞는 자기 PR 시크릿*[Self-Promotion for Introverts: The Quiet Guide to Getting Ahead]. (신현정, 역). 갈매나무. (원본출판 2009년)

도리스 메르틴. (2016). *혼자가 편한 사람들: 내성적인 당신의 잠재력을 높여 주는 책*[Leise gewinnt]. (강희진, 역). 비전코리아. (원본출판 2014년)

로리 헬고. (2009). *은근한 매력: 내성적인 사람이 성공하는 자기관리법*[Introvert Power: Why Your Inner Life is Your Hidden Strength]. (임소연, 역). 흐름출판. (원본출판 2008년)

리처드 니스벳. (2004). *생각의 지도: 동양과 서양, 세상을 바라보는 서로 다른 시선*[The Geography of Thought: How Asians and Westerners Think Differently...and Why]. (최인철, 역). 김영사. (원본출판 2003년)

마티 올슨 래니. (2006). *내성적인 사람이 성공한다*[Introvert Advantage: How

to Thrive in an Extrovert World]. (박윤정, 역). 서돌. (원본출판 2002년)

마티아스 뉠케. (2017). *조용히 이기는 사람들: 나서지 않지만 강한 사람들의 태도*[Understatement: Vom Vergnugen unterschatzt zu werden]. (이미옥, 역). 위즈덤하우스. (원본출판 2016년)

모라 애런스-밀리. (2019). *나는 혼자일 때 더 잘한다: 자기만의 방이 필요한 내향인의 섬세한 성공 전략*[Hiding in the Bathroom]. (김미정, 역). 알에이치코리아. (원본출판 2017년)

미카엘라 청. (2018). *이젠 내 시간표대로 살겠습니다: 나만의 리듬으로 주인공이 되는 삶의 기술*[The Irresistible Introvert: Harness the Power of Quiet Charisma in a Loud World]. (김정혜, 역). 한빛비즈. (원본출판 2016년)

변진선. (2022년 02월 03일). '1인 가구' 특화 통했다…작년 편의점 매출 대형마트 첫 추월. *매일신문*. https://news.imaeil.com/page/view/2022020310222721901

샌드 일자. (2017). *센서티브: 남들보다 민감한 사람을 위한 섬세한 심리학*[The Highly Sensitive People]. (김유미, 역). 다산지식하우스. (원본출판 2010년)

성동찬. (2015년 04월 15일). 세계 최고의 부자 빌 게이츠에게 배운다…"TV는 현실이 아니다. 커피를 마셨으면 바로 일을 시작하라". *매일경제*. https://www.mk.co.kr/news/culture/6685952

세스 고딘. (2004). *보랏빛 소가 온다: 광고는 죽었다*[Purple Cow]. (이주형&남수영, 역). 재인. (원본출판 2002년)

세스 고딘. (2005). *보랏빛 소가 온다2: 보랏빛 소를 만드는 방법*[Free Prize Inside]. (안진환, 역). 재인. (원본출판 2004년)

소피아 뎀블링. (2013). *나는 내성적인 사람입니다: 관계 중독 세상에서 나만의 생활방식을 지키며 조용하게 사는 법*[The Introvert's Way]. (이순영, 역). 책읽는수요일. (원본출판 2012년)

수전 케인. (2013). *콰이어트: 시끄러운 세상에서 조용히 세상을 움직이는 힘* [Quiet: The Power of Introverts in a World That Can't Stop Talking]. (김우열, 역). 알에이치코리아. (원본출판 2012년)

안현진. (2020). *월요일이 무섭지 않은 내향인의 기술.* 소울하우스.

올리비아 폭스 카반. (2013). *카리스마, 상대를 따뜻하게 사로잡는 힘: 내면의 슈퍼스타를 끌어내는 실천적 행동지침*[The Charisma Myth: How Anyone Can Master the Art and Science of Personal Magnetism]. (이세진, 역). 갈매나무. (원본출판 2012년)

이종수, 윤영진, 곽채기, 이재원, 윤태범, 이민창 외. (2022). *새 행정학 3.0.* 대영문화사.

일레인 N. 아론. (2013). *섬세한 사람에게 해 주는 상담실 안 이야기*[Psychotherapy and the Highly Sensitive Person]. (도인종, 역). 디어센서티브. (원본출판 2010년)

일레인 N. 아론. (2017). *타인보다 더 민감한 사람: 내 안의 잠재력을 깨우는 자기 발견의 심리학*[The Highly Sensitive Person]. (노혜숙, 역). 웅진지식하우스. (원본출판 1997년)

장징런. (2020). *내성적이지만 인싸 직장인입니다.* (우디, 역). 스타리치북스.

정교영. (2021). *혼자 있어도 외롭지 않게: 내성적이고 예민한 사람들을 위한 심리 수업.* 샘터.

정시행. (2022년 6월 20일). 마지막 '버핏과의 점심'은 246억원. *조선일보.* https://www.chosun.com/international/us/2022/06/20/64YTT7L6BJFBFKW3JEURRJKSEI/?utm_source=naver&utm_medium=referral&utm_campaign=naver-news

제리 B. 하비. (2012). *생각대로 일하지 않는 사람들 : 애빌린 패러독스*[The Abilene Paradox And Other Meditations On Management]. (황상민, 역). 엘도라도. (원본출판 1988년)

제시카 팬. (2022). *이제 나가서 사람 좀 만나려고요: 어느 내향인의 집 나간 외향성을 찾아서*[Sorry I'm Late, I Didn't Want to Come]. (조경실, 역). 부키. (원본출판 2019년)

조지 베일런트. (2010). *행복의 조건: 하버드대학교. 인간성장보고서, 그들은 어떻게 오래도록 행복했을까?*[Aging Well: Surprising Guideposts to a Happpier Life from the Landmark Harvard Study of Adult Development]. (이덕남, 역). 프런티어. (원본출판 2002년)

짐 콜린스. (2021). *좋은 기업을 넘어 위대한 기업으로*[Good to Great: Why Some Companies Make the Leap...and Others Don't]. (이무열, 역). 김영사. (원본출판 2001년)

칼 구스타프 융. (2019). *심리 유형*[Psychologische Typen]. (정명진, 역). 부글북스 (원본출판 1921년)

탄윈페이. (2020). *당신이 절대 버리지 말아야 할 것: 남다른 성공을 만드는 '내성적인 사람들'의 경쟁력.* (하은지, 역). 국일미디어. (원본출판 2019년)

Anderson, C. & Kilduff, G.. (2009). Why Do Dominant Personalities Attain Influence in Face-to Face Groups? the Competence Signaling Effects of Trait Dominance. *Journal of Personlity and Social Psychology 96*(2). 491-503.

Aron, E. N.. (2007, January). Book Review: Unto Others: The Evomlutin and Psychology of Unselfish Behavior. *Comfrot Zone Online.* http://www.hsperson.com/pages/3Feb07.htm.

Asendorf, J. B. & Wilpers, S.. (1998). Personality effects on soceal relationships. *Journal of Personality and Social Psychology 74*(6). 1531-44. https://www.researchgate.net/profile/Jens-Asendorpf/publication/232486422_Personality_effects_on_social_relationships/links/02e7e51adf9ff66c3e000000/Personality-effects-on-social-relationships.pdf.

Blake, R. & Mouton, J.. (1964). *The Managerial Grid*. Gulf Publ.

Cunningham, V. et al., (2006). Eliminating Fears: An Intervention that Permanently Elivinates the Fear of Public Speaking. *Clinical Psychology and Psychotherapy 13*(3). 183-93. https://doi.org/10.1002/cpp.487

Dingemanse, N. J. et al.. (2002). Repeatability and heritability of exploratory behaviour in great tits from the wild. *Animal behaviour 64*. 929-38.

Dingemanse, N. J. et al. (2003). Natal dispersal and personalities in great tits(Parus major). *Proceedings of the Royal Society B 270*. 741-7.

Dingemanse, N. J. et al.. (2004). Fitness consequences of avian Personalities in a fluctuation environment. *Proceedings of the Royal Society B 271*. 847-52.

Eisenberg, D. T. et al.. (2008). Dopamine Receptor Genetic Polymorphisms and Body Composition in Undernourished Pastoralists: An Exploration of Nutrition Indices Among Nomadic and Recently Settled Ariaal Men of Northern Kenya. *BMC Evol Biol 8*(173). https://doi.org/10.1186/1471-2148-8-173. URL: https://www.ncbi.nlm.nih.gov/pmc/articles/PMC2440754/

Grant, P.. (1986, 1999). *Ecology and Evolution of Darwin's Finches*. Princeton University Press.

Jung, C. G.. (1971). *The Collected Works of C.G.Jung, Volume 6: Psychological Types, Princeton*. NJ: Princeton University Press.

Kagan, J. & Snidman, N.. (2004). *The Long Shadow of Temperament*. Belknap Press. Harvard University Press.

Kotler, P.. (2010). *Marketing 3.0*. John Wiley&Sons Inc.

Lippitt, R. & White, R.. (1943). The "Social Climate" of Childre's Group. In

R. G. Baker, J, S. Kounin, & H. F. Wright(Eds.), *Child Behavior and Development: A Course of Representative Studies*. New York: McGraw-Hill.

Nettle, D.. (2006). The evolution of personality variation in humans and other animals. *American Psychologist 61*(6). 622-31.

O'Steen, S., Cullum, A. J. & Bennett, A. F.. (2002). Rapid evolution of escape ability in Trinidadian guppies(Poecilia reticulata). *Evolution 56*. 776-84.

Paulhus, D. L. & Morgan, K. L.. (1997). Perception of Intelligence in Leaderless Groups: The Dynamic Effects of Shyness and Acquaintance. *Journal of Personality and Social psychology 72*(3). 581-91.

Petrie, M.. (1994). Improved growth and survival of offspring of peacocks with more elaborate trains. *Nature 371*. 598-9.

Schwartz, C. E. et al.. (2003). Inhibited and uninhibited infants "grown up": adult amygdalar response to novelty. *Science 300*(5627). 1952-3.

Segal, L. N.. (2000). *Entwined Lives: Twins and What They Tell Us About Human Behavior*. Plume.

Suomi, S. J.. (1987). Genetic and Maternal Contributions to Individual Differences in Rhesus Monkey Biobehavioral Development. In N. A. Krasnegor, E. M. Blass, & M. A. Hofer (Eds.), *Perinatal development: A Psychological perspective* (pp. 397 -419). Academic Press.

Surowiecki, J. (2005). *The Wisdom of Crowds*. Anchor.

Susman, W. (2003). *Culture as History: The Transformation of Amercan Society in the Twentieth Century*. Smithsonian Institution Press.

Taggar, S. et al.. (1999). Leadership Emergence in Autonomous Work Teams: Antecedents and Outcomes. *Personnel Psychology 52*(4). 899-926.

Wolf, M. et al.. (2008). Evolutionary Emergence of Responsive and Unresponsive Personalities. *Proceedings of the National Academy of Sciences 105*(41). 15825-30.

PART 2 내향인의 특징

김소나 & 이세진. (2021). *나의 MBTI가 궁금하다마리몽*. 더모던.

낸시 앤코위츠. (2010). *내성적인 당신의 강점에 주목하라: 내성적인 당신에 게 잘 맞는 자기 PR 시크릿*[Self-Promotion for Introverts: The Quiet Guide to Getting Ahead]. (신현정, 역). 갈매나무. (원본출판 2009년)

다카다 아키카즈. (2018). *예민한 게 아니라 섬세한 겁니다: 세상과 불화하지 않 고 나답게 살아가는 법*. (신찬, 역). 매일경제신문사. (원본출판 2017년)

다카시마 미사토. (2015). *낯가림이 무기다: 소리 없이 강한 사람들*. (정혜지, 역). 흐름출판.

대니얼 네틀. (2009). *성격의 탄생: 뇌과학, 진화심리학이 들려주는 성격의 모든 것*[Personality]. (김상우, 역). 와이즈북. (원본출판 2007년)

데보라 잭. (2012). *혼자가 편한 사람들의 관계 심리학*[Networking For People Who Hate Networking: A Field Guide For Introverts, The Overwhelmed, And The Underconnected]. (이수연, 역). 한국경제신문. (원본출판 2010년)

도리스 메르틴. (2016). *혼자가 편한 사람들: 내성적인 당신의 잠재력을 높여 주 는 책*[Leise gewinnt]. (강희진, 역). 비전코리아. (원본출판 2014년)

로리 헬고. (2009). *은근한 매력: 내성적인 사람이 성공하는 자기 관리법* [Introvert Power: Why Your Inner Life is Your Hidden Strength]. (임소 연, 역). 흐름출판. (원본출판 2008년)

마르코 야코보니. (2009). *미러링 피플*[Mirroring People: The New Science of How We Connect With Others]. (김미선, 역). 갤리온. (원본출판 2008년)

마티 올슨 래니. (2006). *내성적인 사람이 성공한다*[Introvert Advantage: How to Thrive in an Extrovert World]. (박윤정, 역). 서돌. (원본출판 2002년)

마티아스 뉠케. (2017). *조용히 이기는 사람들: 나서지 않지만 강한 사람들의 태도*[Understatement: Vom Vergnugen unterschatzt zu werden]. (이미옥, 역). 위즈덤하우스. (원본출판 2016년)

미카엘라 청. (2018). *이젠 내 시간표대로 살겠습니다: 나만의 리듬으로 주인공이 되는 삶의 기술*[The Irresistible Introvert: Harness the Power of Quiet Charisma in a Loud World]. (김정혜, 역). 한빛비즈. (원본출판 2016년)

소피아 뎀블링. (2013). *나는 내성적인 사람입니다.: 관계 중독 세상에서 나만의 생활방식을 지키며 조용하게 사는 법*[The Introvert's Way]. (이순영, 역). 책읽는수요일. (원본출판 2012년)

수전 케인. (2013). *콰이어트: 시끄러운 세상에서 조용히 세상을 움직이는 힘*[Quiet: The Power of Introverts in a World That Can't Stop Talking]. (김우열, 역). 알에이치코리아. (원본출판 2012년)

심정우. (2021). *같이 있고 싶다가도 혼자 있고 싶어: 인간관계 때문에 손해 보는 당신을 위한 사회생활 수업*. 동양북스

안현진. (2020). *월요일이 무섭지 않은 내향인의 기술*. 소울하우스

에비스 요시카즈. (2019). *언제까지나 내성적으로 살겠다*. (강한나, 역). 브레인스토어.

이나 루돌프. (2018). *우아하게 걱정하는 연습: 생각이 많아 섬세한 사람들을 위한 일상 안내서*[Auf ins fette, pralle Leben]. (남기철, 역). 흐름출판. (원본출판 2015년)

이태우. (2021). *내향적 직장인, 길을 찾다: 조용하지만 강한 힘을 깨우는 비밀*.

미래와 사람.

일레인 아론. (2011). *까다롭고 예민한 내 아이, 어떻게 키울까?: 민감한 아이를 행복한 아이로 키우는 아주 특별한 자녀교육법*[The Highly Sensitive Child]. (안진희, 역). 이마고. (원본출판 2002년)

일레인 N. 아론. (2013). *섬세한 사람에게 해 주는 상담실 안 이야기*[Psychotherapy and the Highly Sensitive Person]. (도인종, 역). 디어센서티브. (원본출판 2010년)

일레인 N. 아론. (2017). *타인보다 더 민감한 사람: 내 안의 잠재력을 깨우는 자기 발견의 심리학*[The Highly Sensitive Person]. (노혜숙, 역). 웅진지식하우스. (원본출판 1997년)

일자 샌드. (2017). *센서티브: 남들보다 민감한 사람을 위한 섬세한 심리학*[The Highly Sensitive People]. (김유미, 역). 다산지식하우스. (원본출판 2010년)

장징런. (2020). *내성적이지만 인싸 직장인입니다*. (우디, 역). 스타리치북스. (원본출판 2018년)

전홍진. (2020). *매우 예민한 사람들을 위한 책*. 글항아리.

정교영. (2021). *혼자 있어도 외롭지 않게: 내성적이고 예민한 사람들을 위한 심리 수업*. 샘터.

제나라 네렌버그. (2021). *유별난 게 아니라 예민하고 섬세한 겁니다: 세상과 불화하지 않고 나답게 살아가는 법*[Divergent Mind]. (김진주, 역). 티라미수. (원본출판 2020년)

제니퍼 칸와일러. (2015). *상처받지 않고 일하는 법: 내성적인 사람의 일하는 방식은 달라야 한다*[The Introverted Leader]. (원은주, 역). 중앙북스 (원본출판 2009년)

제시카 팬. (2022). *이제 나가서 사람 좀 만나려고요: 어느 내향인의 집 나간 외향성을 찾아서*[Sorry I'm Late, I Didn't Want to Come]. (조경실, 역).

부키. (원본출판 2019년)

젠 그렌맨. (2019). *세상의 잡담에 적당히 참여하는 방법: 과학의 눈으로 본 내향인의 이중생활*[The Secret Lives of Introverts: Inside Our Hidden World]. (노혜숙, 역). 더난출판. (원본출판 2017년)

진민영. (2018). *내향인입니다: 혼자가 행복한.* 책읽는고양이.

칼 구스타프 융. (2019). *심리 유형*[Psychologische Typen]. (정명진, 역). 부글북스. (원본출판 1921년)

캐런 홀. (2021). *예민한 사람을 위한 좋은 심리 습관: 30년간 민감한 사람의 마음을 돌본 임상심리사가 발견한*[Emotionally Sensitive Person]. (신솔잎, 역). 빌리버튼. (원본출판 2014년)

탄윈페이. (2020). *당신이 절대 버리지 말아야 할 것: 남다른 성공을 만드는 '내성적인 사람들'의 경쟁력.* (하은지, 역). 국일미디어. (원본출판 2019년)

폴 D. 티저 & 바버라 배런-티저. (2012). *나에게 꼭 맞는 직업을 찾는 책: MBTI 검사가 검증한 열여섯 가지 성격 유형을 통해 내 성격에 딱 맞는 직업을 찾는다*[Do What You are]. (백영미&이민철, 역). 민음인. (원본출판 2007년)

폴 D. 티저 & 바버라 배런-티저. (2016). *성격을 읽는 법: 더 나은 인간관계를 위한 MBTI 성격의 심리학*[The Art of Speedreading People]. (강주헌, 역). 더난출판. (원본출판 1998년)

피터 홀린스. (2018). *혼자 있고 싶은데 외로운 건 싫어: 남들보다 내성적인 사람들을 위한 심리수업*[The Science of Introverts]. (공민희, 역). 포레스트북스. (원본출판 2017년)

한승혜. (2021). *다정한 무관심: 함께 살기 위한 개인주의 연습.* 사우.

Aron, E. N.. (2012, February 12). Time Magazine: "The Power of (Shyness)" and High Sensitivity. *Psychology Today.* https://www.psychologytoday.com/intl/blog/attending-the-undervalued-self/201202/time-magazine-the-power-shyness-and-high-sensitivity.

Benjamin, J. et al.. (1996). Population and familial association between the D4 dopamine receptor gene and measures of Novelty Seeking. *Nature Genetics 12*. 81-4.

Bradberry, T. (2016, April 26). 9 Signs That You're An Ambivert. *Forbes*. https://www.forbes.com/site/travisbradberry/2016/04/26/9-signs-that-youre-an-ambivert.

Bressert, S.. (2018). Facts About Shyness. *Pshch Central*. https://psychcentral.com/lib/facts-about-shyness/.

Bushak, L.. (2014, August 21). The Brain Of An Introvert Compred To That Of An Extrovert: Are They Really Different?. *Medical Daily*. https://www.medicaldaily.com/brain-introver.

Davis, M. C.. (2009). Building Emotional Resilience to Promote Health. *American Journal of Lifestyle Medicine 3*(1 Suppl). 60S-63S.

Diener, E. & Emmons, R. A.. (1985). The independence of positive and negative affect. *Journal of Personality Social Psychology 50*. 1031-8.

Ebstein, R. P. et al.. (1996). Dopamine D4 receptor Exon Ⅲ polymorphism associated with human personality trait of sensation-seeking. *Nature Genetics 12*. 78-80.

Eyesenck, H. J.. (1967). *The biological basis of personality*. Springfield.

Funder, D. C.. (2010). *The Personality Puzzle*. W.W.Norton.

Geen, R. G.. (1984). Preferred stimulation levels in introverts and extroverts: Effects on arousal and performance. *Journal of Personality and Social Psychology 46*(6). 1303 - 1312.

Gillihan, J. S. et al., (2007). Association Between Serotonin Transpoter Genotype and Extraversion. *Psychiatric Gentics 17*(6). 351-54.

Houston, E.. (2019). Intorvert vs Extrovert: A Look at the Spectrum and Psyhology. *PositivePsychology.com*. https://positivepsychology.com/introversion-extroversion-spectrum/.

Hamer, D.. (1997). The Search for Personality Genes: Adventures of a Molecular Biologist. *Current Derections in Psychological Science 6*(4). 111-114. doi: 10.1111/1467-8721.ep11514443

Hariri, R. A. et al.. (2002). A susceptivility gne for affective distorders and the reponse of the human amygdala. *Science 297*. 400-3.

Hariri, R. A. et al.. (2002). Serotonin Transpoter Genetic Variation and the Response of the Human Amygdala. *Science 297*(5580). 400-403.

Hariri, R. A. et al.. (2005). 5-HTTLPR polymorphism impacts human cingulate-amygdala interactions: A genetic susceptibility mechanism for depression. *Archives of Genral Psychiatry 62*. 146-52.

Jagiellowicz, J. et al.. (2010). The trait of sensory processing sensitivity and neural responses to changes in visual scenes. *Social Cognitive and Affective Neuroscience 6*(1). https://doi.org/10.1093/scan/nsq001

Johnson D. L. et al.. (1999). Cerebral Blood Flow and Personality: A Positron Emission Tomography Study. *Am J Psychiatry*.

Kagan, J.. (1965). Reflection-Impulsitity and Reading Ability in Primary Grade Children. *Child Development 363*(3). 609-28.

Kuhnen, M. C. & Chiao, Y. J.. (2009). Genetic Determinants of Financial Risk Taking. *PLoS ONE 4*(2). e4362. doi:10.1371/journal.pone.00004362

Lesch, K.-P. et al.. (1996). Association of anxiety-realted traits with a polymorphism in the serotonin transpoter gene regulatory region. *Science 274*. 1527-31.

Lester D. & Berry, D.. (1998, December). Autonomic Nervous System Balance and Introversion. *Perceptual and Motor Skills 87*(3).

Mehl, M. R. et al.. (2010). Eavesdropping on Happiness: Well-Being Is Related to Having Less Small Talk and More Substantive Conversations. *Psychological Science 21*(4). 539-41. doi: 10.1177/0956797610362675

Munafo, M. R. et al.. (2003). Genetic Polymorphisms and Personality in Healthy Adults: A Systematic Review and Meta-Analysis. *Molecular Psychiatry 8*. 471-84.

NERIS Analytics Limited. (n.d.). 성격 유형 16Personalities. *16Personalities.com.* https://www.16personalities.com.

Schwartz, C. E. et al.. (2003). Inhibited and uninhibited infants "grown up": adult amygdalar response to novelty. *Science 300*(5627). 1952-3.

Schwartz, C. E. & Rauch, L. S.. (2004). Temperament and Its Implications for Neuroimaging of Anxiety Disorders. *CNS Spectrums 9*(4). 284 - 291.

Suomi, J. S.. (1997). Early Determinants of Behavior: Evidence from Primate Studies. *British Medical Bulletin 53*(1). 170-84.

Vaillant, G. & Mukamal, K.. (2001). Successful Aging, *Amercan Journal of Psychiatry 158*. 839-847.

Zuckerman, M.. (2003). Biological bases of personality. In T. Millon & M. J. Lerner(Eds.), *Handbook of Psychology, Vol.5*(pp.85-116), John Wiley&Sons.

PART 3 내향인을 위한 성공법

고니시 미호. (2018). 불편한 사람과 편하게 대화하는 법: 누구와 이야기해도 분위기가 좋아지는 호감형 말하기 기술. (김윤경, 역). 비즈니스북스 (원

본출판 2017년)

그렉 맥커운. (2014). *에센셜리즘: 본질에 집중하는 힘*[Essentialism: The Disciplined Pursuit of Less]. (김원호, 역). 알에이치코리아. (원본출판 2014년)

나이토 요시히토. (2019). *소심해도 잘나가는 사람들의 비밀: 인생이 술술 풀리는 긴장 제로의 심리학*. (강수연, 역). 알에이치코리아. (원본출판 2018년)

다카시마 미사토. (2015). *낯가림이 무기다: 소리 없이 강한 사람들*. (정혜지, 역). 흐름출판.

대니얼 네틀. (2009). *성격의 탄생: 뇌과학, 진화심리학이 들려주는 성격의 모든 것*[Personality]. (김상우, 역). 와이즈북. (원본출판 2007년)

데니스 브라이언. (2004). *아인슈타인 평전*[Einstein: A Life]. (승영조, 역). 북폴리오. (원본출판 1996년)

데이비드 브룩스. (2012). *소셜 애니멀*[The Social Animal: The Hidden Sources of Love, Character, and Achievement]. (이경식, 역). 흐름출판.

데이비스 구겐하임(감독). (2019). *인사이드 빌 게이츠*(원제: Inside Bill's Brain: Decoding Bill Gates)[다큐멘터리] . Netflix.

도리스 메르틴. (2016). *혼자가 편한 사람들: 내성적인 당신의 잠재력을 높여 주는 책*[Leise gewinnt]. (강희진, 역). 비전코리아. (원본출판 2014년)

돈 가버. (2007). *대화의 기술 1,2,3: 소심하고 내성적인 사람들을 위한*[How to Start a Conversation and Make Friends]. (김상영, 역). 폴라리스. (원본출판 2001년)

라이언 홀리데이. (2020). *스틸니스: 잠재력을 깨우는 단 하나의 열쇠*[Stillness is the Key]. (김보람, 역). 흐름출판. (원본출판 2020년)

리처드 니스벳. (2004). *생각의 지도: 동양과 서양, 세상을 바라보는 서로 다른 시선*[The Geography of Thought: How Asians and Westerners Think Differently...and Why]. (최인철, 역). 김영사. (원본출판 2003년)

린 A. 로빈슨. (2010). *직관이 답이다: 꿈을 명백한 현실로 바꾸어주는 직관의 힘*[Trust Your Gut: How the Power of Intuition Can Grow Your Business]. (방영호, 역). 다음생각. (원본출판 2006년)

마크 맨슨. (2017). *신경끄기의 기술: 인생에서 가장 중요한 것만 남기는 힘*[The Subtle Art of Not Giving a F*uck: A Counterintuitive Approach to Living a Good Life]. (한재호, 역). 갤리온. (원본출판 2016년)

마티 올슨 래니. (2006). *내성적인 사람이 성공한다*[Introvert Advantage: How to Thrive in an Extrovert World]. (박윤정, 역). 서돌. (원본출판 2002년)

마티아스 널케. (2017). *조용히 이기는 사람들: 나서지 않지만 강한 사람들의 태도*[Understatement: Vom Vergnugen unterschatzt zu werden]. (이미옥, 역). 위즈덤하우스. (원본출판 2016년)

마하트마 간디. (2009). *간디 자서전*[Gandhi: An Autobiography: The Story of My Experiments with Truth]. (김선근, 역). 지만지고전천줄.

빅터 프랭클. (2020). *죽음의 수용소에서*[Man's Search for Meaning]. (이시형, 역). 청아출판사. (원본출판 2006년)

빌 게이츠. (1995). *미래로 가는 길*[The Road Ahead]. (이규행, 역). 삼성. (원본출판 1995년)

소피아 뎀블링. (2013). *나는 내성적인 사람입니다: 관계 중독 세상에서 나만의 생활방식을 지키며 조용하게 사는 법*[The Introvert's Way]. (이순영, 역). 책읽는수요일. (원본출판 2012년)

수전 케인. (2013). *콰이어트: 시끄러운 세상에서 조용히 세상을 움직이는 힘*[Quiet: The Power of Introverts in a World That Can't Stop Talking]. (김우열, 역). 알에이치코리아. (원본출판 2012년)

스티브 워즈니악 & 지나 스미스 (2008). *스티브 워즈니악: 최초로 PC를 발명하고 애플을 설립한 괴짜 천재의 기발하고도 상상력 넘치는 인생 이야기*[iWoz:Computer Geek to Cult Icon: How I Invented the Personal

Computer, Co-Founded Apple, and Had Fun Doing It]. (장석훈, 역)
청림출판.

신동민. (2018). *나는 내성적인 영업자입니다: 느리지만 결정적으로 고객의 마음을 여는 사람들의 비밀*. 시그니처.

심재율. (2020년 3월 25일). '외톨이'가 항상 존재하는 이유는-사회를 유지하는 데 중요한 역할 담당. *사이언스타임즈*. https://www.sciencetimes.co.kr/news/%EC%99%B8%ED%86%A8%EC%9D%B4%EA%B0%80-%ED%95%AD%EC%83%81-%EC%A1%B4%EC%9E%AC%ED%95%98%EB%8A%94-%EC%9D%B4%EC%9C%A0%EB%8A%94/

심정우. (2021). *같이 있고 싶다가도 혼자 있고 싶어: 인간관계 때문에 손해 보는 당신을 위한 사회생활 수업*. 동양북스

앨리스 슈뢰더. (2021). *스노볼1~2-전2권*[The Snowball: Warren Buffett and the Business of Life]. (이경식, 역). 알에이치코리아. (원본출판 2008년)

우치다 카즈나리. (2020). *직감이 무기가 된다*. (이정환, 역). 한빛비즈 (원본출판 2018년)

월터 미셸. (2015). *마시멜로 테스트: 스탠퍼드대학교 인생변화 프로젝트*[The Marshmallow Test]. (안진환, 역). 한국경제신문. (원본출판 2014년)

이종수, 윤영진, 곽채기, 이재원, 윤태범, 이민창 외. (2022). *새 행정학 3.0*. 대영문화사.

이태우. (2021). *내향적 직장인, 길을 찾다; 조용하지만 강한 힘을 깨우는 비밀*. 미래와 사람.

일레인 N. 아론. (2017). *타인보다 더 민감한 사람: 내 안의 잠재력을 깨우는 자기 발견의 심리학*[The Highly Sensitive Person]. (노혜숙, 역). 웅진지식하우스. (원본출판 1997년)

제니퍼 칸와일러. (2015). *상처받지 않고 일하는 법: 내성적인 사람의 일하는 방*

식은 달라야 한다[The Introverted Leader]. (원은주, 역). 중앙북스 (원본출판 2009년)

존 메디나. (2009). 브레인 룰스: 의식의 등장에서 생각의 실현까지[Brain Rules: 12 Principles for Surviving and Thriving at Work, Home, and School]. (정재승, 감수). 프런티어.

짐 콜린스. (2021). 좋은 기업을 넘어 위대한 기업으로[Good to Great: Why Some Companies Make the Leap...and Others Don't]. (이무열, 역). 김영사. (원본출판 2001년)

카렌 살만손. (2011). 위대한 직감: 24시간을 이기는 1분[Gut: How to Think from Your Middle to Get to the Top]. (홍선영, 역). 예문. (원본출판 2006년)

탄윈페이. (2020). 당신이 절대 버리지 말아야 할 것: 남다른 성공을 만드는 '내성적인 사람들'의 경쟁력. (하은지, 역). 국일미디어. (원본출판 2019년)

테드 창. (2016). 당신 인생의 이야기[Stories of Your Life and Others]. (김상훈, 역). 엘리. (원본출판 2002년)

폴 에크만. (2020). 표정의 심리학: 우리는 어떻게 감정을 드러내는가? [Emotions Revealed: Recognizing Faces and Feelings to Improve Communication and Emotional Life]. (허우성&허주형, 역). 바다출판사. (원본출판 2003년)

피터 쿤하르트(감독). (2017). 워런 버핏이 된다는 것[다큐멘터리] (원제: Becoming Warren Buffet). HBO Documentary Films.

피터 홀린스 (2018). 혼자 있고 싶은데 외로운 건 싫어: 남들보다 내성적인 사람들을 위한 심리수업[The Science of Introverts]. (공민희, 역). 포레스트북스 (원본출판 2017년)

혼다 신이치. (2004). 내성적인 사람이 영업에 성공한다. (박창영, 역). 행담.

Ariely, D.. (2008, November 19). What's the Value of a Big Bonus?. *New York*

Times. https://www.nytimes.com/2008/11/20/opinion/20ariely.html.

Asahi, S. et al.. (2004). Negative coreelation between right prefrontal activity during response inhibition and impulsiveness: An fMRI study, *European Archives of Psychiatry and Clinical Neuroscience 254.* 245-51.

Bendersky, C. & Shah, P. N.. (2012). The Downfall of Extraverts and Rise of Neurotics: The Dynamic Process of Status Allocation in Task Group. *The Academy of Management Journal 56*(2), 387-406, doi: 10.5465/amj.2011.0316

Berns, G. et al., (2001). Predictability modulates human brain response to reward. *Journal of Neuroscience 21.* 2793-8.

Berns, S. G. et al.. (2005). Neurobiological Correlates of Social Conformity and Independance During Mental Rotation. *Biological Psychiatry 58*, 245-53.

Berns, G., (2008). *Iconoclast: A Neuroscientist Reveals How to Think Differently.* Harvad Business Press.

Blakeslee, S.. (2005, June 28). What Other People Say May Change What You See, *New York Times.* https://www.nytimes.com/2005/06/28/science/what-other-people-say-may-change-what-you-see.html.

Brebner, J. & Cooper, C.. (1978). Stimulus-or response-induced excitation. Acomparison of the behavior of introverts and extraverts. *Journal of Research in Personality 12*(3). 306-311. https://doi.org/10.1016/0092-6566(78)90057-0. http://www.sciencedirect.com/science/article/pii/0092656678900570.

Bushak, L.. (2014, August 21). The Brain Of An Introvert Compred To That Of An Extrovert: Are They Really Different?. *Medical Daily.* https://www.medicaldaily.com/brain-introver.

Canil, T.. (2004). Functional brain mapping of Extraversion and Neuroticism: Learning from individual differences in emotion processing. *Journal of Personlity 72*, 1105-31.

Charles K.. (2010, June 11). Klarman Tops Griffin as Investors Hung for 'Margin of Safety'. *Bloomberg BusinessWeek.* https://www.bloomberg.com/news/articles/2010-06-11/klarman-tops-griffin-as-hedge-fund-investors-hunt-for-margin-of-safety-#xj4y7vzkg.

Charness, N. et al.. (2005). The Role of Deliberate Practice in Chess Expertise. *Applied Cognitive Psychology 19.* 151-65.

Cooper, C. & Taylor, R.. Personality and Performance on a Frustrating Cognitive Task. *Perceptual and Motor Skills 88*(3). 1384.

Depue, R. A. & Collins, P. F.. (1999). Neurobiology of the structure of personality: Dopamine, facilitaton of incentive motivation, and extraversion. *Behavioral and Brain Sciences 22.* 491-520.

DeYoung, C. G. et al. (2005). Sources of Openness/Intellect: Cognitive and neuropsychological correlates of the fifth factor of personality. *Journal of Personality 73.* 825-58.

Dunnette, D. M. et al.. (1963). The Effect of Group Participation of Brainstroming Effectiveness for Two Industrial Samples. *Jouurnal of Applied Psychology 47*(1), 30-37.

Ephron, N., (2013, June 18), The Best Journalism Teacher Iever Had, *Northwest Scholastic Press,* www.nwscholasticpress.org/2013/06/18/the-best-journalism-teacher-i-ever-had/#sthash.ZFtUBv50.dpbs.

Ericsson, K. A. et al. (1993). The Role of Deliberate Practice in the Acquisiton of Expert Performance. *Psychological Review 100*(3). 363-406.

Ericsson, K. A. & Starkes, L. E.. (2003). *Expert Performance in Sports: Advances in Research on Sport Expertise.* Human Kinetics. 67-71.

Fiest, J. G. (1998). A Meta-Analysis of Personality in Scientivic and Artistic Creativity. *Personality and Social Psychology Review 2*(4). 290-309.

Gallo, C.. (2016 November 26). How Steve Jobs And Bill Gates Inspired John Sculley To Pursue The 'Noble Cause'. *Forbes.* https://www.forbes. com/sites/carminegallo/2016/11/12/how-steve-jobs-and-bill-gates-inspired-john-sculley-to-pursue-the-noble-cause/?sh=1a879f9c232b.

Fabrikant, G.. (2007 May 13). Manager Frets Over Market but Still Outdoes It. *New York Times.* https://www.nytimes.com/2007/05/13/business/yourmoney/13klar.html.

Gross, J. J. et al.. (1998). Relations between affect and personality: Support for the affect-level and affective-reactivity views. *Personality and Social Psychology Bulletin 24.* 279-88.

Hirsh, B. J. et al.. (2010). Positive Mood Effects on Delay Discounting. *Emotion 10*(5). 717-21.

Howard, R. & McKillen, M.. (1990). Extraversion and Performance in the Perceptual Maze Test. *Personality and Individual Differences 11*(4). 391-96.

Huntford, R.. (1999). *The Last Place on Earth: Scott and Amundsen's Race to the South Pole.* New York: Modern Library.

Kahneman, D. et al.. (1991). Anomalies: The Endowment Effect, Loss Aversion, and Status Quo Bias. *Journal of Economic Perspective 5*(1). 193-206. http://users.tricity.wsu.edu/~achaudh/kahnemanetal.pdf.

Kraaykamp, G. & Ejick, K. van. (2005). Personality, media preferences, and cultural participation. *Personnality and Individual Differences 38.* 1675-88.

Larsen, R. J. & Ketelaar, T.. (1991). Personality and susceptibility to positive and negative affective states. *Journal of Personality and Social Psychology 61*. 132-40.

Lehrer, J, (2009 May 18). Don't. *The New Yorker*. https://www.newyorker.com/magazine/2009/05/18/dont-2.

McClure, S. et al.. (2004). Separate Neural Systems Value Immediate and Delayed Monetary Rewards. *Science 306*. 503-7.

McCrae, R. R. & Costa, P. T.. (1997). Conceptions and correlates of Openness to Experience. In R. Hogan, J. Johnson, & S. Briggs (Eds.), *Handbook of Personality Psychology*. San Diego: Academic Pres.

Mohan, V. & Kumar, D.. (1976). Qualitative Analysis of the Performance of Introverts and Extroverts on Standard Progressive Matrices. *British Journal of Psychology 67*(3). 391-97.

Mongeau, A. P. & Morr, C. M.. (1999). Reconsidering Brainstroming. *Group Facilitation 1*(1), 14.

Montague, P. R. & Berns, G.. (2002). Neural economic and the biological substrates of valuation. *Neuron 36*. 265-84.

Moutafi, J. et al.. (2003). Demographic and Personality Predictors of Intelligence: A Study Using the NEO Personality Inventory and the Myers-Briggs Type Indicator. *European Journal of Personality 17*(1). 79-84.

Neal, T. D., Wood, W. & Quinn, M. J.. (2006). Habit: A Repeat Performance. *Current Directions in Psychological Science 15*(4). 198-202. http://web.archive.org/web/20120417115147/http://dornsife.usc.edu/wendywood/research/documents/Neal.Wood.Quinn.2006.pdf.

O'Creevy, F. M.. (2005). *Traders: Risks, Decisions, and Management in Financial Markets*. Oxford University Press.

Patterson, C. M. & Newman, J.. (1993). Reflectivity and Learning from Aversive Events: Toward a Psychological Mechanism for the Sndromes of Disinhibition. *Psychological Review 100*. 716-36.

Remnick, D.. (2004 September 13). The Wilderness Campaign. *The New Yorker*. https://www.newyorker.com/magazine/2004/09/13/the-wilderness-campaign.

Rolfhus, E. & Ackeman, P.. (1999). Assesing Individual Differences in Knowledge: Knowledge, Intelligence, and Related Traits. *Journal of Educational Psychology 91*(3). 511-26.

Schultz, W. et al.. (1992). Neuronal activity in monkey ventral striatum related to the expectation of reward. *Journal of Neuroscience 12*. 4595-610.

Seligman, M. E. P.. (1972). Learned Helplessness. *Annual Review of Medicine 23*(1), 407-12. doi:10.1146/annurev.me.23.020172.002203

Weinman, J.. (1987). Noncognitive Determinants of Perceptual Problem-Solving Strategies. *Personality and Individual Differences 8*(1). 53-58.

Westfall, R.. (1980). *Never at Rest : A Biography of Isaac Newton*. Cambridge University Press.

Zhou, Q. -Y. & Palmiter, R. D.. (1995). Dopamine-deficient mice are severely hypoactive, adipsic and aphagic. *Cell 83*. 1197-209.

에필로그

필리다 로이드(감독). (2012). *철의 여인*(원제: The Iron Lady)[영화]. 필라멘트 픽쳐스

내향인이지만
성공은 하고 싶어

초판인쇄 2023년 07월 24일
초판발행 2023년 07월 24일

지은이 정민지
펴낸이 채종준
펴낸곳 한국학술정보(주)
주 소 경기도 파주시 회동길 230(문발동)
전 화 031-908-3181(대표)
팩 스 031-908-3189
홈페이지 http://ebook.kstudy.com
E-mail 출판사업부 publish@kstudy.com
등 록 제일산-115호(2000. 6. 19)

ISBN 979-11-6983-475-9 03320